企业高技能人才职业培训系列教材

城轨线路工 （四级）
CHENGGUIXIANLUGONG

编审委员会

主　　任	仇朝东
委　　员	顾卫东　葛恒双　葛　玮　孙兴旺　刘汉成
执行委员	孙兴旺　瞿伟洁　李　晔　夏　莹　叶华平　李　益　杜晓红
主　　编	姚纯洁
编　　者	（按姓氏笔画排序）
	司宝华　张士德　郑思博　姚纯洁
主　　审	周　亮

中国劳动社会保障出版社

图书在版编目(CIP)数据

城轨线路工：四级/人力资源和社会保障部教材办公室等组织编写.—北京：中国劳动社会保障出版社，2015

企业高技能人才职业培训系列教材

ISBN 978-7-5167-1760-8

Ⅰ.①城… Ⅱ.①人… Ⅲ.①城市铁路-铁路线路-职业培训-教材 Ⅳ.①U239.5

中国版本图书馆 CIP 数据核字(2015)第 056585 号

中国劳动社会保障出版社出版发行

(北京市惠新东街 1 号 邮政编码：100029)

*

三河市华骏印务包装有限公司印刷装订 新华书店经销
787 毫米×1092 毫米 16 开本 18.5 印张 316 千字
2015 年 3 月第 1 版 2015 年 3 月第 1 次印刷
定价：43.00 元

读者服务部电话：(010)64929211/64921644/84643933
发行部电话：(010)64961894
出版社网址：http://www.class.com.cn

版权专有 侵权必究
如有印装差错，请与本社联系调换：(010)80497374
我社将与版权执法机关配合，大力打击盗印、销售和使用盗版图书活动，敬请广大读者协助举报，经查实将给予举报者奖励。
举报电话：(010)64954652

内容简介

本教材由人力资源和社会保障部教材办公室、中国就业培训技术指导中心上海分中心、上海市职业技能鉴定中心、上海申通地铁集团有限公司轨道交通培训中心依据城轨线路工（四级）职业技能鉴定细目组织编写。教材从强化培养操作技能，掌握实用技术的角度出发，较好地体现了当前最新的实用知识与操作技术，对于提高从业人员基本素质，掌握城轨线路工（四级）的核心知识与技能有直接的帮助和指导作用。

本教材既注重理论知识的掌握，又突出操作技能的培养，实现了培训教育与职业技能鉴定考核的有效对接，形成一套完整的城轨线路工培训体系。本教材内容共分为5章，主要包括轨道结构、轨道几何形位、道岔、无缝线路、维修与管理。

本教材可作为城轨线路工（四级）职业技能培训与鉴定考核教材，也可供本职业从业人员培训使用，全国中、高等职业技术院校相关专业师生也可以参考使用。

企业技能人才是我国人才队伍的重要组成部分,是推动经济社会发展的重要力量。加强企业技能人才队伍建设,是增强企业核心竞争力、推动产业转型升级和提升企业创新能力的内在要求,是加快经济发展方式转变、促进产业结构调整的有效手段,是劳动者实现素质就业、稳定就业、体面就业的重要途径,也是深入实施人才强国战略和科教兴国战略、建设人力资源强国的重要内容。

国务院办公厅在《关于加强企业技能人才队伍建设的意见》中指出,当前和今后一个时期,企业技能人才队伍建设的主要任务是:充分发挥企业主体作用,健全企业职工培训制度,完善企业技能人才培养、评价和激励的政策措施,建设技能精湛、素质优良、结构合理的企业技能人才队伍,在企业中初步形成初级、中级、高级技能劳动者队伍梯次发展和比例结构基本合理的格局,使技能人才规模、结构、素质更好地满足产业结构优化升级和企业发展需求。

高技能人才是企业技术工人队伍的核心骨干和优秀代表,在加快产业优化升级、推动技术创新和科技成果转化等方面具有不可替代的重要作用。为促进高技能人才培训、评价、使用、激励等各项工作的开展,上海市人力资源和社会保障局在推进企业高技能人才培训资源优化配置、完善高技能人才考核评价体系等方面做了积极的探索和尝试,积累了丰富而宝贵的经验。企业高技能人才培养的主要目标是三级(高级)、二级(技师)、一级(高级技师)等,考虑到企业高技能人才培养的实际情况,除一部分在岗培养并已达到高技能人才水平外,还有较大一批人员需要从基础技能水平培养起。为此,上海市将企业特有职业的五级(初级)、四级(中级)作为高技能人才培养的基础阶段一并列入企业高技能人才培养评价工作的总体框架内,以此进一步加大企业高技能人才培养工作力度,提高企业高技能人才培养效果,更好地实现高技能人才

培养的总体目标。

为配合上海市企业高技能人才培养评价工作的开展,人力资源和社会保障部教材办公室、中国就业培训技术指导中心上海分中心、上海市职业技能鉴定中心联合组织有关行业和企业的专家、技术人员,共同编写了企业高技能人才职业培训系列教材。本教材是系列教材中的一种,由上海申通地铁集团有限公司轨道交通培训中心负责具体编写工作。

企业高技能人才职业培训系列教材聘请上海市相关行业和企业的专家参与教材编审工作,以"能力本位"为指导思想,以先进性、实用性、适用性为编写原则,内容涵盖该职业的职业功能、工作内容的技能要求和专业知识要求,并结合企业生产和技能人才培养的实际需求,充分反映了当前从事职业活动所需要的核心知识与技能。教材可为全国其他省、市、自治区开展企业高技能人才培养工作,以及相关职业培训和鉴定考核提供借鉴或参考。

新教材的编写是一项探索性工作,由于时间紧迫,不足之处在所难免,欢迎各使用单位及个人对教材提出宝贵意见和建议,以便教材修订时补充更正。

企业高技能人才职业培训系列教材

编审委员会

第1章 轨道结构

PAGE 1

1.1 钢轨 ·· 3
知识要求 ·· 3
    1.1.1 钢轨技术参数 ·· 3
    1.1.2 钢轨伤损 ··· 7
1.2 钢轨接头 ·· 10
知识要求 ·· 10
    1.2.1 接头轨缝 ·· 10
    1.2.2 接头螺栓扭矩 ·· 14
    1.2.3 钢轨接头病害整治方法 ····································· 14
技能要求 ·· 15
轨缝的测量 ·· 15
1.3 轨道扣件 ·· 16
知识要求 ·· 16
    1.3.1 木枕扣件 ·· 16
    1.3.2 混凝土枕扣件 ·· 17
1.4 轨枕 ··· 26
知识要求 ·· 26
    1.4.1 木枕 ·· 26
    1.4.2 混凝土枕 ·· 28
1.5 道床 ··· 33
知识要求 ·· 33
    1.5.1 碎石道床 ·· 33
    1.5.2 整体道床 ·· 36
1.6 轨道结构 ··· 41
知识要求 ·· 41
    1.6.1 铺轨的规定 ·· 41
    1.6.2 轨道加强设备 ·· 43

1.6.3　与桥隧有关的线路技术要求 ……………………………… 45
　本章测试题 ……………………………………………………………… 47
　本章测试题答案 ………………………………………………………… 51

第2章　轨道几何形位　　PAGE 53

　2.1　平面形位 ……………………………………………………………… 55
　　知识要求 ……………………………………………………………… 55
　　　2.1.1　直线轨道 ……………………………………………… 55
　　　2.1.2　曲线轨道 ……………………………………………… 56
　2.2　纵断面形位 …………………………………………………………… 71
　　知识要求 ……………………………………………………………… 71
　　　2.2.1　线路纵断面 …………………………………………… 71
　　　2.2.2　线路坡度 ……………………………………………… 72
　　　2.2.3　竖曲线 ………………………………………………… 74
　　技能要求 ……………………………………………………………… 75
　　　轨距、水平测量 …………………………………………………… 75
　　　线路高低检查 ……………………………………………………… 76
　　　轨向检查 …………………………………………………………… 77
　　　曲线正矢检查 ……………………………………………………… 78
　　　混凝土轨枕线路拨道 ……………………………………………… 79
　　　木枕线路改道 ……………………………………………………… 80
　　　混凝土轨枕线路改道 ……………………………………………… 81
　　　使用垫板找平线路小坑 …………………………………………… 82
　　　混凝土轨枕线路起道 ……………………………………………… 83
　本章测试题 ……………………………………………………………… 84
　本章测试题答案 ………………………………………………………… 88
　操作技能复习题 ………………………………………………………… 89

第3章　道岔　　PAGE 99

　3.1　单开道岔构造 ………………………………………………………… 99
　　知识要求 ……………………………………………………………… 99
　　　3.1.1　单开道岔的组成 ……………………………………… 99

目录

  3.1.2 道岔转辙器 ·· 100
  3.1.3 道岔连接部分 ·· 107
  3.1.4 辙叉及护轨 ·· 108
  3.1.5 岔枕 ·· 112
3.2 道岔的形位 ·· 113
知识要求 ·· 113
  3.2.1 单开道岔各部名称和尺寸 ··· 113
  3.2.2 单开道岔的轨距 ·· 114
  3.2.3 导曲线支距 ·· 117
  3.2.4 其他重要几何尺寸 ·· 120
  3.2.5 单开道岔岔枕布置 ·· 123
  3.2.6 过岔速度 ·· 124
  3.2.7 道岔的其他规定 ·· 125
  3.2.8 附带曲线 ·· 127
3.3 其他道岔 ·· 131
知识要求 ·· 131
  3.3.1 交叉 ·· 131
  3.3.2 复式交分道岔 ·· 133
  3.3.3 对称三开道岔 ·· 136
技能要求 ·· 138
  确定道岔后连接曲线"三要素" ·· 138
本章测试题 ·· 139
本章测试题答案 ·· 144

第4章 无缝线路

PAGE 147

4.1 无缝线路的基本原理 ·· 149
知识要求 ·· 149
  4.1.1 温度力及温度应力 ·· 149
  4.1.2 阻力 ·· 153
  4.1.3 无缝线路温度力的分布规律 ··· 155
4.2 无缝线路应力调整与应力放散 ·· 156
  4.2.1 应力放散 ·· 156
  4.2.2 无缝线路应力调整 ·· 158

4.2.3　无缝线路有关规定 …………………………………… 158
4.3　无缝线路伸缩调节器 ……………………………………… 159
知识要求 ………………………………………………………… 159
4.3.1　伸缩调节器概述 ……………………………………… 159
4.3.2　伸缩调节器的结构 …………………………………… 160
4.3.3　钢轨伸缩调节器技术规定 …………………………… 162
本章测试题 ……………………………………………………… 163
本章测试题答案 ………………………………………………… 166

第 5 章　维修与管理　　　　　　　　　　　　PAGE 167

5.1　线路检查 …………………………………………………… 169
知识要求 ………………………………………………………… 169
5.1.1　线路检测的方法 ……………………………………… 169
5.1.2　检查的规定 …………………………………………… 176
5.1.3　检查记录簿的填写 …………………………………… 177
技能要求 ………………………………………………………… 178
　　检验钢轨锯轨作业质量 ………………………………… 178
　　鉴定失效轨枕（木枕和混凝土枕） …………………… 179
　　判定需要削平的木枕并进行木枕一面削平 …………… 180
　　检查单开道岔零配件 …………………………………… 181
　　检查道岔岔枕情况 ……………………………………… 182
　　画出单开道岔直股基本轨孔眼位置 …………………… 183
5.2　线路维修作业 ……………………………………………… 184
知识要求 ………………………………………………………… 184
5.2.1　垫板作业 ……………………………………………… 184
5.2.2　线路起道 ……………………………………………… 186
5.2.3　局部调整轨缝 ………………………………………… 188
5.2.4　成段整正轨缝 ………………………………………… 189
5.2.5　曲线改道作业 ………………………………………… 191
5.2.6　曲线拨道 ……………………………………………… 193
技能要求 ………………………………………………………… 201
　　混凝土枕线路拨道 ……………………………………… 201
　　木枕线路改道 …………………………………………… 202

混凝土枕线路改道 ………………………………………… 203
　　　使用垫板找平线路小坑 …………………………………… 204
　　　混凝土枕线路起道 ………………………………………… 205
　　　方正轨枕（木枕） ………………………………………… 206
　　　更换钢轨接头夹板（混凝土轨枕） ……………………… 207
　　　锯轨机锯钢轨 ……………………………………………… 208
　　　矫直钢轨硬弯 ……………………………………………… 209
　　　使用 GWJ 型钢轨接头无孔夹紧装置处理线路断轨 …… 210
5.3　道岔维修作业 …………………………………………………… 211
　知识要求 ……………………………………………………………… 211
　　5.3.1　道岔起道及捣固 …………………………………………… 212
　　5.3.2　道岔拨道 …………………………………………………… 214
　　5.3.3　道岔改道 …………………………………………………… 215
　　5.3.4　调整附带曲线 ……………………………………………… 217
　　5.3.5　复杂道岔的整修 …………………………………………… 218
　技能要求 ……………………………………………………………… 221
　　　道岔起道 …………………………………………………… 221
　　　道岔拨道 …………………………………………………… 222
　　　确定道岔后连接曲线三要素 ……………………………… 223
　　　捆扎岔枕 …………………………………………………… 224
　　　连接道岔叉趾部位接头 …………………………………… 225
　　　更换道岔滑床板 …………………………………………… 226
　　　按图布置单开道岔岔枕 …………………………………… 227
5.4　无缝线路养护维修 ……………………………………………… 228
　知识要求 ……………………………………………………………… 228
　　5.4.1　无缝线路养护维修的特点 ………………………………… 228
　　5.4.2　无缝线路养护维修作业要求 ……………………………… 229
　　5.4.3　伸缩调节器维修 …………………………………………… 232
5.5　线路大中修验收 ………………………………………………… 235
　知识要求 ……………………………………………………………… 235
　　5.5.1　验收组织和验收程序 ……………………………………… 235
　　5.5.2　验收办法 …………………………………………………… 236
　　5.5.3　验收标准 …………………………………………………… 236

5.6 安全 …………………………………………………………… 240
知识要求 …………………………………………………………… 240
　　5.6.1 维修安全 …………………………………………………… 240
　　5.6.2 放行列车条件 ……………………………………………… 241
　　5.6.3 防护条件 …………………………………………………… 242
　　5.6.4 防护办法 …………………………………………………… 242
　　5.6.5 行车事故分类 ……………………………………………… 246
　　5.6.6 应急处理 …………………………………………………… 247
　　5.6.7 轻型车辆的安全 …………………………………………… 247
5.7 生产与技术管理 ………………………………………………… 248
知识要求 …………………………………………………………… 248
　　5.7.1 线路维修计划 ……………………………………………… 248
　　5.7.2 技术设备管理知识 ………………………………………… 252
　　5.7.3 定额管理知识 ……………………………………………… 254
本章测试题 ………………………………………………………… 256
本章测试题答案 …………………………………………………… 261

理论知识考试模拟试卷及答案 …………………………………… 262
操作技能考核模拟试卷 …………………………………………… 273

第 1 章

轨道结构

学习目标

- ☑ 掌握钢轨的技术参数及钢轨伤损的类型和标准。
- ☑ 掌握接头轨缝设置的原则、轨缝的计算、轨缝调整作业；接头扭矩的要求；接头病害及其整治方法。
- ☑ 掌握不同类型扣件的组成及其技术参数。
- ☑ 掌握木枕的优缺点、规格、防腐、失效标准；混凝土轨枕的规格、级配与间隔、间距计算、失效标准。
- ☑ 掌握碎石道床的断面结构和技术标准；线路铺碴的规定；整体道床的一般规定和分类结构。
- ☑ 掌握铺轨的规定、轨道加强设备及桥隧线路技术要求。

1.1 钢轨

知识要求

1.1.1 钢轨技术参数

1. 钢轨的几何尺寸

轨道由钢轨、零部件、轨枕、道床及道岔等组成,是行车的基础技术设备,它直接支承和引导列车运行,并承受着竖向、横向、纵向的作用力。其中钢轨是轨道结构的最主要组成部件,它的功能是引导车辆的车轮前进,承受车轮的压力,并传递到轨下结构。钢轨质量、各部位尺寸及钢轨螺孔距汇总见表1—1。

表1—1　　　　　钢轨质量、各部位尺寸及钢轨螺孔距汇总

项目	钢轨类型（kg/m）				
	75	60	50	43	38
每米质量（kg/m）	74.414	60.64	51.514	44.653	38.733
横截面积（cm^2）	95.037	77.45	65.8	57.0	49.5
钢轨高度（mm）	192	176	152	140	134
轨头宽度（mm）	75	73	70	70	68
轨底宽度（mm）	150	150	132	114	114
轨头高度（mm）	55.3	48.5	42	42	39
轨底高度（mm）	32.3	30.5	27	27	24

续表

项目	钢轨类型（kg/m）				
	75	60	50	43	38
轨腰厚度（mm）	20.0	16.5	15.5	14.5	13.0
螺孔高度（mm）	80.4	79	68.5	62.5	59.5
螺孔直径（mm）	31	31	31	29	29
轨端至1孔中心距离（mm）	96	76	66	56	56
1孔至2孔中心距离（mm）	220	140	150	110	110
2孔至3孔中心距离（mm）	130	140	140	160	160

2. 钢轨断面图

（1）60 kg/m 钢轨断面如图 1—1 所示。

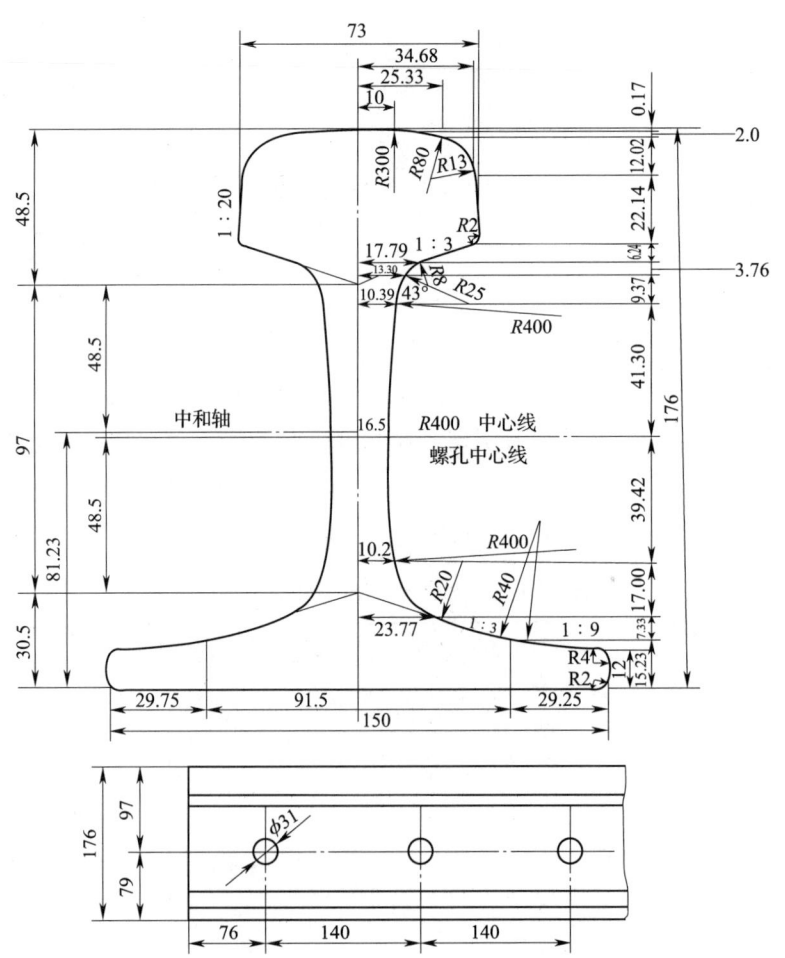

钢轨类型（kg/m）	60	轨腰厚度 c（mm）	16.5
每米质量 m（kg）	60.64	螺孔高度（mm）	79
钢轨截面积 S（cm²）	77.45	螺孔直径（mm）	31
钢轨高度 h（mm）	176	轨端至1孔中心距离（mm）	76
轨头宽度 a（mm）	73	1孔至2孔中心距离（mm）	140
轨底宽度 b（mm）	150	2孔至3孔中心距离（mm）	140

图 1—1　60 kg/m 钢轨断面

（2）50 kg/m 钢轨断面如图 1—2 所示。

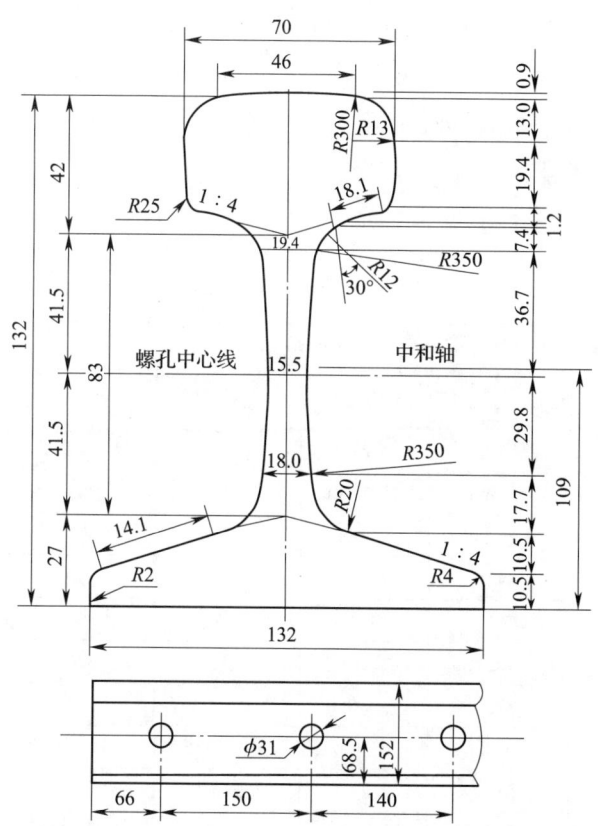

钢轨类型（kg/m）	50	轨腰厚度 c（mm）	15.5
每米质量 m（kg）	51.514	螺孔高度（mm）	68.5
钢轨截面积 S（cm²）	65.8	螺孔直径（mm）	31
钢轨高度 h（mm）	152	轨端至1孔中心距离（mm）	66
轨头宽度 a（mm）	70	1孔至2孔中心距离（mm）	150
轨底宽度 b（mm）	132	2孔至3孔中心距离（mm）	140

图 1—2　50 kg/m 钢轨断面

3. 钢轨的化学成分

钢轨的化学成分是钢轨质量的第一特征。钢轨中除含铁（Fe）外，还含有碳（C）、锰（Mn）、硅（Si）及磷（P）、硫（S）等元素，提高钢轨的含碳量[①]，其抗拉强度、耐磨性及硬度均迅速提高，但含碳量过高，会使钢轨的延伸率、断面收缩率和冲击韧性显著下降。锰可以提高钢的强度和韧性；硅易与氧化合，能去除钢中的气泡，增加密度，提高含硅量能提高钢轨的耐磨性；磷与硫在钢轨中均属有害成分，所以磷、硫的含量必须严加控制。

城轨建设初期所使用的钢轨为U71Mn型，由于其耐磨性差，后来普遍改用PD3型，耐磨程度较高，能延长市区内小半径曲线钢轨的使用寿命。近年来，中国铁道科学研究院与厂家对PD3型钢轨进行改制，并更名为U75V型钢轨。

4. 钢轨的力学性能

主要国产钢轨的力学性能见表1—2。

表1—2　　　　　　　主要国产钢轨的力学性能

钢轨种类	淬火情况	力学性能				使用情况
		屈服强度（MPa）	抗拉强度（MPa）	延伸率（%）	硬度HB	
U74	未淬火	大于450	大于800	9	280	大量使用
U71Mn	未淬火	大于450	大于883	大于8	301	大量使用
	淬火	842	1 177	—	350	
PD2	未淬火	561	970	9.2	300	已鉴定
	淬火	906	1 263	12.5	320	
PD3	未淬火	570	大于980	大于10	300	未淬火钢轨已鉴定，淬火钢轨待鉴定
	淬火	900	1 300	大于12.5	341~380	
稀土	未淬火	589	1 077.6	大于9.17	310~340	试验效果良好，待鉴定
	淬火	920	1 225	大于10	310~350	
U75V						由PD3改制

钢轨的工作条件十分复杂，车轮施加于钢轨上作用力的大小、方向和位置都具有很大的随机性，钢轨主要承受轮载作用下的弯曲应力，在轮轨接触点承受接触应力。

---

① 本书中金属材料中的含碳量及各种合金元素的含量均为质量分数。

当轮轨关系良好时,轮轨接触点在钢轨顶面中心,此时,钢轨承受正压力;当轮轨关系不好时,轮轨接触点偏离顶面中心,此时,钢轨承受扭力。在曲线轨道上,由于外轨设置超高,钢轨还要承受水平方向的推力。在温度的变化下,钢轨内部产生温度应力。根据以上各种受力情况,钢轨在荷载及温度作用下将产生压缩、伸长、弯曲、扭转、压溃、磨耗、裂纹等各种复杂的变形。

1.1.2 钢轨伤损

1. 钢轨伤损的类型

根据国家铁路对钢轨投入运营后的伤损探索经验的积累,将钢轨伤损分为以下类型:

(1) 轨头表面金属碎裂或剥离。
(2) 轨头横向裂纹。
(3) 轨头纵向的水平和垂直裂纹。
(4) 轨头压陷或磨耗。
(5) 轨腰伤损。
(6) 轨底伤损。
(7) 钢轨折断。
(8) 钢轨锈蚀。
(9) 其他伤损。

2. 造成钢轨伤损的原因

(1) 钢轨制造方面的缺陷。
(2) 钢轨金属接触疲劳。
(3) 断面或接头连接结构缺陷。
(4) 钢轨保养、使用方面的缺陷。
(5) 车轮碾压。
(6) 外来撞击或机械作用。
(7) 钢轨焊接工艺缺陷。
(8) 钢轨淬火工艺缺陷。
(9) 钢轨焊补工艺缺陷。
(10) 其他原因。

为了将伤损钢轨进行分类统计,通常采用两位数字表示,其中十位数字表示伤损

类型，个位数字表示造成伤损的原因。这样所组成的两位数字，既能反映钢轨伤损的类型，又能反映钢轨伤损的原因。

通过不完全组合，钢轨伤损共分为32种，见表1—3。

表1—3　　　　　　　　　　钢轨伤损分类

钢轨伤损分类		钢轨制造方面的缺陷	钢轨金属接触疲劳	断面或接头连接结构缺陷	钢轨保养、使用方面的缺陷	车轮碾压	外来撞击或机械作用	钢轨焊接工艺缺陷	钢轨淬火工艺缺陷	钢轨焊补工艺缺陷	其他原因
		0	1	2	3	4	5	6	7	8	9
轨头表面金属碎裂或剥离	1	10	11			14			17	18	
轨头横向裂纹	2	20	21			24		26	27		
轨头纵向的水平和垂直裂纹	3	30							38		
轨头压陷或磨耗	4	40	41		43	44		46	47		49
轨腰伤损	5	50		52	53		55	56			
轨底伤损	6	60		62				66			
钢轨折断	7	70									79
钢轨锈蚀	8										89
其他伤损	9							96			99

各类伤损有很多是不易发现的，根据现场调查，最常见的有钢轨磨耗、轨面压溃、内部核伤、钢轨裂纹四类。

钢轨磨耗包括侧面磨耗和顶面垂直磨耗，在城市轨道交通线路上，由于小半径曲线的因素，曲线外轨内侧面磨耗是主要的，而内轨则是顶面垂直磨耗。钢轨磨耗又包括正常磨耗和非正常磨耗，非正常磨耗主要是钢轨侧面的不均匀磨耗和钢轨顶面的波浪形磨耗。

轨面压溃表现在小半径曲线的内股钢轨，由于车轮踏面对轨顶面产生的垂直方向和水平方向的挤压力，使钢轨表面压溃而发生外侧飞边、表面金属碎裂或剥离等症状。

内部核伤为钢轨在经历多年运营后，通过探伤仪所发现的内部伤损。

在钢轨伤损的原因中，由于厂家原因所占的比例极低，其他方面的主要原因可以归纳为三大类，即线路条件限制、施工或养护不当、意外因素。

（1）线路条件限制。如小半径曲线必然加剧磨耗，属正常因素，但可以采取一系列有效办法降低磨耗量。

（2）施工或养护不当。由于施工或养护不当，其中包括轨道专业本身的施工不当及与轨道相关的其他专业的施工，使轨道的形位异常，轮轨之间的磨合关系发生变化，加剧了车轮和钢轨的不正常磨耗和伤损。

（3）意外因素。指非人为的不可抗拒的因素。

3．钢轨伤损的标准

根据钢轨伤损的程度不同，可以将伤损分为轻伤和重伤两大类，分别制定其标准。

（1）轻伤标准

1）钢轨头部磨耗达到轻伤标准。

2）轨头下颚透锈长度不超过 30 mm。

3）轨端或轨面剥落掉块长度超过 15 mm，深度超过 3 mm。

4）轨面擦伤深度达到 0.5~1 mm。

5）波浪形磨耗，谷深超过 0.3 mm。

（2）重伤标准

1）钢轨头部磨耗达到重伤标准。

2）在任何部位有裂纹。

3）轨头下颚透锈长度超过 30 mm。

4）轨端或轨面剥落掉块长度超过 25 mm，深度超过 3 mm。

5）钢轨在任何部位变形，经判断确认内部有暗裂。

6）钢轨锈蚀，经除锈后，轨底边缘处不足 8 mm，轨腰厚度不足 14 mm。

7）轨面擦伤深度超过 1 mm。

（3）钢轨磨耗标准。根据钢轨磨耗程度判定伤损等级，分别见表 1—4、表 1—5。

表1—4　　　　　　　　　　钢轨磨耗轻伤标准　　　　　　　　　　　　mm

钢轨	总磨耗		垂直磨耗		侧面磨耗	
	正线	站线	正线	站线	正线	站线
75-60	14	16	9	10	14	16
60-50	12	14	8	9	12	14

总磨耗=垂直磨耗+1/2侧面磨耗。

表1—5　　　　　　　　　　钢轨磨耗重伤标准　　　　　　　　　　　　mm

钢轨	垂直磨耗		侧面磨耗	
	正线	站线	正线	站线
75-60	11	11	16	19
60-50		10		17

1.2　钢轨接头

知识要求

普通轨道为适应钢轨的热胀冷缩，在两钢轨接头处留有一定的缝隙，这个缝隙称为轨缝。轨缝预留不应太大或太小。轨缝太大，不仅给列车通过时增加额外的冲击和阻力，加速轨道结构的破坏，而且在轨温降低、钢轨缩短时，还有可能把夹板螺栓拉弯或拉断。轨缝太小，轨温升高时钢轨无伸长的余地，势必形成瞎缝；当轨温继续升高时，钢轨内部将产生很大的挤压力，这个挤压力在道床缺少道砟、道床夯拍不实、作业不当等阻抗力薄弱的处所容易发生胀轨跑道现象。因此，轨缝大小的数值是有限制的，合理设置轨缝就显得十分重要。

1.2.1　接头轨缝

1. 轨缝设置原则

轨缝应设置均匀，每千米轨缝的总误差：25 m长的钢轨地段不得大于±80 mm；12.5 m长的钢轨地段不得大于±160 mm。

2. 预留轨缝计算公式

普通线路应根据钢轨长度和钢轨温度预留轨缝，轨缝的标准尺寸按下式计算：

$$a_0 = \alpha L(t_z - t_0) + \frac{1}{2}a_g$$

式中 a_0——更换钢轨或调整轨缝时的预留轨缝，mm；

α——钢轨的线膨胀系数为 0.011 8 mm/m·℃，或 0.000 011 8 m/m·℃；

L——钢轨长度，m；

t_z——更换钢轨或调整轨缝地区的中间轨温，℃，$t_z = \frac{1}{2}(T_{\max} + T_{\min})$，其中，$T_{\max}$ 和 $T_{\min}$ 为当地历史最高、最低轨温，℃；

t_0——更换钢轨或调整轨缝时的轨温，℃；

a_g——构造轨缝，mm；对 50 kg/m、60 kg/m 钢轨，a_g 采用 18 mm。

对于预留轨缝计算公式的使用应注意以下几点：

（1）最高、最低轨温差不大于 85℃地区，在按上式计算后，可根据具体情况将轨缝值减小 1~2 mm。

（2）对于 25 m 钢轨，只允许铺设在当地历史最高、最低轨温差为 100℃以下地区，否则应单独进行设计。

（3）在 12.5 m 钢轨地段，更换钢轨或调整轨缝时的轨温不受限制。对于 25 m 钢轨地段，更换钢轨或调整轨缝时的轨温限制范围为 ($t_z + 30$℃) ~ ($t_z - 30$℃)；最高、最低轨温差不大于 85℃地区，如将轨缝值减小 1~2 mm，轨温限制范围相应地降低 3~7℃；特殊情况下，在轨温限制范围以外更换 25 m 钢轨，必须在轨温限制范围内调整轨缝。

3. 轨缝调整作业

（1）轨缝调整的条件。当轨缝出现下列情况之一时应进行调整：

1）原设置的轨缝不符合轨缝设置原则。

2）轨缝严重不均匀。

3）线路爬行量超过 20 mm。

4）轨温在调整轨缝时的轨温限制范围内，出现连续 3 个及以上瞎缝或轨缝大于构造轨缝。

（2）轨缝调整作业程序。先要调查实际轨缝与左右两股钢轨接缝的直角错差，直角错差有正负之分，一般习惯以左股钢轨为基准，沿着测量方向，当右股往始端错动时，直角错差为正，反之为负，钢轨窜动量的计算如图 1—3 所示。量轨缝时，要量轨头侧面的缝隙，并及时记录轨温。

窜动方向		←	←	←	→	→	→	→	→	→
窜动量		0	1	8	8	−4	−1	−2	−1	−2	0
轨缝差		0	1	1	−5	−7	3	−1	−1	−1	2
计划轨缝		7	7	7	7	7	7	7	7	7	7
实量轨缝		7	8	14	2	0	10	6	8	6	9
左股钢轨											
实量直角错差	20	3	4	10	25	−7	−3	−8	−6	1	
右股钢轨											
实量轨缝		7	10	20	3	7	6	6	12	0	0
计划轨缝		7	7	7	7	7	7	7	7	7	7
轨缝差		0	3	13	−4	0	−4	−2	5	−7	−7
窜动量		0	3	16	12	12	11	9	14	7	0
窜动方向			←	←	←	←	←	←	←	←	

图1—3 钢轨窜动量的计算

调整轨缝的计算，可按表1—6进行。

表1—6　　　　调整轨缝计算表

1	2	3	4	5	6	7	8	9	10	11	12	13	14
	左股钢轨				右股钢轨				实测直角错差 $T_{实}$	第一次调整		第二次调整	
测点编号	实测轨缝 $E_实$	计划轨缝 $E_计$	轨缝差 ΔE	窜动量 $K_左$	实测轨缝 $E_实$	计划轨缝 $E_计$	轨缝差 ΔE	窜动量 $K_右$		两股钢轨窜动量差 ΔK	调整后直角错差 $T_计$	两股钢轨窜动量差 ΔK	调整后直角错差 $T_计$
1	7	7	0	0	7	7	0	0	20	0	20	0	20
2	8	7	1→	→1	10	7	3→ (8)	→3 (2)	3	2	5	1	4
3	14	7	7	8	20	7 (8)	13 (12)	16 (14)	4	8	12	6	10
4	2	7	−5	3	3	7	−4 (−5)	12 (9)	10	9	19	6	16
5	0	7	−7	−4	7	7	0	12 (9)	25	16	41	13	38

续表

1	2	3	4	5	6	7	8	9	10	11	12	13	14
	左股钢轨				右股钢轨				实测直角错差 $T_实$	第一次调整		第二次调整	
测点编号	实测轨缝 $E_实$	计划轨缝 $E_计$	轨缝差 ΔE	窜动量 $K_左$	实测轨缝 $E_实$	计划轨缝 $E_计$	轨缝差 ΔE	窜动量 $K_右$		两股钢轨窜动量差 ΔK	调整后直角错差 $T_计$	两股钢轨窜动量差 ΔK	调整后直角错差 $T_计$
6	10	7	3	−1	6	7 (6)	−1 (0)	11 (9)	−7	12	5	10	3
7	6	7	−1	−2	5	7 (6)	−2 (−1)	9 (8)	−3	11	8	10	7
8	8	7	1	−1	12	7 (6)	5 (6)	14	−8	15	7	15	7
9	6	7	−1	−2	0	7	−7	7	−6	9	3	9	3
10	9	7	2	0	0	7	−7	0	4	0	4	0	4

第 1 栏：轨缝测点编号。

第 2、6 栏：左右两股钢轨实测轨缝值 $E_实$。

第 3、7 栏：计划轨缝 $E_计$，按检算确定。

第 4、8 栏：左右股钢轨实测轨缝与计划轨缝差，$\Delta E = E_实 - E_计$。

第 5、9 栏：钢轨窜动量 K。某测点窜动量等于前一测点窜动量加该点轨缝差，如第 3 测点左股的窜动量为 $1 + 7 = 8$，第 4 测点左股的窜动量为 $8 + (-5) = 3$，以此类推。当窜动量为正时，表示钢轨要往始端方向窜动；反之，则往终点方向窜动。

第 10 栏：实测两股轨缝直角错差 $T_实$。

第 11、13 栏：左右两股钢轨窜动量之差，即 $\Delta K = K_右 - K_左$。当窜动量差为正时，表示右股向始端多窜动 ΔK 距离；反之，则向终端方向多窜动 ΔK 距离。

第 12、14 栏：两股钢轨窜动后的直角错差 $T_计$，它等于实测直角错差加两股钢轨窜动量差，即 $T_计 = T_实 + \Delta K$。如第 3 测点左股的直角错差为 $4 + 8 = 12$，第 4 测点左股的直角错差为 $10 + 9 = 19$。

两股钢轨窜动后的直角错差在直线上应不超过 40 mm；曲线上应不超过 40 mm 加缩短轨缩短量的一半。如果超过这个规定，可根据实际情况，采取重新设置计划轨缝、倒换左右股钢轨或锯轨等办法解决。一般情况下，当超过量小于 10 mm 时，可用修改计划轨缝的办法来解决，如上表中，第一次调整轨缝时，第 5 测点的直角错差量为 41 mm，比规定要求超过 1 mm，则可在右股第 5 测点之前，均匀地适当加大计划轨缝，但为了使总的钢轨移动量不变，可在第 5 测点之后对称地减少计划轨缝，即"上加下减"，本例为减 1 mm。则第 3 测点的计划轨缝修改为 7 + (1) = 8，第 4 测点的计划轨缝修改为 7 + (1) = 8，第 6 测点的计划轨缝修改为 7 - (1) = 6，第 7 测点的计划轨缝修改为 7 - (1) = 6。反之，也可在左股测点上调整计划轨缝，这时则为"上减下加"。

通过第二次的调整，调整后的直角错差最大为第 5 点 38 mm，小于 40 mm，在允许范围之内。若认为满意，则该段轨缝调整的计算工作就算完成。

1.2.2 接头螺栓扭矩

接头螺栓扭矩见表 1—7。

表 1—7　　　　　　　　　　接头螺栓扭矩

项目	单位	25 m 轨				12.5 m 轨
		最高、最低轨温差大于 85℃		最高、最低轨温差小于 85℃		
钢轨	kg/m	60	50	60	50	50
螺栓等级	—	10.9	10.9	10.9	8.8	8.8
扭矩	N·m	700	600	500	400	400
轨腰厚度	mm	6		4		2

1.2.3 钢轨接头病害整治方法

1. 接头病害

由于钢轨接头的存在是先天不足，在很大程度上破坏了钢轨的连续性。当车轮通过钢轨接头时，产生剧烈冲击和振动，造成接头病害丛生，如低接头、钢轨鞍形磨耗、钢轨伤损、夹板弯曲或断裂、混凝土枕损坏或破裂、道床板结、溜坍、翻浆冒泥等。接头处轨道的破坏和发展远比其他部分大而快。据统计，钢轨在接头处的破损占全部破损的一半以上；接头下混凝土枕的失效数为其他部分的 3 ~ 5 倍；接头处的道床振动加速度也比钢轨中间部分大几倍。运营中为整治接头病害而耗费的工作量占维修总工作量的 35% ~ 50%。接头对行车的平稳性影响最大，更严重的是接头的伤损直接威胁行车的安全。只要有一个接头严重破坏而未及时修理好，就有可能引起重大事故。

2. 整治方法

为减少接头的不平顺，及时消灭永久变形，切实加强接头，通常采取以下措施：

（1）锁定线路，防止爬行，经常拧紧螺栓，保持接头紧固，不使轨缝拉大。

（2）加强接头捣固，保持道床丰满、坚实。

（3）及时清筛接头范围的脏污道床，减少道床翻浆，使道床保持应有的弹性。

（4）做好路基排水工作，防止路基发生永久变形。

技能要求

轨缝的测量

操作准备

1. 工具、器具的准备。
2. 办理施工登记手续。

操作步骤

轨缝的测量作业流程：工具、器具的检查；现场测量；完成检查记录；进行数据分析；完成整改意见。

步骤1　检查测量工具。

步骤2　对轨缝进行测量。

步骤3　填写检查记录。

步骤4　对测量数据进行分析，正确找出超限处所。

步骤5　对超过作业验收标准的处所提出整改意见。

注意事项

1. 质量事项

（1）测量部位准确（最小轨缝处）。

（2）正确使用工具。

（3）测量数据准确，读数误差不大于1 mm。

（4）无漏判、错判。

（5）整改措施正确。

2. 安全事项

（1）办理施工登记手续，设置施工防护。

（2）正确穿戴工作服及防护用具。

（3）来车时及时下道避车。

（4）工具不侵限。

（5）作业完毕撤除防护，销点。

1.3 轨道扣件

知识要求

1.3.1 木枕扣件

近几年，城轨交通站场的木枕线路在扣件设计上均采取了新的方案，由于木枕的传统型扣件存在扣压力不足、防爬能力低等缺点，现在新设计的木枕线路已开始采用 DTⅣ1 型扣件，如图 1—4 所示。

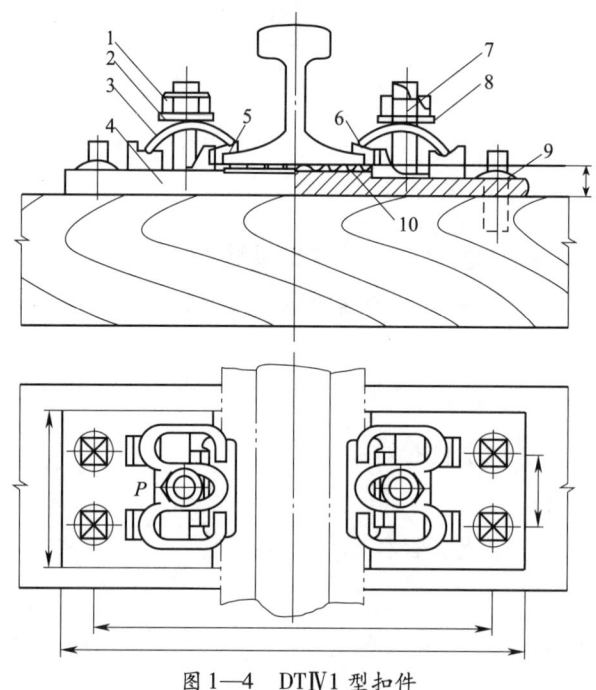

图 1—4　DTⅣ1 型扣件

1—螺母罩　2—平垫圈　3—A 型弹条　4—铁垫板　5—10 号轨距垫　6—8 号轨距垫
7—螺母 M22　8—T 形螺栓 M22　9—螺旋道钉　10—橡胶垫板Ⅰ

DTⅣ1型扣件为分开式扣件，钢轨、垫板、木枕三者之间分开扣紧。铁垫板与木枕之间的连接设置为螺旋道钉，铁垫板与钢轨之间的连接设置为弹条式扣件。这样克服了普通木枕道钉的缺点，提高了扣件的扣压力和线路的强度。

本扣件通过轨距垫来调整轨距，调整的方法见表1—8。

表1—8　　　　　　　　　　调整轨距的方法

一股钢轨调整量	钢轨外侧轨距垫号码	钢轨内侧轨距垫号码	铁垫板位置
0	8	10	△
2	6	12	△
2	10	8	△
4	12	6	△

1.3.2　混凝土枕扣件

1．地面线弹条Ⅰ型扣件

弹条Ⅰ型扣件主要由ω弹条、螺旋道钉、轨距挡板、挡板座及弹性垫板等组成，其组装方式如图1—5所示。

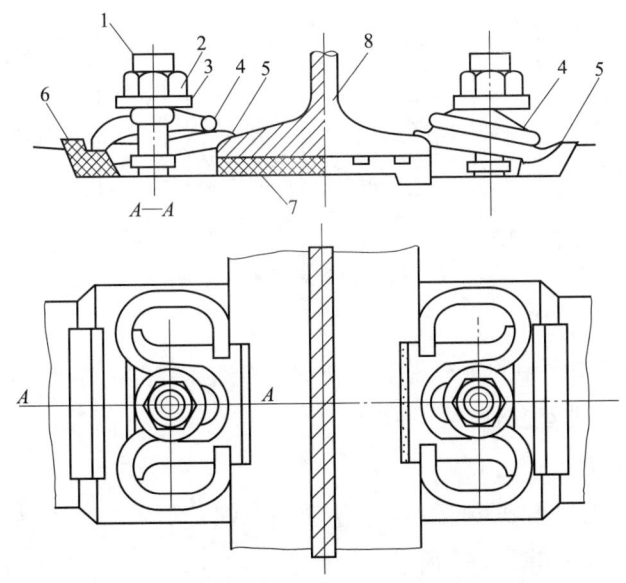

图1—5　地面线弹条Ⅰ型扣件的组装方式

1—螺旋道钉　2—螺母　3—平垫圈　4—ω弹条　5—轨距挡板　6—挡板座　7—弹性垫板　8—钢轨

轨枕在制作时预留有道钉锚固孔,组装或铺设前先进行硫黄锚固,将螺旋道钉与轨枕固定。钢轨通过 ω 弹条扣压固定,螺栓扭矩必须达到 80~120 N·m 才能使线路稳定,阻止钢轨在轨枕上纵向爬行;同时,弹条还能提供一定程度的弹性。

轨底与轨枕承轨台之间加设 10 mm 厚度的橡胶垫,以提高弹性。当左右两股钢轨的水平发生变化时,可以在轨底和橡胶垫之间增加薄型垫层进行调整。

根据扣件安装在钢轨上的部位区分,有中间扣件和接头扣件两种。对于普通线路,钢轨通过夹板进行连接,该位置的扣件受到夹板的影响,必须将其几何尺寸进行修改,设计成接头扣件,钢轨的其余部位均为中间扣件。两者最大的区别在于中间扣件采用 B 型弹条,而接头扣件为尺寸稍小的 A 型弹条。

接头扣件与中间扣件的比较如图 1—6 所示。

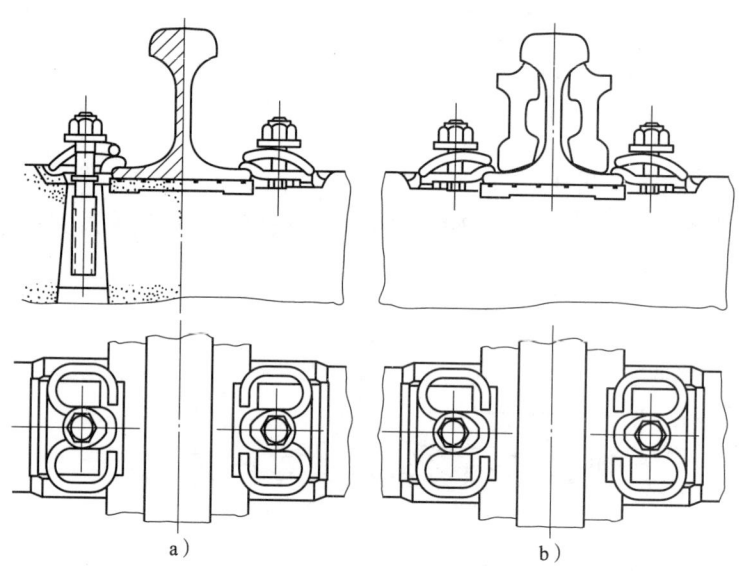

图 1—6 接头扣件与中间扣件的比较
a)中间扣件 b)接头扣件

目前,弹条 I 型扣件在国家铁路和城轨的碎石道床线路上仍然广泛采用。

2. 地下线 DT-III 型扣件

(1)扣件的组成

DT-III 型扣件主要由铁垫板、板下橡胶垫、螺旋道钉、T 形螺栓、螺母、弹条、垫圈等组成,具体结构如图 1—7 所示。

(2)扣件技术参数

1)扣压件采用地面铁路的通用件 B 型弹条,组装时扭矩宜控制为 100~120 N·m。

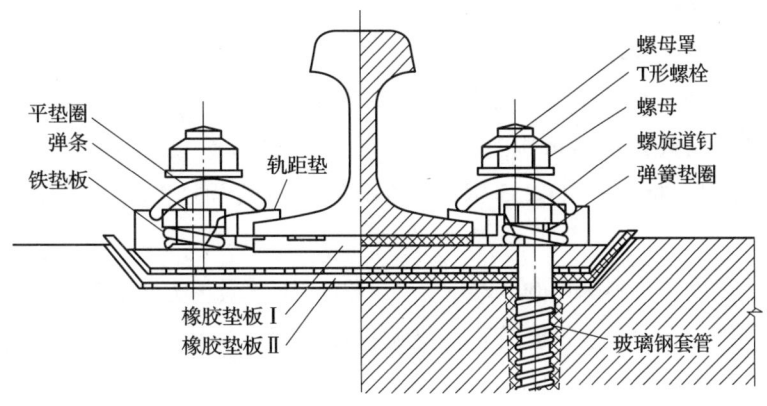

图 1—7 地下线 DT-Ⅲ型扣件组装图

2）扣件节点的垂直静刚度为 210~250 kN/cm，横向静刚度为 250~300 kN/cm。

3）扣件抗横向荷载 35 kN，荷载循环 300 万次。

4）预埋件玻璃钢套管抗拔力大于 80 kN。

5）一组扣件的防爬阻力大于 11 kN。

6）轨距调整量为 +8 mm，-12 mm；水平调整量一般为 +10 mm。

7）轨距垫：用于调整轨距并起减振和绝缘作用，型号有 6、8、10、12 四种规格，8 号用在钢轨内侧，10 号用在外侧，6、12 号调整轨距时备用。

材料及技术参数：

聚酰胺 66，抗拉强度 >156 MPa；

抗压强度 >140 MPa；

弯曲强度 >225 MPa；

冲击强度 >68kJ/m^2；

在温度为 (20±5)℃ 时，受 78.5 kN（8 tf）静载压缩残余变形量小于 0.4 mm，在 100℃ 水中煮 2 h 后，绝缘电阻值大于 10^8 Ω，吸水率不超过 3%。

8）轨下橡胶垫板：材料为耐酸橡胶。

技术参数：

硬度：68~73°；

刚度：200~255 kN/m；

扯断强度：≥13 MPa；

200% 定伸强度：≥10 MPa；

永久变形：≤20%；

工作电阻：≥10^8 Ω；

老化后（100℃，72 h）扯断强度：≥10 MPa；

圆柱跟部均应做成 $R1$ mm 圆弧，垫板质量：0.268 kg。

9）螺旋道钉。材料采用 Q235 钢，质量为 0.633 kg，加工时采用 $\phi22$ mm 圆钢碾压而成。

10）弹簧垫圈。材料采用 60Si2Mn 或 55Si2Mn 钢，质量为 0.103 kg。

11）玻璃钢套管。玻璃钢套管连同螺旋钢箍预埋在长轨枕内，螺旋道钉与套管组合，将铁垫板和轨枕连接成一体。

材料采用酚醛树脂玻璃钢，工作电阻大于等于 10^8 Ω，抗拔力大于 80 kN，质量为 0.100 kg。

12）螺旋钢箍。材料采用 $\phi6$ mm Q235 钢筋制造，每个展延长度为 1.06 m，质量为 0.235 kg。

13）铁垫板。材料采用 KTH350—10，质量为 7.83 kg；垫板不得有冷隔、缩孔、疏松和裂纹；垫板应平直，整形后任何点翘曲应不超过 1 mm；垫板局部缺陷深度不大于 1 mm，面积不大于 3 mm×3 mm，缺陷不多于 3 处。

14）铁垫板下槽式橡胶垫。垫板质量为 0.93 kg，其余技术参数同轨下橡胶垫。

DT-Ⅲ型扣件的主要特点是通过轨下平式橡胶垫板和铁垫板下的槽式橡胶垫板双重弹性缓冲，减振效果比较好。

DT-Ⅲ型扣件主要适用于隧道内一般减振地段的带枕浇筑式整体道床线路，根据对使用情况的调查，各方面效果基本良好。

DT-Ⅲ型扣件采取分开固定式，用螺旋道钉将铁垫板与轨枕固定，再用 T 形螺栓通过弹条将钢轨与铁垫板固定，对于日常养护、维修比较方便，在调整线路的轨距、水平、方向和高低时都不需要松动螺旋道钉，只需要拆松 T 形螺栓便可以操作。在减振方面效果也比较理想。

DT-Ⅲ型扣件不足之处是轨距垫只有 2 mm 级差，在养护、维修作业过程中，轨距变化率的控制难以操作；高程的调整量太小（仅 10 mm），不能满足沉降调整的需要。

3. 地下线 DT-Ⅲ-2 型扣件

（1）扣件组成

DT-Ⅲ-2 型扣件是在 DT-Ⅲ型扣件的基础上进行改进而成的，因此，基本上要优于DT-Ⅲ型扣件，也是今后地下线路最主要的常用扣件之一。

该扣件为弹性分开式，适用于60 kg/m钢轨隧道内一般减振地段的枕式点支承混凝土整体道床。

DT-Ⅲ-2型扣件的组装方式如图1—8所示。

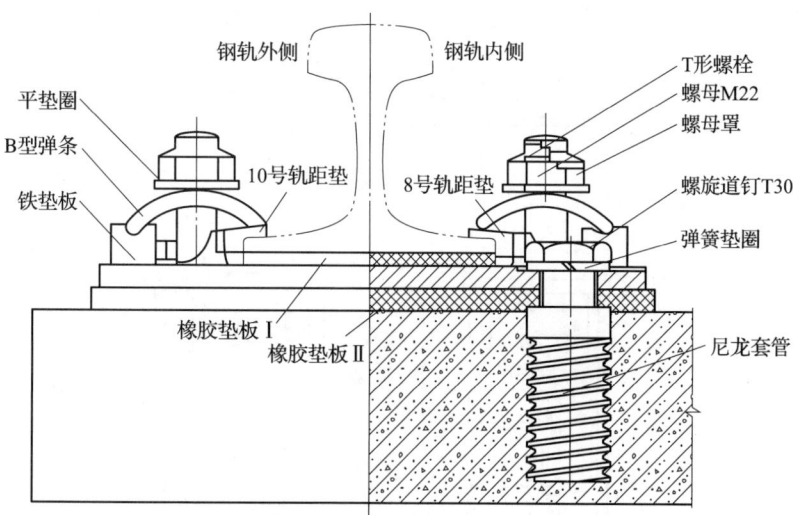

图1—8 地下线DT-Ⅲ-2型扣件的组装方式

（2）扣件技术参数

1）扣件节点垂直静刚度为21~25 kN/m。

2）横向静刚度为25~30 kN/m。

3）轨距调整量为+8 mm，-12 mm。

4）扣件水平调整量一般为10 mm。

5）扣件允许最大水平疲劳荷载能力为40 kN，荷载循环3×10^8次。

6）一组扣件的防爬阻力大于11 kN。

7）扣件的绝缘部件电阻均大于10^8 Ω。

8）预埋尼龙套管抗拔力大于60 kN。

4. 高架线WJ-2型扣件

（1）扣件的组成

扣件的组成如图1—9所示。

1）不调高时：铁垫板、板下绝缘缓冲胶垫、锚固螺栓、弹簧垫圈、平垫块、绝缘套管、T形螺栓、螺母、平垫圈、弹条、轨下复合胶垫。

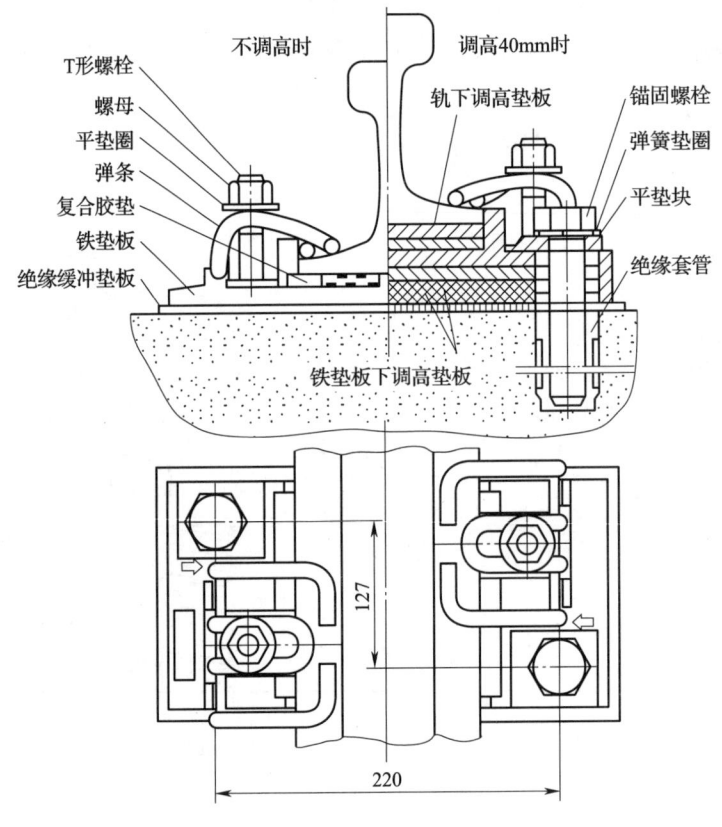

图 1—9 高架线 WJ-2 型扣件

2）调高 40 mm 时：板下调高胶垫、轨下调高胶垫。

曲线超高的设置值常常会出现与运行速度不相匹配的情况，使轨面的轮轨光带偏离。因此，完全有必要设计几种不同规格的楔形垫板，实际上就是对轨底坡重新进行一次微调，以求得磨合良好的轮轨关系。

（2）扣件的结构特点

1）采用铁垫板分开式弹性扣件，由预埋在混凝土支承块中的绝缘套管和锚固螺栓配合紧固铁垫板。

2）扣压件采用弹条形式，弹条尾部弯成竖向平直段，使螺栓作用点后移，在同样扣压力时，不仅增大了弹条弹程，而且可同时保证扣件按设计要求拧紧时有足够大的螺母扭矩，不易松动，减少维护工作量。

3）轨下使用复合胶垫可降低扣件阻力，以减小桥梁与焊接长钢轨的相互作用力。

4）具有较大的调高能力，扣件通过在铁垫板下和轨下垫入调高垫板实现钢轨的调高。

5）具有较大的调整轨向和轨距的能力，调整轨距通过移动带有长圆孔的铁垫板实现，为无级差调节。

6）无碴无枕，混凝土承轨台不设挡肩，无轨底坡。铁垫板上设置1:40轨底坡。

7）铁垫板上布设肋台，调高钢轨时，轨下调高垫板不易窜出。

（3）扣件的技术参数

1）扣件调高量为40 mm，其中轨下调整量为10 mm，铁垫板下为30 mm。

2）扣件轨距调整量为20 mm，即±10 mm，调整轨距通过移动带长圆孔的铁垫板实现，为连续无级调整。

3）扣件最大承受横向力为40 kN（疲劳荷载）。

4）T形螺栓螺母扭矩为70~90 N·m。

5）锚固螺栓拧紧扭矩为300 N·m。

6）预埋绝缘套管抗拔力大于100 kN。

7）钢轨与承轨台间电阻大于10^8 Ω。

8）扣件节点刚度为40~60 kN/m。

5．减振扣件

（1）科隆蛋（轨道减振器）。为减少轨道在列车运行过程中的冲击作用对地面重要建筑群的影响，降低地铁的振动和噪声，在特殊地段的轨下安装了减振器，这是一项重要的措施。

轨道减振器扣件是一种高弹性扣件，如图1—10所示，其减振是通过橡胶的剪切弹性变形来实现的，可减振10 dB左右。

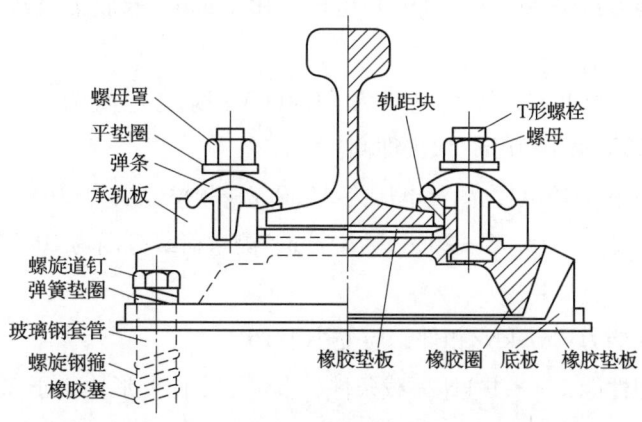

图1—10 减振扣件

扣件为全弹性分开式，三阶减振。由金属承轨板、底座与橡胶圈硫化为一整体，橡胶圈承受压力与剪力，具有垂向和横向弹性，用于减振要求较高的地段。

轨道减振器是国内轨道减振新的扣件形式，根据减振原理，结合地铁特点，确定外形为椭圆形，并从结构形式进行理论分析和刚度计算。

减振器扣件的弹条、轨距垫等均与 DT-Ⅲ型扣件相同。

扣件与轨枕的连接均采取在轨枕中预埋玻璃钢套管的方式。

扣件的技术参数：

1) 设计最大垂向荷载：40 kN。

2) 最大横向荷载：35 kN。

3) 设计垂向静刚度：10~12 kN/mm。

4) 横向静刚度：12~15 kN/mm。

5) 扣件轨距调整量：+4 mm，-16 mm。

6) 一组扣件防爬阻力：≥8 kN。

7) 轨距垫、橡胶垫板、玻璃钢套管的绝缘电阻值均大于 10^8 Ω。

（2）洛德扣件。该扣件为近年来所引进的新扣件，由于它的减振效果比较明显，所以在近年建设的新线中，凡减振要求较高的地段均采用了本扣件。但其缺点是调高量太小，对于沉降量较大的地段不宜采用。

洛德扣件设计图如图 1—11、图 1—12 所示，洛德扣件垫板照片如图 1—13 所示。

技术参数：

1) 在图 1—11 的 Z 表面打印批号及生产日期代码。

2) 耐电压能力：10 000 V（直流）电压作用 1 min，橡胶无裂纹、小孔产生，无电弧产生。

3) 干态电阻为 10^7 Ω，测量电压为 DC500 V；湿态电阻为 10^6 Ω，测量电压为 DC500 V，浸于 70℃水中 70 h，取出即测。

4) 电阻抗最小为 10^4 Ω，测量电压为 AC50 V，频率范围为 20 Hz~10 000 Hz。

5) 垂向静刚度为（18.75±20%）kN/mm，测量荷载范围为 10~45 kN。

6) 动静刚度比：1.4。

7) 垂向荷载能力：67 kN/扣件，应变小于 25%。

8) 垂向拉伸性能：±8.9 kN 荷载条件，上、下方向变形比小于 235%。

9) 抗垂向及横向循环荷载能力：参照 TB/T2491-94 扣件组装疲劳试验方法。

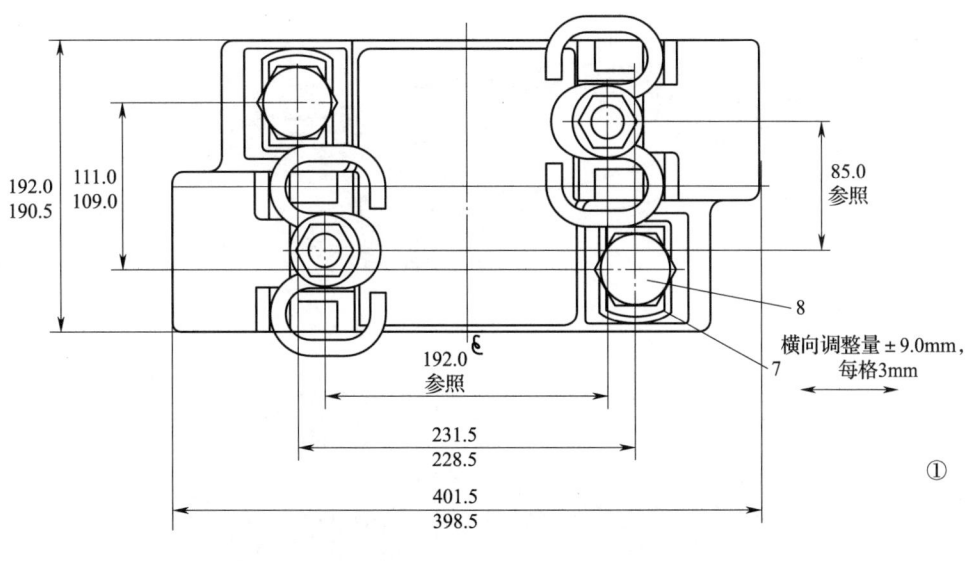

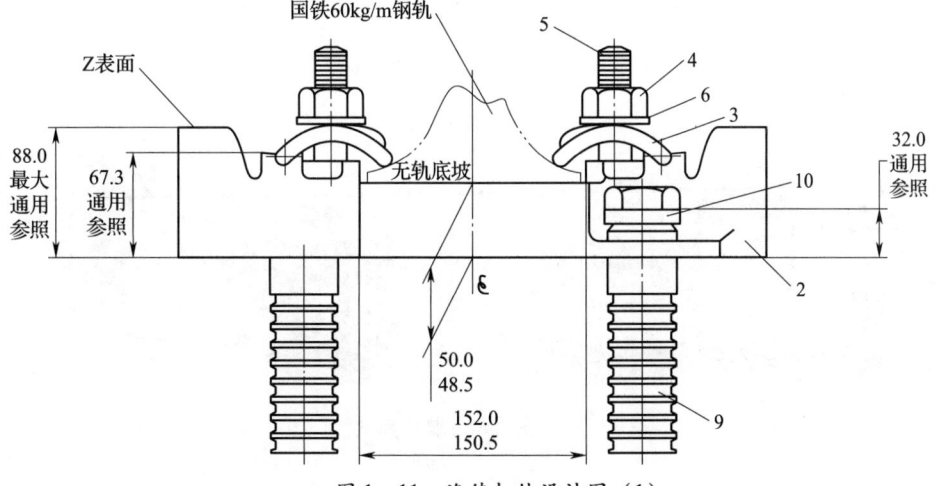

图1—11 洛德扣件设计图（1）

1—组件 2—钢轨垫板 3—弹条 4—六角螺母 5—T形螺栓 6—T形螺栓垫圈
7—轨距调整垫圈 8—螺旋道钉 9—绝缘套 10—道钉垫圈

10）抗垂向拉伸循环荷载能力：加循环荷载 $1.5×10^6$ 次（45 kN 向下，8.9 kN 向上，且最后 500 000 次循环中加纵向荷载 2.7 kN）后无失效。

11）抗推、拉循环荷载能力：±12 mm、2 000 次循环；±3 mm、10^6 次循环后无失效。

12）钢轨垫板耐腐蚀性：按美国材料与实验协会的盐雾试验标准（ASTMB117）用 5% NaCl 溶液进行 1 000 h 盐雾试验后，表面质量达到 ASTM D610 的 4 级规定。

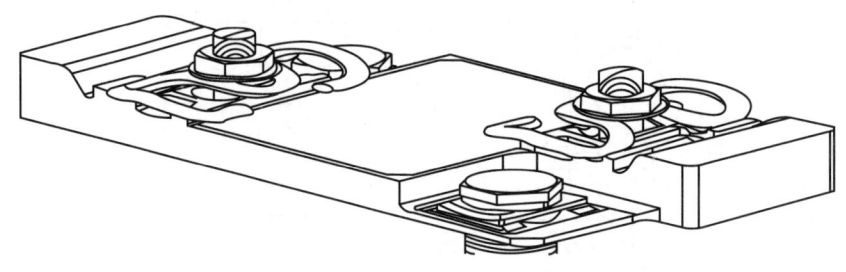

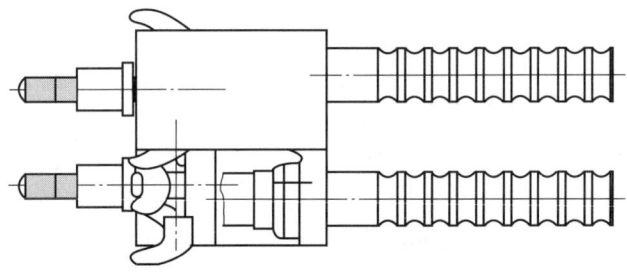

图1—12 洛德扣件设计图（2）

图1—13 洛德扣件垫板照片

1.4 轨枕

知识要求

1.4.1 木枕

1. 木枕的优缺点

木枕的优点是富有弹性，可缓和列车的动力冲击作用；容易加工；便于运输、铺设、养护和维修；有较好的绝缘性能；扣件和木枕连接简单；木枕与碎石道碴之间有较大的摩擦因数，能保证轨道的稳定。

木枕的主要缺点是使用寿命短，其失效原因很多，主要是腐蚀、机械磨耗及劈裂，三者之间又互为因果；其次是弹性和耐久性不完全一致；在机车、车辆作用下容易出现轨道不平顺现象，尤以无缝线路铺设木枕地段稳定性较差；再次是木材资源贫乏，各方面需用量又很大，无论数量还是质量都不能满足使用要求。

木枕轨道几何形位不易有效保持，所以，目前仅次要线路使用木枕，城轨交通停车场地面碎石道床线路仍使用木枕。

木枕根据其在线路上使用的部位不同，分为普通木枕、道岔木枕及桥梁木枕三种。

2. 木枕的规格

普通木枕、道岔木枕的尺寸见表1—9。

表1—9　　　　　　普通木枕、道岔木枕的尺寸

类别	类型	长度（m）	厚度（cm）	宽度（cm）
普通木枕	Ⅰ	2.50	16	22
	Ⅱ	2.50	14.5	20
道岔木枕		2.60~4.80	16	24

道岔木枕的长度按0.2 m进制，成组配套供应。

桥梁木枕的尺寸见表1—10。

表1—10　　　　　　桥梁木枕的尺寸

长度（m）	3.0		3.2		3.4		4.2~4.8	
宽度高度（cm）	宽度	高度	宽度	高度	宽度	高度	宽度	高度
桥梁木枕	20	22	22	28	24	30	20	22
	20	24	24	30			20	24
	22	26					22	26
							22	28
							24	30

根据经验，木枕长度一般为标准轨距的1.7~1.8倍，我国用于标准轨距的木枕长度为2.5 m。

3. 木枕的防腐

木枕用防腐油剂进行防腐处理,浸注深度用空心钻检验,钻取边材木芯时,应在木枕两端0.5 m内中央部位的边棱上垂直钻取,钻后用木塞封孔。钻取心材木芯时,应在木枕外露心材的材面纵向中心线的中点上垂直于枕面钻取,钻后同样封孔。

每50根防腐木枕取2根心材木芯和1根边材木芯。两根心材木芯试件中有一个未达标,允许在另一根木枕上再取一次试件,仍不合格者,全批(50根)作为次品处理。

使用新木枕应先钻孔,孔径为12.5 mm,孔深为110 mm。

改道用道木塞长110 mm,宽15 mm,厚5~10 mm,并经过防腐处理。

油剂浸注的深度要求见表1—11。

表1—11　　　　　　　　油剂浸注的深度要求

木枕树种	边材(% 或 mm)	心材(mm)
红松	100 或 ≥28	≥13
马尾松、云南松	100 或 ≥75	≥13
落叶松	100 或 ≥13	≥10
鱼鳞松、臭松、杉松、西南云杉、西南冷杉、铁杉	100 或 ≥13	≥13
榆木、水曲柳	—	≥75
桦木、枫香	≥30	—
栎木、柞木、槭木、色木	100 或 ≥13	≥10

4. 木枕失效标准(含道岔木枕)

(1)腐朽失去承压能力,钉孔腐朽无处改孔,不能持钉。

(2)折断或拼接的接合部位分离,不能保持轨距。

(3)机械磨损,经削平或除去腐朽木质后,木枕厚度不足100 mm。

(4)劈裂或其他伤损,不能承压、持钉。

1.4.2　混凝土枕

1. 混凝土轨枕的规格

我国先后投产的混凝土枕有十多种,大部分为先张法混凝土枕,有弦Ⅱ-61A、弦61、弦65B、筋69、弦69、筋81、丝81、弦79等型号。其符号"弦"和"丝"表示采用的钢筋为高强度钢丝,"筋"表示采用的钢筋是粗钢筋,"61""69""79""81"等表示设计年份。

根据其使用部位的不同,混凝土枕可分为一般混凝土枕、混凝土岔枕及混凝土桥枕三种。

钢筋混凝土轨枕可分为普通混凝土轨枕和预应力混凝土轨枕,两者的本质区别在于后者在制造时应用了预应力技术。普通混凝土枕强度较低,抗裂性差,容易开裂、失效,线路上极少铺设。预应力混凝土轨枕(简称 PC 轨枕)制作时给混凝土施加强大的预压应力,弥补了普通混凝土轨枕的缺点,在我国已得到广泛应用。

铁路部门于 1984 年颁发了文件,对轨枕的名称做了统一。

目前,我国混凝土枕统一为三个级别,即Ⅰ型枕——丝 79 型 PC 轨枕、Ⅱ型枕——丝81 型 PC 轨枕及Ⅲ型混凝土轨枕。

预应力混凝土枕统一名称见表 1—12。

表 1—12　　　　　　　　　预应力混凝土枕统一名称

原名称	统一名称
弦 79 型预应力钢弦混凝土轨枕	S-1 型预应力混凝土枕
J1 型预应力钢筋混凝土轨枕	J-1 型预应力混凝土枕
丝 81 型预应力钢丝混凝土轨枕	S-2 型预应力混凝土枕
筋 81 型预应力钢筋混凝土轨枕	J-2 型预应力混凝土枕
与重型钢轨配套的高强度轨枕	S-Ⅲ型预应力混凝土枕

我国各类混凝土枕的外形尺寸长度为 250 cm,截面为梯形,上小下大,有利于增加轨枕支承面积及在轨下截面配置较多的钢筋,以抵抗正弯矩。枕底面两端为双楔形,中间为矩形,枕底做出凹槽式花纹,以提高道床阻力。轨枕的厚度在全长范围内不一致,轨下截面厚,中间截面薄。这样做的目的是因为轨枕内是直线配筋,各截面配筋相同,要使预应力钢筋合力作用线在轨下截面处于截面形心之下,在中间截面处于截面形心之上,以便利用钢筋对混凝土施加的预压应力形成的偏心,使混凝土所受的拉应力不超过容许限度,防止裂纹的形成与扩展。

设计长枕时,主筋采用 4 根直径为 10 mm、冷拉 2 级螺旋钢筋。轨枕的混凝土强度等级为 C50,采用不低于 325 号快硬硅酸盐水泥,其技术标准应符合中华人民共和国国家标准《快硬硅酸盐水泥》(GB 199—79)的规定,或采用 525 号普通硅酸盐水泥,其技术标准应符合中华人民共和国国家标准《通用硅酸盐水泥》（GB 175—77）的规定。粗骨料宜采用碎石或卵碎石，细骨料宜采用硬质天然沙。

玻璃钢套管垂直于承轨槽面，并高出 4 mm，制造轨枕时采用金属整体式模型，轨枕底面棱角做成 20 mm × 10 mm 的折角。

轨枕各部位尺寸应满足精度要求，承轨槽挡肩坡度为 60°（允许误差为 0.5°），承轨槽表面凹凸不大于 1 mm。

2．轨枕级配与间隔

国铁普通线路的轨枕级配与间隔见表1—13。

表 1—13　　　　　　　　国铁普通线路的轨枕级配与间隔

钢轨长度（m）	每千米配置数（根）	每轨配置数（根）	木枕 c	木枕 b	木枕 a	混凝土枕 c	混凝土枕 b	混凝土枕 a
12.5	1 600	20	440	594	640	540	587	635
12.5	1 680	21	440	544	610	540	584	600
12.5	1 760	22	440	524	580	540	569	570
12.5	1 840	23	440	534	550	540	544	544
25	1 600	40	440	537	635	540	579	630
25	1 680	42	440	487	605	540	573	598
25	1 760	44	440	497	575	540	549	570
25	1 840	46	440	459	550	540	538	544

注：a—中间轨枕间距；b—过渡间距；c—接头间距，单位均为 mm。

城轨线路轨枕级配与间隔见表1—14。

表 1—14　　　　　　　　城轨线路轨枕级配与间隔

每千米配置数（根）	每25 m轨根数	轨枕间距（mm）
国铁正线　1 840	46	543.5
城轨正线　1 760	44	568.2
城轨正线　1 680	42	595.2
城轨站线　1 600	40	625

符合下列条件之一的地段，正线轨道应增加轨枕数量：

（1）木枕轨道半径为 800 m 及以下的曲线（包括两端缓和曲线全长）地段；混凝

土枕轨道半径为 600 m 及以下的曲线地段。

（2）大于 12‰的下坡制动地段，增加的数量应按上表所列每千米轨枕根数：混凝土枕增加 80 根，木枕增加 160 根。条件重合时只增加一次。每千米最多铺设根数：混凝土枕为 1 840 根，木枕为 1 920 根。

3. 轨枕间距计算

在普通轨道上，轨枕间距根据钢轨类型、长度、每千米铺设轨枕的根数、钢轨接头方式等因素确定。钢轨接头处轨道强度应加强，接头处轨枕的间距 c 要比中间轨枕的间距 a 略小，以弥补接头处抗弯强度不足，并且在 a 与 c 之间有一个过渡间距 b，如图 1—14 所示。

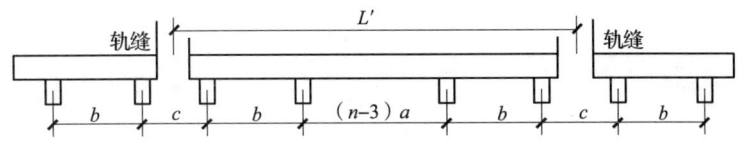

图 1—14 轨枕间距计算

每节钢轨轨枕配置根数按下式计算：

$$n = \frac{NL}{1\ 000}$$

式中　n——每节钢轨轨枕配置根数；

　　　N——每千米轨枕标准配置根数；

　　　L——每节钢轨长度，m，不含轨缝。

上式计算所得的 n 值采用整数（四舍五入）。

每节钢轨轨枕间距 a、b、c 值按下式计算：

$$a = \frac{L' - c - 2b}{n - 3}$$

式中　L'——每节钢轨长度，mm，含一个轨缝（一般采用 8 mm）。钢轨接头采用相错式时为两股相错接头之间的长度；

　　　b——a 与 c 之间的过渡间距，mm；

　　　c——钢轨接头两根轨枕间距，mm，其值根据钢轨接头构造而定。我国规定：木枕 60 kg/m 或 50 kg/m 轨 c=440 mm；43 kg/m 或 38 kg/m 轨 c=500 mm。混凝土枕 60 kg/m 或 50 kg/m 轨 c=440 mm；43 kg/m 或 38 kg/m 轨 c=500 mm；

　　　a——除接头轨枕间距 c 和过渡间距 b 外，其余轨枕间距，mm。

一般 $a > b > c$,如采用 $b = \dfrac{a+c}{2}$,则:

$$a = \dfrac{L' - 2c}{n - 2}$$

将计算所得的 a 值采用整数。如 a 值比标准值大 20 mm 时,则每节钢轨(或两股相错接头之间)轨枕配置根数应增加 1 根。由于 n 值的改变,重新计算 a 值(仍采用整数),再根据 a 及 c 按下式求出 b 值:

$$b = \dfrac{L' - c - (n-3)a}{2}$$

无缝线路轨枕间距应均匀布置,见表 1—15。

表 1—15　　　　　　　　轨枕间距

轨枕配置数(根/km)	轨枕间距(mm)
1 680	595.2
1 760	568.2
1 840	543.5
1 920	520.8

4．混凝土枕失效标准

(1) 混凝土枕失效标准(含混凝土宽枕、混凝土岔枕及短轨枕)

1) 明显折断。

2) 纵向通裂(挡肩顶角处缝宽大于 1.5 mm;纵向水平裂缝基本贯通,缝宽大于 0.5 mm)。

3) 横裂(或斜裂)接近环状裂纹(残余裂缝宽度超过 0.5 m 或长度超过 2/3 枕高)。

4) 挡肩破损,接近失去支承能力(破损长度超过挡肩长度的 1/2)。

5) 严重掉块。

(2) 混凝土枕严重伤损标准

1) 横裂裂缝长度为枕高的 1/2~2/3。

2) 纵裂:两螺孔间纵裂(挡肩顶角处缝宽不大于 1.5 mm);纵向水平裂缝基本贯通(缝宽不大于 0.5 mm)。

3) 挡肩破损长度为挡肩长度的 1/3~1/2。

4）严重网状龟裂和掉块。

5）承轨槽压溃，深度超过 2 mm。

6）钢筋（或钢丝）外露（钢筋未锈蚀，长度超过 100 mm）。

7）斜裂长度为枕高的 1/2~2/3。

1.5 道床

知识要求

1.5.1 碎石道床

1. 碎石道床的断面结构（见图 1—15）

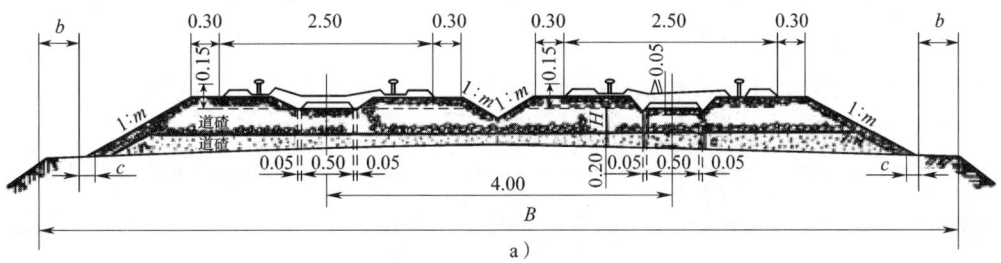

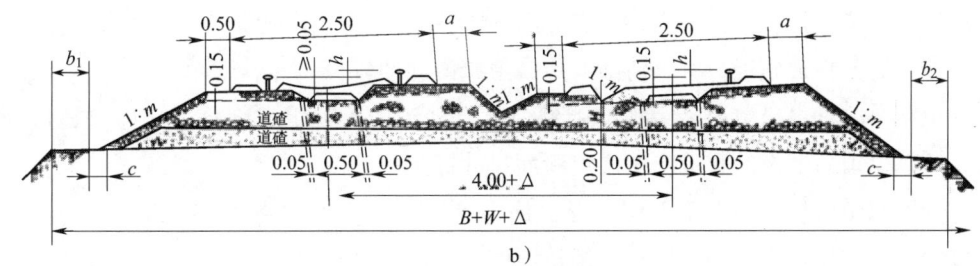

图 1—15 碎石道床的断面结构

a）直线地段 b）曲线地段

道床在线路外侧的部分称为道床边坡，其中坡底处称为坡脚，坡顶处为碴肩。碴肩宽度是指轨枕端部至道碴顶面外侧的水平距离，正线不小于 0.3 m。

道床以下的部分为路基，为利于排水，路基面通常设计为人字坡的断面形式，称为路拱，路拱拱高 0.2 m。

路基两侧,在道床坡脚以外的部分称为路肩,供养护及维修人员沿线走行。路肩宽度不小于 0.6 m。

在路肩的外侧设置排水沟和电缆沟。

上、下行线路中心线之间的垂直距离称为线间距,地面线的线间距一般为 4.5~5 m。

2. 线路铺碴的规定

(1) 道碴的主要作用。

道碴是轨枕的基础,是轨道的重要组成部分之一。它的主要作用如下:

1) 承受轨枕传来的压力,并将其传布到路基面上。

2) 排除线路上的地表水,保持轨枕和路基面的干燥。

3) 抵抗轨枕纵向和横向移动,保持线路稳定,并用以校正及保持线路平面和纵断面几何尺寸。

4) 由于道碴具有弹性,在一定程度上起着缓和机车、车辆对路基冲击的作用。

(2) 道碴应具备的特征

1) 质地坚韧,不易被磨损和捣碎。

2) 排水性能好,吸水度小。

3) 耐冻性强,不易风化。

4) 不易被水冲走和被风吹动。

由于碎石道碴的抗压强度高、阻力大、排水性能好、弹性足等,因此被普遍采用。使用碎石道碴不仅可以提高轨道的强度和稳定性,还可减少养护工作量。碎石道碴脏污的速度比其他道碴慢,所以清筛、更换道碴的周期较长。

道床是一种由松散道碴组成的弹性体,是轨道的重要组成部分,是稳定轨道的基础,所以,道碴铺设的数量应按规定断面尺寸铺足。

为了避免轨枕断裂和压入路基形成病害,铺轨前应先在路基上铺设一层道碴,其厚度规定:双层道床宜按垫层要求铺足厚度,单层道床铺设厚度以 15~20 cm 为宜。道床顶面应平整,铺设旧型混凝土枕地段,还应将中部做成顶宽为 60 cm 的凹槽,以免混凝土枕中间上部产生裂纹或断裂。为了保护桥面防水层,有碴桥面的桥上道碴厚度应不小于 25 cm,如有困难,可减至 20 cm。

桥上轨面高程与其两端线路上的轨面高程可能出现高差,为改善桥上行车条件,桥梁两端各 30 m 道床厚度应使该段内的轨面高程与桥上的轨面高程顺平,然后,以 1‰坡度向线路方向顺坡。

不同种类轨枕的交接处轨面高差应以道碴调整。同种类轨枕轨道长度小于 100 m 时，应将该段轨道抬高或降低，使其与两端轨面同高；大于 100 m 时，应先将较低轨道的一个半轨节抬高，与相邻轨道取平后，以不大于 2‰ 的坡度向较低的方向顺坡。

3. 碎石道床技术标准

（1）碎石道床顶面宽度：正线 3.4 m，站场线 2.9 m。

（2）碎石道床厚度

1）碎石道床厚度的规定见表 1—16。

表 1—16　　　　　　　　　　碎石道床厚度　　　　　　　　　　　　mm

路基类型	道床厚度		车场线
	正线		
非渗水土路基	双层	单层 250	车场线
非渗水土路基	双层	道碴 250	单层 250
		底碴 200	
岩石、渗水土路基	单层道碴 300		

2）桥梁上道碴槽内道床厚度应不小于 250 mm，与两端的道床厚度差应在桥台外不小于 10 m 范围内递减。

3）正线、辅助线、出入段（场）线和试车线应采用一级道碴。车场线可采用二级道碴。地面线碎石道床厚度为 820~1 000 mm。

4）线路中心线部位，路基面至枕底的垂直距离，其中上层为道碴层，厚度为 350 mm；下层为黄沙层，厚度为 200 mm。

5）道床应保持丰满、均匀、整齐和密实，严格防止轨枕空吊。

（3）碎石道床边坡：正线 1:1.75，站场线 1:1.5。

（4）碴肩宽度与高度

1）正线、联络线、出入线和试车线无缝线路地段碎石道床道碴肩宽应不小于 400 mm，非无缝线路地段道碴肩宽应不小于 300 mm。

2）无缝线路半径小于 800 m、非无缝线路半径小于 600 m 的曲线地段，曲线外侧道碴肩宽应增加 100 mm，道床边坡均为 1:1.75。

3）车场线碎石道床道碴肩宽应不小于 200 mm，半径小于 300 m 的曲线地段，曲线外侧道碴肩宽应增加 100 mm，道床边坡均为 1:1.5。

4）无缝线路碴肩应在碎石道碴上堆高 150 mm，堆高道碴的坡度为 1:1.75。

5）混凝土枕碎石道床顶面应与轨枕中部顶面平齐，木枕碎石道床顶面应低于木枕顶面 30 mm。

6）轨枕端部至道碴顶面外侧的水平距离，正线 0.3 m，碴肩堆高 0.15 m，站场线按设计文件办理。

1.5.2 整体道床

1. 一般规定

（1）长度大于 100 m 的隧道内和隧道外 U 形结构地段及高架桥和大于 50 m 的单体桥地段，宜采用短枕式或长枕式整体道床。

（2）道床与结构底板或桥面连接应采取加强措施。

（3）轨下部混凝土道床厚度，直线地段不宜小于 130 mm、曲线地段不宜小于 110 mm。

（4）整体道床应设置伸缩缝，隧道内宜每隔 12.5 m、U 形结构地段和高架桥上宜每隔 6 m 设置一处。在结构沉降缝和高架桥梁缝处应设置道床伸缩缝。

（5）排水沟的纵向坡度应与线路坡度一致，在线路平坡地段，排水沟纵向坡度不宜小于 2‰。

（6）整体道床应设铺轨基标，基标宜设在排水沟内，并宜每隔 15～24 m 保留一个供维修用的永久基标。

2. 长枕式整体道床的结构

长枕浇筑式整体道床为我国城市地铁建设初期所采用的，主要应用于隧道内的线路。

道床内布有纵横交错的钢筋。一般长轨枕预留圆孔，纵向钢筋从圆孔内穿过，每枕间隔布置一根横向钢筋，通过铺设轨排、布扎钢筋、立模等程序，最后浇筑混凝土。

道床的两侧设置纵向水沟，作为排水的设备。

圆形隧道内整体道床断面图如图 1—16 所示，结构平面图如图 1—17 所示。

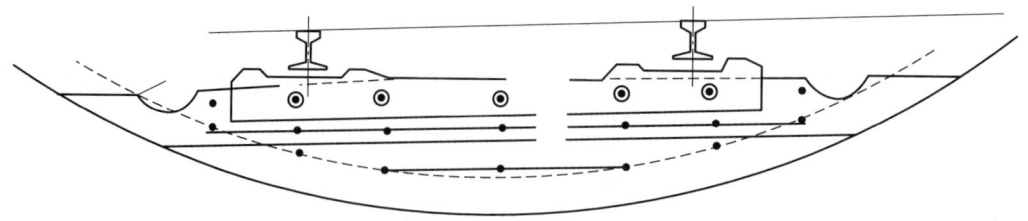

图 1—16　圆形隧道内整体道床断面图

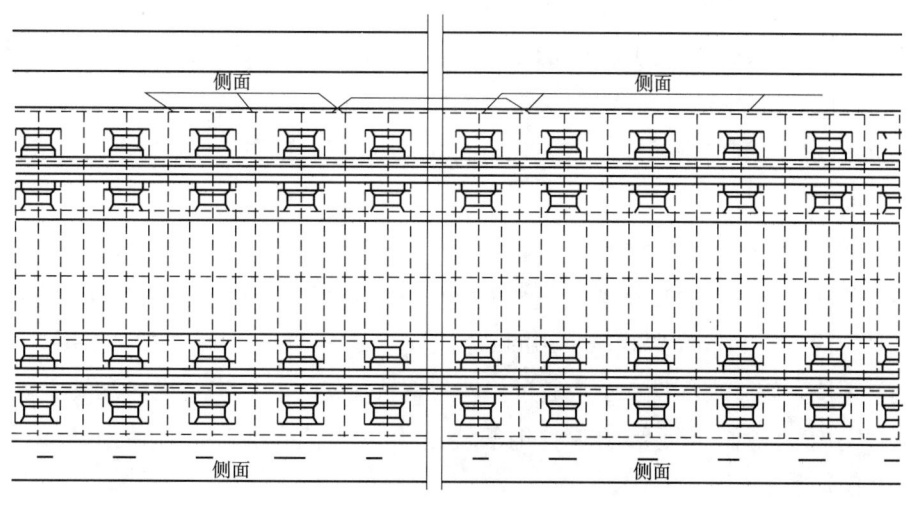

图 1—17　圆形隧道整体道床结构平面图

3. 短枕式整体道床的结构

短枕式又称预制块式，其整体道床线路如图 1—18 所示。近年来城轨交通的线路无论是地下隧道内的线路还是高架线路，甚至库内的整体道床线路等，都广泛采用了短枕式的设计方案。

这种道床轨道建筑高度一般为 550 mm 左右，道床混凝土强度等级为 C30，轨下道床厚度一般小于 160 mm，常设中心排水沟，如图 1—18 所示。

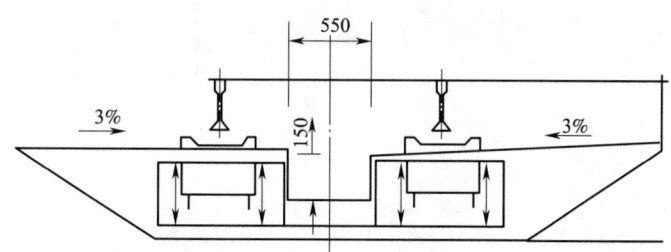

图 1—18　短枕式整体道床线路

短轨枕在工厂预制，混凝土强度等级为 C50，其横断面为梯形，底部外露钢筋钩，以提高道床混凝土的连接强度。这种道床稳定、耐久，结构比较简单，造价较低，施工容易，进度较快。

也有的设计方案在短枕与道床间设橡胶减振套,称为套靴式预制块,经过弹性试验,可以降低道床应力,减少振动。但也有一定的缺点,由于设置了橡胶减振套,预制块底部不能预留钢筋,与其下部的钢筋连接及浇筑,这样,结构强度要大大低于无橡胶减振套的轨道。

隧道内使用预制的混凝土短枕,先进行拼装,然后进行整体浇筑。轨道结构高度为 560 mm。

4. 承轨台式整体道床的结构

承轨台式就是高架的短枕式,与地下隧道的短枕式非常接近,铺设方案也基本相似,这是当前城轨交通高架线路常用的结构形式,与 WJ-2 型扣件配套使用。先由厂家预制支承块,施工现场将支承块通过扣件与钢轨连接,然后浇筑纵向混凝土承轨台,把支承块与高架桥面上预留的垂直钢筋浇筑为一体。承轨台式整体道床设计图如图 1—19 所示。

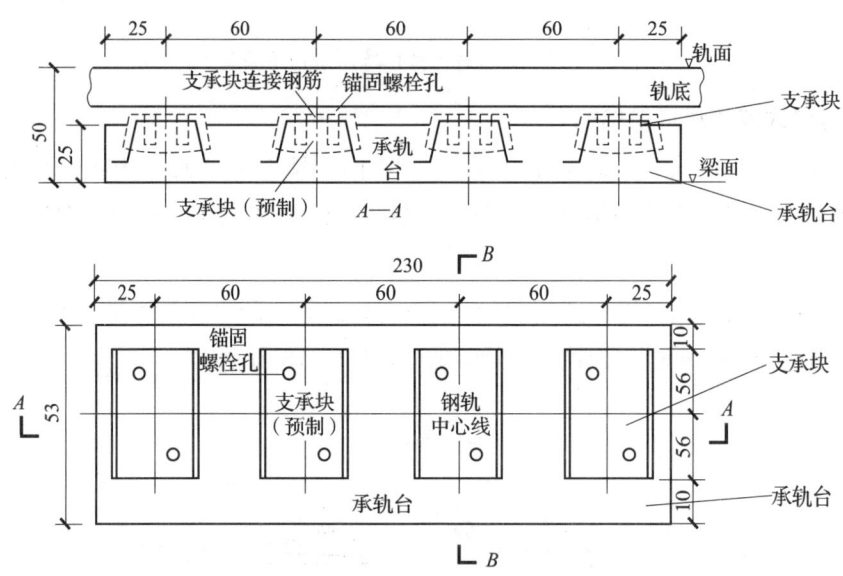

图 1—19 承轨台式整体道床设计图

(1)支承块。支承块直接支承钢轨及轨道连接部件,并埋设在承轨台中,为 C50 钢筋混凝土预制块。支承块底部外露钢筋与整体道床的钢筋连接,其设计图如图 1—20 所示。

为固定铁垫板锚固螺栓,每块支承块预埋聚酰胺绝缘套管。考虑养护、维修及排水需要,支承块按间距不大于 600 mm 设计标准,1 680 组/km 级配标准设置。

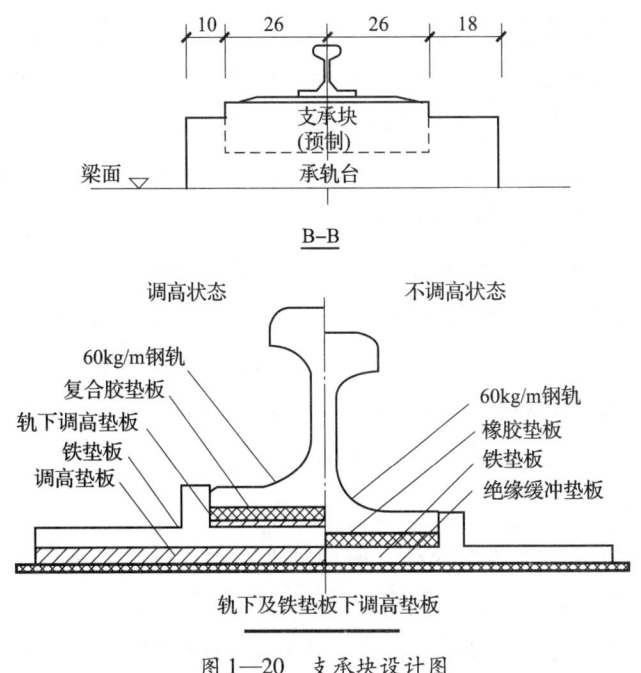

图1—20 支承块设计图

为加强支承块与承轨台的连接及防杂散电流,支承块底部伸出钢筋与承轨台钢筋焊接。

(2) 承轨台。支承块式承轨台是在每股钢轨下面沿纵向铺设条形分段的钢筋混凝土结构,混凝土强度等级为C40,相对于长轨枕式整体道床而言,承轨台结构简单、自重轻(其自重为30 kN/双线延米,仅为长轨枕式整体道床的一半)、排水性能好、工程造价低、方便施工及养护和维修作业,是高架桥上无砟轨道较好的轨下基础形式之一。

当桥梁施工完毕,经过一段时间桥梁结构的最终变形(含徐变及墩台沉降变形)基本稳定,并控制在一定范围时即可施工承轨台。因承轨台与梁体是两次浇筑,为加强其整体性能,通过预埋钢筋与梁体相连。当桥梁施工时,预先将承轨台与桥梁连接钢筋埋置在梁体内,预埋钢筋采用$\phi 12$ mm 螺旋钢筋。

(3) 承轨台的布置。承轨台平面按不同梁跨分别布置,即从梁两端分别往梁的跨中排列,其结构宽度为800 mm,长度分为A、B、C三种基本类型。

A 型承轨台:长400 mm,为无支承块式承轨台。布置在梁的端部,用以避开梁端伸缩缝。

B 型承轨台:标准型支承块式承轨台,长2 300 mm,支承块间距为600 mm,相邻承轨台间净距为100 mm。

C型承轨台：高架桥每跨的结构不一，长度也不一，在梁的中部，承轨台的长度受相邻支承块间距、梁跨及曲线半径的影响，必须对承轨台的几何尺寸进行调整。

(4) 整体道床的过渡段。整体道床与碎石道床连接处设过渡段，长度为 6.25 m，采用 C15 素混凝土槽型基础，上铺设钢筋混凝土轨枕，碎石道床厚 25 cm。

(5) 整体道床道岔。短岔枕根据铺设部位进行分类：转辙器滑床板部分、辙岔护轨部分、辙岔部分、辙后及辙岔趾跟端前后部分根据铁垫板尺寸进行设计。其余部分采用与 DT 弹条 I 型扣件配套使用短轨枕。短轨枕采用 C50 混凝土在铺轨基地预制，轨枕内预埋螺旋套管。

道床采用 C30 钢筋混凝土，顶面设 1%～3% 横向排水坡，道床两侧设侧沟排水。道床内钢筋设计为 3 m 左右网片，在现场按防迷流要求进行焊接。

5. 弹性整体道床

浮置板式整体道床由于造价极高，而且修理困难，所以通常很少采用，城市地铁在特殊地段，由于减振的需要，设计有少量的浮置板式轨道。

浮置板板宽为 3 m 左右，板厚为 0.3～0.4 m，长度根据现场情况决定设计方案。有就地灌注和预制两种施工方法。

在过去的设计中，根据浮置板的长度一般可分为长型和短型两种结构形式。

(1) 长型浮置板轨道。长型浮置板是一个长 15～20 m 的钢筋混凝土板，板厚 300 mm，在地铁隧道内现场浇筑，靠橡胶支座支承。浮置板的自振频率小于等于 10 Hz。

长型浮置板自重大，轨道结构横向稳定性较高。由于混凝土道床板须现场浇筑，通常采用玻璃纤维增强混凝土（GRC）永久性模板进行灌注。其施工工期长，与主体结构施工干扰大，施工计划缺乏灵活性。

此外，这种结构板下橡胶支座不具备维修和更换条件。

(2) 短型浮置板轨道。短型浮置板轨道由独立的短型浮置板单元组成，浮置板由橡胶支座支承。浮置板厚一般为 300 mm，长 1.5～3.0 m，宽度与隧道底部的凹槽宽度一致。自振频率在 12～15 Hz 之间。

标准段浮置板为一块 3 m×3 m 的预制钢筋混凝土板，质量约为 6.6 t，板厚为 300～335 mm，在顶面形成 1:40 的横坡，以便于排水。

现代设计的浮置板总长度有几百米，分隔成 20～30 m 的单元。浮置板底面及纵向端面处均设有凹槽，用于放置橡胶垫，侧面有预留孔，用于固定侧向支座。由于道床板前后、左右均设置了橡胶垫支承，因而与主体结构完全分离，浮置板轨道断面如图 1—21 所示。

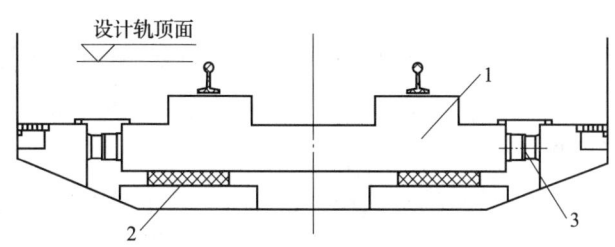

图 1—21 浮置板轨道断面
1—浮置板道床　2—板下橡胶垫　3—侧向橡胶垫

在浮置板顶面留有伸出钢筋，用来浇筑纵向承轨台，加强两者的连接。整体道床轨道结构高度因隧道断面的不同而异，分述如下：

1) 矩形隧道：直线地段轨道结构高度为 560 mm，曲线地段轨道结构高度为 $560 + A/2$（A 为曲线超高值）。

2) 圆形隧道：直线、曲线地段轨道结构高度均为 740 mm，在小半径曲线地段，外侧水沟沟底钢轨顶面高度按限界不能满足设计的 400 mm 要求，在整体道床施工前的线路调线调坡时，要求线路作业在限界许可的范围内尽可能按大于 780 mm 的结构高度进行调整，基本上解决了外侧水沟高度不足的问题。

1.6 轨道结构

知识要求

1.6.1 铺轨的规定

1. 普通线路标准轨的使用

钢轨接头是轨道的薄弱环节，它不仅加剧车辆的振动，而且加速接头钢轨的伤损，增大线路养护及维修工作量。据有关资料统计：钢轨在接头处伤损占伤损总数的一半；接头下混凝土枕的失效相当于其他部分的 3~5 倍；为防止接头处道床变形及消除接头病害，投入的养路工作量占总量的 35%~50%；接头振动对行车的平稳性影响也很大。因此，钢轨的长度应尽量长些，以减少接头数量。但由于制造、运输和使用上的原因，我国规定钢轨的标准长度为 25 m 和 12.5 m 两种。

2. 接头连接的方式

对于线路上两股钢轨的接头,在我国铁路上采用相对悬空式作为接头连接的标准方式,以减少轮对的冲击次数,改善列车运行和维修条件,而且也是铺轨的必要条件。

3. 直线接头相错量

铺轨时应按钢轨长度误差量配对使用。在每节钢轨上相差量一般不得大于 3 mm,并在前后、左右相抵消。配轨有困难时,一对钢轨的相差量虽可不大于 3 mm,但在两股钢轨上的累计相差量必须控制在不大于 15 mm。这是考虑到一股钢轨的窜动和少量的爬行及其他误差后,接头相错量不致太大。

4. 曲线缩短轨的铺设

在曲线地段,轨道外股比内股长,如内、外股都用同一长度的钢轨,内股钢轨接头要比外股钢轨接头超前。为保持接头相对,曲线地段外股应使用标准长度钢轨,内股应以厂制缩短轨配合使用,以保证内、外股两钢轨接头相对。每当超前量大于缩短轨缩短量的一半时,此根钢轨应铺设厂制缩短轨。

我国铁路采用的缩短轨长度:配合 25 m 钢轨的有 24.96 m、24.92 m、24.84 m 三种,配合 12.5 m 钢轨的有 12.46 m、12.42 m、12.38 m 三种。

5. 曲线接头相错量

在曲线地段内股铺设一定数量的缩短轨后,不可避免地仍存在内股钢轨接头超前或错后的现象。因此,必须利用单根钢轨长度的误差量进行调整。一般应在曲线内两股钢轨上配轨调整,有困难时,也可在就近的直线上配轨调整,切不可用增减轨缝尺寸的方法调整接头相错量,因为轨缝不仅本身已有一定的误差,而且其留有的尺寸本身也有一定的要求和限制,如再加上较大的误差,势必导致轨缝技术状态的不良。钢轨接头采用对接式时,两股钢轨接头位置的相错量在正线和到发线上,直线不大于 40 mm,曲线不大于 40 mm 加采用的缩短轨缩短量的一半。

6. 钢轨接头不宜设置的地段

(1) 桥台挡碴墙间的长度为 20 m 及以下的明桥面上。
(2) 钢梁端部、拱桥温度伸缩缝和拱顶等处前后各 2 m 范围内。
(3) 设有温度调节器的钢梁的温度跨度范围内。
(4) 钢梁的横梁上。
(5) 平交道口内。

钢轨接头若恰在上列位置并铺设 25 m 长度标准轨时,可插入一根 12.5 m 长度的标准轨,以调整接头位置;铺设 12.5 m 长度的标准轨时,可更换成一根 25 m 长度的标准轨，以调整接头位置。也可挤严轨缝后将接头用高强度螺栓拧紧、冻结或焊接。有困难时，才准许插入个别短轨调整接头位置。

1.6.2 轨道加强设备

在列车运行过程中，车轮作用于钢轨，不仅产生竖向力和横向力，还由于车轮在钢轨上的滚动摩擦和纵向滑动摩擦、列车的制动力、在坡道和曲线上的附加力、车轮对钢轨的冲击力以及其他因素，都会使钢轨产生纵向力，引起钢轨的爬行，这个力叫作爬行力。

钢轨爬行的原因十分复杂，但主要因素是钢轨在动荷载作用下的波形挠曲，其他原因只影响爬行量的大小。如图1—22所示为钢轨的波形挠曲引起的爬行过程。以 a、b 表示钢轨某一断面的上下两点，当列车驶近时，钢轨各断面依此发生转动，b 点向前，a 点向后；当车轮滚过，钢轨恢复时，b 点开始收缩，但因前面已被车轮压住，这种收缩只能在车轮已离开的一端实现，结果，钢轨被拉向前移动，造成与列车运行方向一致的爬行。但在机车牵引时，由于机车车轮黏着力的作用，会产生一种与行车方向相反的力，所以，在多机牵引的上坡地段有时反而会产生方向相反（向下坡方向）爬行的现象。

在普通线路上，钢轨爬行是线路的主要病害之一，它能导致轨枕位置歪斜、间隔不正和轨缝不匀（顶严和拉大）。钢轨爬行时往往带动部分轨枕，特别是接头轨枕，会因夹板带动道钉或扣件螺栓而把轨枕拉离原来的位置，造成钢轨接头种种病害，甚至造成胀轨跑道，严重危及行车安全，如图1—22所示。

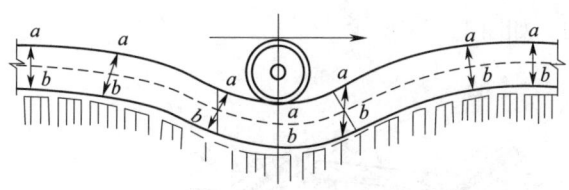

图1—22 钢轨的波形挠曲

线路爬行对轨道结构的整体性、稳定性的破坏是严重的，因此，必须从设备上采取措施予以防止。防止线路爬行的措施主要是加强轨道中间扣件的扣压力和接头夹板的夹紧力，以加大钢轨与夹板之间以及钢轨与垫板之间的阻力。所以，在维修工作中，在保证道床丰满的前提下，要求拧紧螺栓，打紧浮起的道钉，以防止线路的爬行。但在爬行严重的地段，单靠接头和扣件的阻力还是不够的，还必须采用以防爬器和防爬支承组成的防爬设备来共同抵抗钢轨的爬行力。

当中间扣件的扣压力小于钢轨的爬行力时，钢轨就会沿着垫板发生纵向爬行；当中间扣件的扣压力大于钢轨与垫板之间的爬行力时，钢轨将带着轨枕一起爬行。

防爬器有穿销式和弹簧式两种。我国广泛使用的是穿销式防爬器，它由带挡板的轨卡和穿销组成。轨卡一边紧密地卡住轨底，另一边与轨底之间的间隙用楔形穿销楔紧，使之牢固地卡在轨底上，如图1—23所示。

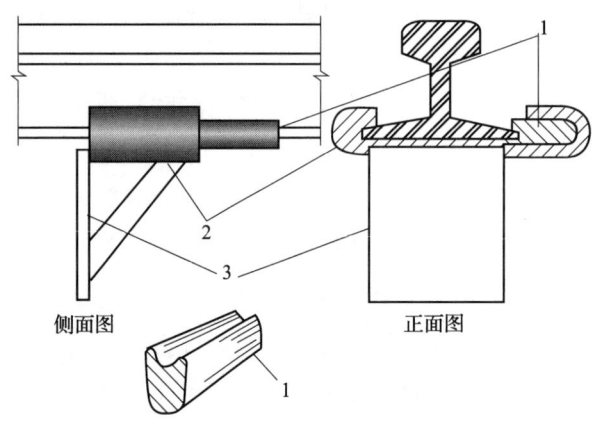

图1—23　穿销式防爬器

1—穿销　2—轨卡　3—挡板

为了充分利用穿销式防爬器的防爬能力（每对防爬器的防爬阻力为30～40 kN），并使两股钢轨上的防爬阻力相等，防爬器除要成对安装外，还须将一对防爬器和3～4根轨枕用防爬支承联系起来，组成一组防爬设备，以增强防爬能力，共同抵抗由防爬器传来的轨道爬行力，如图1—24所示。

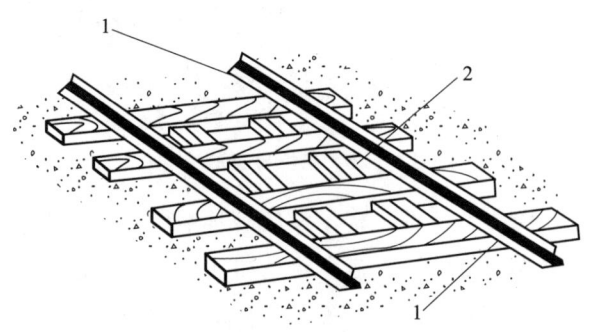

图1—24　一组防爬设备

1—防爬器　2—防爬支撑

防爬支承可用木制，也可用石料或混凝土制造。防爬支承断面应不小于120 cm²，若断面积过小，则不易保持稳定，不能充分发挥支承作用。防爬支承安装在钢轨底下。铺设混凝土枕的线路、道岔使用弹条扣件时，因扣件的技术性能好，能保持较大的防爬阻力，故可不安装防爬设备。使用其他扣件时，如扣板式扣件，虽在胶垫压缩后保持的防爬阻力比弹条扣件小，但在坡度较小的一般条件下仍能阻止爬行，故也可不安装防爬设备。对线路坡度大的地段、制动地段、列车经常通过的道岔、绝缘接头、桥梁（明桥面）前后各75 m地段，因非弹条扣件阻力不足以阻止爬行，仍需根据具体情况安装防爬设备。安装数量可比照木枕线路适当减少。

在碎石道床地段，每组防爬设备的组成：单方向锁定为一对穿销式防爬器和三对支承；双方向锁定为两对穿销式防爬器和三对支承。以正方向四对防爬器和反方向两对防爬器为例，安装方式如图1—25所示。其安装数量和方式可简单地以×3～6、×8～11×、×13～16×和×18～21来表示。

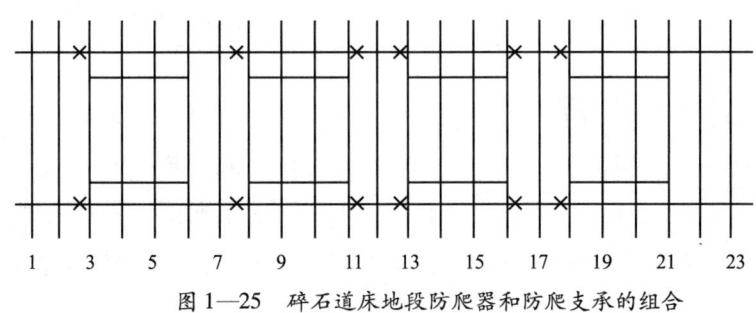

图1—25　碎石道床地段防爬器和防爬支承的组合

1.6.3　与桥隧有关的线路技术要求

1. 桥上线路状态的要求

（1）桥上线路中线与梁跨设计中线偏差：钢梁不得大于50 mm，圬工梁不得大于70 mm，超过时应进行检算，如影响承载力或侵入限界时，需进行调整。

（2）桥梁上钢轨接头应冻结、焊接或铺设长钢轨，钢轨与整体道床连接应采用大调量、小阻力扣件。

（3）桥梁上钢轨扣件失效率不得大于25%，且不得有隔一或连二失效扣件。

（4）有碴桥上应采用可安装护轮轨的预应力混凝土枕，枕下铺设一级道碴。跨过城市道路的高架桥上应安装新型桥梁护轨（桥梁护轨的养护：护轨一般采用与基本轨同类型的钢轨，顶面不应高出基本轨，也不应低于基本轨顶面25 mm）。护轨与基本轨头部间净距应为（200±10）mm［铺设60 kg/m及以上基本轨时，其净距为（220±

10）mm]。

护轨下容许加垫总厚度小于 35 mm 的垫板，垫板厚度在 20 mm 及以下时，每股护轨应在每隔一根桥枕上和每根线路枕木上钉两个道钉；垫板厚度超过 20 mm 时，必须加设铁垫板（可以切边）及钉长道钉。

护轨应伸出桥台挡碴墙以外，直线部分应不少于 5 m（在直线上桥梁长度大于 50 m，在曲线上桥梁长度大于 30 m 者，则为 10 m），然后弯曲交会于线路中心，并将轨端切成斜面连接，弯轨部分的长度不少于 5 m，轨端超出台尾的长度不少于 2 m。

每个护轨接头安装 4 个螺栓，为了防止脱轨时被车轮碰伤或切断，所有螺母安装在线路中心一侧（在温度调节器处应采用一端带长孔的夹板）。对于自动闭塞区间，护轨应安装绝缘装置。

（5）钢梁桥不得采用橡胶支座，设置板式橡胶支座的圬工梁必须按统一的设计图加设可靠的横向限位装置，梁体横向位移不得大于 2 mm。

（6）对于砖砌墩台、不稳定、承载力不足、浅基等严重病害的墩台基础，应进行加固或改造。

（7）曲线桥梁应根据桥梁限界和曲线半径（两者中最不利条件）确定行车条件。

（8）在任何情况下，伸缩调节器处轨距不得超过 1 451 mm，也不得小于 1 433 mm。

（9）对于跨度在 30 m 及以上的钢梁，桥上线路应设置上弯度（或称上拱度）。设置时应特别注意使钢梁两端线路的衔接平顺。如图 1—26 所示为明桥面布置图。

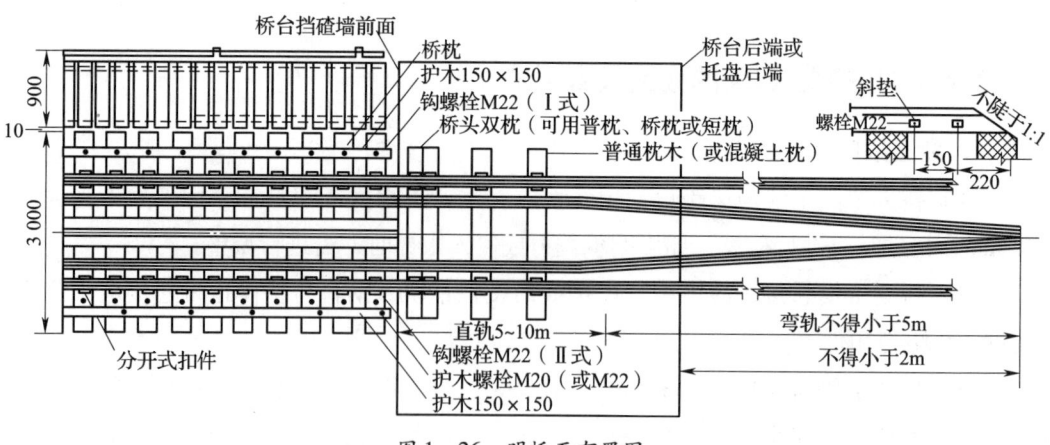

图 1—26 明桥面布置图

注：1. 钢梁活动端处护木、人行道栏杆、步行板须断开，使梁能自由伸缩。
2. 所有尺寸除注明者外均以 mm 计。

2. 桥梁结构上的要求

（1）新建桥梁宜采用整体箱形梁。如采用混凝土分片式梁，其梁中心距应不小于 2.0 m，轨底至梁顶高度为 600 mm；两片梁应采用横向预应力连接方式，防水层采用耐久性能良好的新型防水材料。

（2）对于框构（刚构）桥，桥上轨底至框构（刚构）桥梁顶面高度应不小于 800 mm，其混凝土强度等级不低于 C35，抗渗等级不低于 P8。

（3）对于跨度大于或等于 12 m 双梁式无横向连接的 T 形和工字形混凝土梁，应按统一的设计图样在梁端及跨中增设预应力横向连接。

（4）对于钢梁及预应力混凝土梁，当结构技术状态不良或动态特性不能满足竖向刚度和横向刚度规定时，应分别采取限速、加固或换梁等措施。

本章测试题

一、判断题（将判断结果填入括号中。正确的填"√"，错误的填"×"）

1. 轨缝应设置均匀，每千米轨缝的总误差：25 m 长的钢轨地段不得大于 ±160 mm；12.5 m 长的钢轨地段不得大于 ±320 mm。（　　）
2. 普通线路应根据钢轨长度和钢轨温度预留轨缝。（　　）
3. 标准长 25 m 钢轨允许铺设在任何地区。（　　）
4. 出现连续三个及以上瞎缝或轨缝大于构造轨缝时，可不考虑当时轨温条件，直接进行轨缝调整。（　　）
5. 直角错差有正负之分，一般习惯以左股钢轨为基准，沿着测量方向，当右股往始端错动时，直角错差为负，反之为正。（　　）
6. 钢轨在接头处的破损占全部破损的一半以上；接头下混凝土枕的失效数为其他部分的 3~5 倍；接头处的道床振动加速度也比钢轨中间部分大几倍。（　　）
7. 接头下混凝土枕的失效数为其他部分的 3~5 倍。（　　）
8. 钢轨在接头处的破损约占全部破损的 25%。（　　）
9. 对于接头病害的整治应围绕减少接头不平顺，及时消灭永久变形，切实加强接头等进行。（　　）
10. 为保持接头相对，曲线地段外股应使用标准长度钢轨，内股应以厂制缩短轨配合使用，以保证内、外股两钢轨接头相对。（　　）
11. 一般应在曲线内两股钢轨上配轨调整，有困难时，也可在就近的直线上配轨

调整，还可用增减轨缝尺寸的方法调整接头相错量。（　　）

12. 道碴式轨枕的基础是轨道的重要组成部分之一。（　　）

13. 车辆车轮滚过钢轨后，常见的现象是钢轨被拉向前移动，造成与列车运行方向一致的爬行。（　　）

14. 铺设混凝土枕的线路、道岔使用弹条扣件时，因扣件的技术性能好，能保持较大的防爬阻力，故可不安装防爬设备。（　　）

15. 防止线路爬行的措施主要是加强轨道中间扣件的扣压力和接头夹板的夹紧力，以加大钢轨与夹板之间以及钢轨与垫板之间的阻力。（　　）

16. 防爬器除要成对安装外，还须将一对防爬器和 3~4 根轨枕用防爬支承联系起来，组成一组防爬设备。（　　）

17. 防爬支承断面应不小于 80 cm^2，若断面积过小，则不易保持稳定，不能充分发挥支承作用。（　　）

18. 每千米配置的轨枕根数应根据运量（地铁以通过列数计）、允许行车速度及线路的设备条件确定。（　　）

19. 在我国城轨交通采用相对悬空式作为线路上两股钢轨接头连接的标准方式。（　　）

20. 铺轨时应按钢轨长度误差量配对使用。在每节钢轨上相差量一般不得大于 5 mm，并在前后、左右相抵消。（　　）

21. 在曲线地段，轨道外股比内股短，如内、外股都用同一长度的钢轨，内股钢轨接头要比外股接头超前。（　　）

二、单项选择题（选择一个正确的答案，将相应的字母填入题内的括号中）

1. 符合下列条件（　　）时正线轨道可增加轨枕数量。

A. 混凝土枕轨道半径为 600 m 及以下的曲线地段

B. 混凝土枕轨道半径为 800 m 及以下的曲线地段

C. 线路轨面不良地段

D. 混凝土枕轨道半径为 700 m 及以下的曲线地段

2. 对于大于（　　）的下坡制动地段，正线轨道应增加轨枕数量。

A. 15‰　　　B. 20‰　　　C. 12‰　　　D. 8‰

3. 当条件重合时轨枕数量可增加（　　）次。

A. 3　　　B. 2　　　C. 4　　　D. 1

4. 由于钢轨接头处应加强，所以接头处轨枕间距要比中间轨枕间距（　　）。

A. 大 　　　　B. 小 　　　　C. 相同 　　　　D. 按实际确定

5. 在普通轨道上,轨枕间距根据钢轨类型、长度、每千米铺设轨枕的根数、（　　）等因素确定。

A. 道床厚度 　　B. 路基高度 　　C. 扣件类型 　　D. 钢轨接头方式

6. 岔枕长度是从 260～480 cm 按每（　　）cm 进级。

A. 30 　　　　B. 40 　　　　C. 10 　　　　D. 20

7. 考虑道辙岔开始承受车轮的压力而需要加强,故在辙岔心顶面宽（　　）mm 处布置一根岔枕。

A. 10 　　　　B. 15 　　　　C. 20 　　　　D. 25

8. 以下选项中混凝土枕（含混凝土宽枕、混凝土岔枕及短轨枕）失效标准之一是（　　）。

A. 两螺孔间纵裂（挡肩顶角处缝宽不大于 1.5 mm）

B. 纵向水平裂缝基本贯通（缝宽大于 0.5 mm）

C. 严重网状龟裂和掉块

D. 钢筋（或钢丝）外露（钢筋未锈蚀,长度超过 100 mm）

9. 以下选项中木枕（含道岔木枕）失效标准之一是（　　）。

A. 挡肩顶角处缝宽大于 1.5 mm

B. 劈裂或其他伤损,不能承压、持钉

C. 挡肩破损,接近失去支承能力（破损长度超过挡肩长度的 1/2）

D. 横裂（或斜裂）接近环状裂纹（残余裂缝宽度超过 0.5 m 或长度超过 2/3 枕高）

10. 以下选项中混凝土枕（含混凝土宽枕、混凝土岔枕及短轨枕）严重伤损标准之一是（　　）。

A. 折断或拼接的接合部位分离,不能保持轨距

B. 掉块

C. 纵向通裂

D. 承轨槽压溃,深度超过 2 mm

11. 混凝土枕承轨槽压溃,深度超过（　　）mm 可判断该混凝土枕严重伤损。

A. 1 　　　　B. 2 　　　　C. 3 　　　　D. 4

12. 城市地铁车站内通常应用（　　）扣件。

A. 减振器 　　B. 不分开式 　　C. 木枕 　　D. 混凝土枕

13. 根据减振原理,结合轨道交通特点,轨道减振器外形为（　　）,又称为科隆

蛋。

  A. 圆形　　　　　B. 椭圆形　　　　C. 正方形　　　　D. 长方形

14. 为了保护桥面防水层，有碴桥面的桥上道碴厚度应不小于 35 mm，如有困难，可减至（　　）mm。

  A. 25　　　　　　B. 35　　　　　　C. 20　　　　　　D. 30

15. 为了避免轨枕断裂和压入路基形成病害，铺轨前应先在路基上铺设一层道碴，若为单层道床，铺设厚度以（　　）cm 为宜。

  A. 15~20　　　　B. 20~25　　　　C. 25~30　　　　D. 30~35

16. WJ-2 型扣件钢轨调高量为（　　），其中轨下调整量为 10 mm，铁垫板下调整量为 30 mm，轨间距调整量为 20 mm（每股轨±10 mm），可承受最大横向力为 40 kN（疲劳荷载）。

  A. 40 mm　　　　　　　　　　　B. 20 mm（每股轨±10 mm）
  C. 35 mm　　　　　　　　　　　D. 30 mm（每股轨±15 mm）

17. 地铁地面线路上大量采用的扣件是（　　）。

  A. 扣板式扣件　　　　　　　　　B. 弹条式扣件
  C. DT—Ⅲ型扣件　　　　　　　　D. 检查坑扣件

18. 地铁高架线路上一般采用的扣件是（　　）。

  A. 扣板式扣件　　　　　　　　　B. 小阻力扣件
  C. 分开式扣件　　　　　　　　　D. 检查坑扣件

19. 扣件螺栓折断、严重锈蚀、丝扣损坏或杆径磨耗超过（　　）mm 应及时更换。

  A. 3　　　　　　　B. 2　　　　　　C. 4　　　　　　D. 6

20. 碎石道床采用的弹条扣件的弹条中部前端下颚应靠贴轨距挡板或使扭矩保持在（　　）N·m。

  A. 60~80　　　　B. 80~120　　　C. 80~150　　　D. 120~150

21. 新建桥梁宜采用整体箱形梁。如采用混凝土分片式梁，其梁中心距应不小于（　　），轨底至梁顶高度为 600 mm。

  A. 2.0 m　　　　B. 500 mm　　　C. 2.5 m　　　　D. 600 mm

22. 新建桥梁宜采用整体箱形梁。如采用混凝土分片式梁，其梁中心距应不小于 2.0 m，轨底至梁顶高度为（　　）。

  A. 2.0 m　　　　B. 500 mm　　　C. 2.5 m　　　　D. 600 mm

23. 桥梁护轨的养护：护轨一般采用与基本轨同类型的钢轨，顶面不应高出基本轨，也不应低于基本轨顶面（　　）mm。
   A. 25　　　　B. 30　　　　C. 20　　　　D. 50

24. 护轨下容许加垫总厚度小于（　　）mm 的垫板，垫板厚度在 20 mm 及以下时，每股护轨应在每隔一根桥枕上和每根线路枕木上钉两个道钉；垫板厚度超过 20 mm 时，必须加设铁垫板（可以切边）及钉长道钉。
   A. 25　　　　B. 35　　　　C. 20　　　　D. 40

25. 地面车站站台段线路应设置在平道，在困难地段可设在不大于（　　）的坡道。
   A. 8‰　　　　B. 9‰　　　　C. 10‰　　　　D. 12‰

26. 地面车站站台段线路应设置在（　　）坡道，在困难地段可设在不大于8‰的坡道。
   A. 0‰　　　　B. 3‰　　　　C. 5‰　　　　D. 8‰

27. 由于道砟具有弹性，在一定程度上起缓和车辆对（　　）的冲击作用。
   A. 钢轨　　　　B. 轨枕　　　　C. 道床　　　　D. 路基

28. 道砟有利于线路地表水的排除，确保（　　）的干燥。
   A. 钢轨和轨枕　　B. 轨枕和扣件　　C. 轨枕和路基面　　D. 道床和路基面

本章测试题答案

一、判断题

1. ×　2. √　3. ×　4. ×　5. ×　6. √　7. √　8. ×
9. √　10. √　11. ×　12. √　13. √　14. √　15. √　16. √
17. ×　18. √　19. √　20. ×　21. ×

二、单项选择题

1. A　2. C　3. D　4. B　5. D　6. D　7. C　8. B
9. B　10. D　11. B　12. A　13. B　14. C　15. A　16. A
17. B　18. B　19. A　20. C　21. A　22. D　23. A　24. B
25. A　26. A　27. D　28. C

第 2 章

轨道几何形位

学习目标

- ☑ 了解轨道几何形位的基本知识。
- ☑ 熟悉轨道形位的种类、内容与要求。
- ☑ 掌握轨道形位的质量标准。
- ☑ 能够对轨道形位进行目视检查或利用器具进行检测。
- ☑ 能够熟练地对轨道形位的缺陷进行整改纠偏作业。

2.1 平面形位

知识要求

2.1.1 直线轨道

1. 轨距

(1) 定义。轨道两股钢轨之间的垂直距离称为轨距。轨距在轨顶面以下 16 mm 处量取。

(2) 技术标准

1) 标准值。城市轨道轨距采用国家标准,直线轨距为 1 435 mm。

2) 容许误差。指线路轨距误差的容许范围,具体误差标准不同情况各有不同。

当轨距不符合要求或发生变化时,通常通过改道的方法处理,使之得到矫正,但调整轨距时必须同时考虑它的变化率。

2. 轨向

(1) 定义。在平面范围内,轨道局部地段中心线的偏离程度称为轨向,俗称方向。

(2) 技术标准

1) 标准值。直线段矢度为 0 mm。

2) 容许误差。维修标准:≤4 mm。保养标准:≤6 mm。

曲线段正矢应符合该曲线的设计值。

3. 高低

（1）定义。高低是指轨道顶面的平顺程度。轨面要求目视平顺，如有坑洼，用 10 m 弦线在轨面测量矢度。

（2）技术标准

1）标准值。误差为 0 mm。

2）容许误差。维修标准：≤4 mm。保养标准：≤6 mm。

4. 水平

（1）定义。在轨道的同一里程点，左右两股钢轨的高程之差称为水平。

（2）技术标准

1）标准值。误差为 0 mm。

2）容许误差。维修标准：≤4 mm。保养标准：≤6 mm。

5. 轨底坡

（1）定义。为满足轮轨关系的需要，钢轨在安装过程中所设置的倾斜度称为轨底坡，如图2—1所示。

（2）技术标准

1）标准值：1/40。

2）容许范围：1/50～1/30。

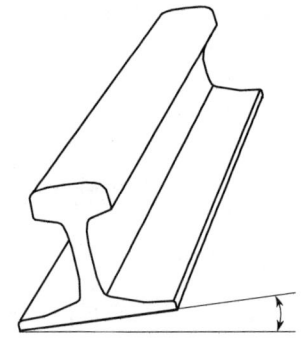

图 2—1 轨底坡

2.1.2 曲线轨道

1. 曲线的平面结构

（1）曲线结构的组成。一般线路平面由直线、圆曲线和缓和曲线组成。

曲线的结构包括直线—缓和曲线—圆曲线—缓和曲线—直线。按线路的前进方向，直线与缓和曲线的连接点称为直缓点，以此类推，其余各点分别为缓圆点、圆缓点、缓直点，分别记为 ZH、HY、YH、HZ，如图2—2所示。

曲线中间的点称为曲中，记为 QZ。ZH、HY、QZ、YH、HZ 为曲线的五个关键控制点，又称曲线五大桩。两条直线的相交位置称为交点，记为 JD。

特殊情况下，也有的曲线不设缓和曲线，曲线的结构包括直线、圆曲线、直线，关键控制点为 ZY、QZ、YZ。

（2）曲线中心角。曲线中心角和曲线交角相等，符号为 α，中心角的大小决定了曲线的长度。

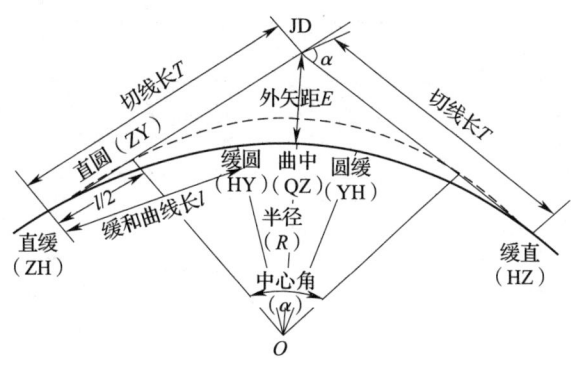

图 2—2　曲线平面图

(3) 切线长。交点至切点的长度称为切线长，记为 T。

(4) 曲线长度。曲线长度一般记为 L，其中圆曲线长度记为 C，单侧缓和曲线的长度记为 l。

圆曲线长度的关系式如下：

$$C = \pi R \alpha / 180$$

2. 曲线半径

(1) 曲线半径的规定。小半径的曲线增加了轮轨的磨耗，加大了线路养护及维修的工作量。因此，设计常规取值为：

地面线铺设无缝线路的最小曲线半径为 600 m。

地下隧道内，区间正线最小曲线半径为 300 m。

对于辅助线、车场线，一般地段不小于 200 m，困难地段不小于 150 m。

为了保证列车运行的平顺，满足曲率过渡、轨距加宽和超高过渡的要求，保证乘客舒适、安全，在正线上当曲线半径等于或小于 2 000 m 时，圆曲线与直线间应根据曲率半径和行车速度设置缓和曲线。最小曲线半径见表 2—1。

高架轻轨运营速度低，线路平面要与规划道路平面保持一致，曲线半径参照表 2—1 选用。正线上最小半径一般不小于 200 m（限速 55 km/h），困难条件下不小于 100 m（限速 40 km/h），特殊困难条件下个别半径小于 60 m（限速 30 km/h），场线上最小半径为 30 m，但应尽可能使用较大半径。联络线可在正线标准基础上再降低一级使用，但最小半径应不小于 60 m。为了减少轮轨的磨损，降低噪声，提高运行速度，在地形地物不受限制地段，曲线半径应尽可能选择大些。

表2—1　　　　　　　　　　　最小曲线半径

线　　路		一般情况（m）		困难情况（m）	
		A型车	B型车	A型车	B型车
正线	$v \leqslant 80$ km/h	350	300	300	250
	80 km/h $< v \leqslant$ 100 km/h	550	500	450	400
联络线、出入线		250	200	150	
车场线		150	110	110	

注：除同心圆曲线外，曲线半径宜以10 m的倍数取值。

车站的站台段线路应设在直线上，在困难的地段可设在曲线上，其半径应不小于800 m。

（2）曲线有关长度的规定

1）两相邻曲线之间的夹直线一般情况下不短于50 m，困难情况下为25 m，最小长度为20 m，场线上两曲线夹直线不短于12.5 m（均不含过渡段）。圆曲线最小长度为12.5 m，不小于最大转向架中心轴距11.0 m，进整为标准轨长的一半。

2）正线及辅助线的圆曲线最小长度，一般规定两相邻曲线之间夹直线最小长度为20 m，在困难情况下不得小于一个车辆的全轴距；车场线上的夹直线长度不得小于3 m。

3）缓和曲线长度按曲线半径及行车速度确定。区间正线按行车速度80 km/h选配，车站两端按70 km/h选配。

对于不同类型的车辆取值有所不同。地铁列车的车辆有A型车和B型车等类型，圆曲线最小长度，A型车不宜小于25 m，B型车不宜小于20 m（不含超高顺坡及轨距递减段的长度）。

4）地铁线路不宜采用复曲线。在困难地段，有充分技术、经济依据时可采用复曲线。当两圆曲线的曲率差大于1/2 500时，应设置中间缓和曲线，其长度根据计算确定，在困难情况下不得小于20 m。

5）正线与联络线上曲线半径小于1 500 m时，直线与圆曲线间要设缓和曲线。车场线上由于运行速度低，可不设缓和曲线及超高。当曲线半径小于150 m时，按3‰的变坡率设过渡段，其长度不短于表2—2所列数据。

表 2—2　　　　　　　　　　　过渡段长度　　　　　　　　　　　　　　　　　m

曲线半径 R	30	40	50	60	80	90
过渡段长度	5	4	3	2	1	1

（3）曲线半径与速度的关系。最小曲线半径是修建地下铁道的主要技术标准之一，它与地铁线路的性质、车辆性质、行车速度、地形地物条件等有关。最小曲线半径选定得合理与否，对地下铁道线路的工程造价、运行速度、养护和维修都将产生很大影响。

地铁车站站间距离小，列车运行速度一般为 40~80 km/h，所以，地铁线路最高运行的速度为 80~120 km/h。对于连接市中心区与周边卫星城的线路及开行大站快车线路，平均站间距离大，其最高运行速度应大于 80 km/h。曲线半径 R 的选择需满足以下要求：

理论公式

$$R_{\min} = 11.8 \times \frac{v^2}{h_{\max} + h_{gy}}$$

式中　$R_{\min}$——满足欠超高要求的最小曲线半径，m；

　　　v——设计速度，km/h；

　　　$h_{\max}$——最大超高 120 mm；

　　　h_{gy}——允许欠高，$h_{gy} = 61.2$ mm。

3. 曲线正矢

（1）正矢基本原理。衡量曲线圆顺度通常采用测量正矢的方法。曲线上两点间连成一条直线，称为弦，弦上任意点到曲线对应点的垂直距离叫作矢距，位于弦中央的点的矢距叫作正矢，弦长 1/4 处的矢距称为外矢距，如图 2—3 所示。

图中　正矢符号为 f；

　　　外矢距符号为 E。

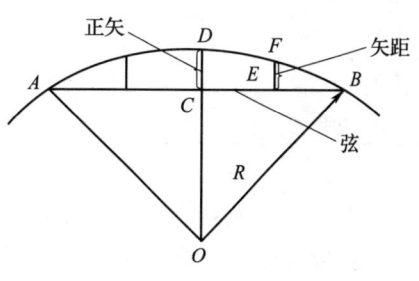

图 2—3　曲线正矢

每 10 m 长度设置一个测点，测点编号依次为 f_0、f_1、f_2、f_3、f_4、f_5…

特殊情况下，也可每 5 m 长度设置一个测点。

通常，由于圆曲线半径比正矢大得多，所以圆曲线半径、弦长与正矢的关系如下：

$$f = d^2/8R$$

式中 f——正矢，mm；

d——弦长，m；

R——半径，m。

当弦长固定为 20 m 时，$f = 50\,000/R$（mm），可见，圆曲线部分所有点的正矢都是相等的。

曲线的圆顺度用正矢检查，方法是 20 m 的弦线，在钢轨顶面下 16 mm 处测量弦线中点至钢轨工作边的距离，即为曲线正矢。

圆曲线正矢与曲线半径、弦长有关，如弦长为 20 m，则圆曲线正矢为：

$$f = \frac{50\,000}{R} \quad (\text{mm})$$

（2）正矢技术标准。曲线正矢容许偏差见表 2—3。

表 2—3　　　　　　　　曲线正矢容许偏差

曲线半径 R (m)	缓和曲线的正矢与计算正矢差（mm）		圆曲线正矢连差（mm）		圆曲线正矢最大值和最小值差（mm）	
	区间正线及站线	车场线	区间正线及站线	车场线	区间正线及站线	车场线
$R \leq 250$	7	8	14	16	21	24
$250 < R \leq 350$	6	7	12	14	18	21
$350 < R \leq 450$	5	6	10	12	15	18
$450 < R \leq 650$	4	5	8	10	12	15
$R > 650$	3	4	6	8	9	12

缓和曲线正矢是递增均匀变化的。

在缓和曲线上，分段数 $d = l_0/10$，

缓和曲线正矢递增量 $f_{增} = f_{圆}/6$，

缓和曲线始点正矢为 $f_{增}/6$，

缓和曲线终点正矢为 $(f_{圆} - f_{增}/6)$，

式中 l_0——缓和曲线长度，m；

$f_{圆}$——圆曲线正矢，mm。

曲线要经常保持圆顺，当弦长为 20 m 时，曲线正矢容许误差不能超过表 2—3 的

规定。

4. 曲线超高

（1）曲线超高原理与规定。列车在曲线轨道上运行时会产生离心力，离心力过大会影响行车安全。为平衡离心力的作用，在曲线轨道上设置外轨超高，即把曲线外轨适当抬高，车身倾斜，车辆重力的水平分力可以抵消离心力，达到内、外两股钢轨受力均匀及垂直磨耗均等的目的，减小离心加速度，增加旅客舒适感，提高线路稳定性和行车安全。曲线外轨超高如图2—4所示。

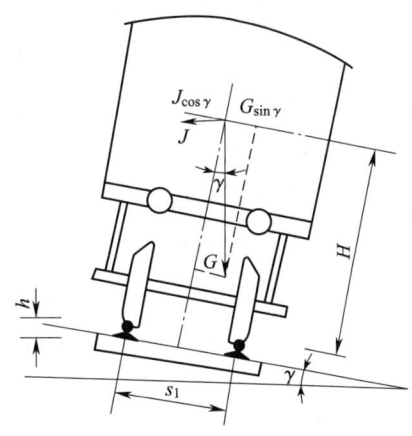

图2—4　曲线外轨超高

图中　G——车辆重力，N；

　　　h——外轨超高，mm；

　　　γ——轨顶线与水平线的夹角，°；

　　　s_1——两股钢轨中心线间距离，mm。

列车由直线进入曲线时，所产生离心力的大小取决于列车前进的速度和曲线半径。速度越快，半径越小，则离心力就越大，作用在外轨的横向力也越大。外轨磨耗加剧，钢轨外挤。

为了克服离心力对车辆的影响，应该有一个与离心力相反、大小相等的向心力。这就需要将曲线外轨抬高（即设置超高），使车体内倾，产生一个向心力，以平衡这个离心力。

（2）设置曲线外轨超高的目的

1）减小曲线外股钢轨所受的垂直力和水平力，使两股钢轨受力均匀，垂直磨耗均匀等。

2）保证轨道稳定，防止车辆倾覆。

3）将离心力限制在一定范围内，保证旅客的舒适度。

（3）曲线外轨超高计算公式

速度v以km/h计、半径R以m计、超高h以mm计，且两股钢轨中心间的距离$s_1 = 1\ 500$ mm，则三者关系如下：

$$h = 11.8 \frac{v^2}{R}$$

对一定半径的曲线来说，超高与列车速度的平方成正比。所以，选用何种速度来设置超高是至关重要的问题。根据近几年我国铁路的既有线提速和客运专线设置外轨超高的经验来看，在确定设置超高的列车速度时要考虑两个因素：一是要保证旅客列车运行的舒适度和安全性；二是要考虑在客货列车共同作用下减小轨道设备的维修工作量并延长其使用寿命。

（4）计算平均速度的几种方法

上式是列车以速度 v 通过曲线时的超高计算式。实际上通过曲线的各次列车轻重不同，速度不一样，因此，上式中的速度 v 应采用各次列车的平均速度 $v_平$，即：

1）全面考虑每次列车的速度和质量来计算平均速度 $v_平$

$$v_平 = \sqrt{\frac{\sum N_i G_i v_i^2}{\sum N_i G_i}}$$

式中　N_i——通过曲线的各类列车次数，列；

　　　G_i——各类列车的质量，t；

　　　v_i——实测各类列车的速度，km/h。

2）不考虑列车质量，只根据各种不同速度的列车次数计算平均速度 $v_平$

$$v_平 = \sqrt{\frac{\sum N_i v_i^2}{\sum N_i}}$$

上式由于略去了列车质量，仅考虑各种列车的速度，用此平均速度计算出的超高有利于载重较轻、速度较快的旅客列车，但不能满足两股钢轨垂直磨耗大致相等的要求。

3）新建线路设计施工时可用经验公式计算平均速度 $v_平$

$$v_平 = 0.8\, v_{max}$$

式中　v_{max}——该段线路允许的最高行车速度，km/h。

按上式计算出的超高值应取整为 5 mm 的整倍数，作为超高的计算值。

（5）未被平衡的欠超高与过超高。任何一段曲线轨道，当按一定的平均速度设置超高后，该曲线便成为固定的设施，一般不再变化。

通过曲线的各次列车，其速度不可能是相同的，式中的 v 应取平均速度。列车运行的实际速度如大于或小于平均速度时，使外轨超高与行车速度不相适应，就不可避免地产生未被平衡的离心加速度。

超高不够，存在未被平衡的离心力，把欠缺部分的超高称为欠超高；反过来，超高过大，出现未被平衡的向心力，把过大部分的超高称为过超高。两者总称为未被平衡的超高。

未被平衡的离心加速度不宜太大；否则，不仅会影响行车的平稳性，使旅客感觉不适，而且还会危及行车安全。为了不使内、外两股钢轨产生过大的偏载，以及满足旅客舒适度的要求，应对未被平衡的欠超高加以限制。

我国规定，一般允许最大未被平衡欠超高为 75 mm，特殊情况为 90 mm。国铁线路最大外轨超高为 150 mm。城市轨道交通的现有运营线，最大外轨超高为 120 mm。

在已设超高的条件下，通过该段曲线的最高容许速度受欠超高的限制，据此可得出通过该曲线的最高允许速度。

若容许欠超高为 Δh_q，则由外轨超高公式可得：

$$11.8 \frac{v_{\max}^2}{R} = h + \Delta h_q$$

$$v_{\max} = \sqrt{\frac{(h + \Delta h_q)R}{11.8}} \quad (\text{km/h})$$

式中　R——曲线半径，m；

　　　h——按平均速度在线路上的实设超高，mm；

　　　Δh_q——容许欠超高，mm。

国家标准《地铁设计规范》(GB 50157—2003) 规定，曲线的最大超高宜为 120 mm，当设置的超高不足时，可容许有不大于 61 mm 的欠超高。

(6) 曲线超高的顺坡

1) 有缓和曲线时的顺坡。曲线超高应在整个缓和曲线内顺完，容许速度大于 120 km/h 的线路，顺坡坡度一般不大于 $1/10 \, v_{\max}$，其他线路不大于 $1/9 \, v_{\max}$，如图 2—5 所示。

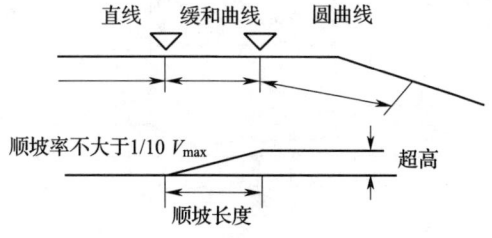

图 2—5　有缓和曲线时的顺坡

2) 缓和曲线长度不足时的顺坡。如缓和曲线长度不足，顺坡可延伸至直线上，如图 2—6 所示。

3）无缓和曲线时的顺坡。如无缓和曲线，容许速度大于 120 km/h 的线路，在直线上顺坡坡度一般不大于 $1/10\ v_{max}$，其他线路不大于 $1/9\ v_{max}$，如图 2—7 所示。

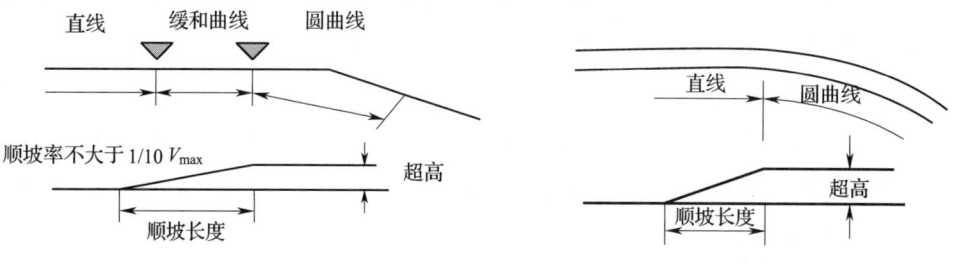

图 2—6　缓和曲线长度不足时的顺坡　　　　图 2—7　无缓和曲线时的顺坡

容许速度大于 120 km/h 的线路，在直线上顺坡的超高不得大于 8 mm；对于其他线路，有缓和曲线时不得大于 15 mm，无缓和曲线时不得大于 25 mm。

圆曲线最小长度的规定见表 2—4，特殊困难地段应不短于 25 m。

表 2—4　　　　　　　　圆曲线最小长度的规定

行车速度（km/h）			120	100	80
圆直线或夹直线最小长度（m）	工程条件	一般	80	60	50
		困难	50	40	30

4）同向曲线的顺坡。同向曲线两超高顺坡终点间的夹直线长度应满足表 2—4 的规定，特殊困难地段应不短于 25 m，如图 2—8 所示。

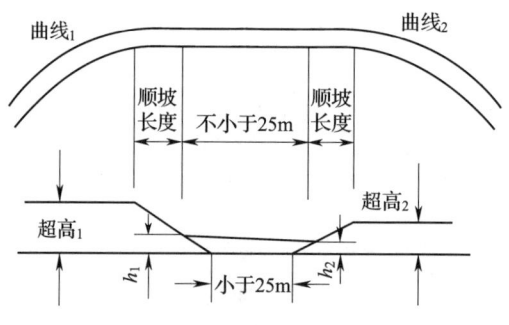

图 2—8　同向曲线顺坡

容许速度不大于 120 km/h 的线路的极个别情况下，不足 25 m 时，可在直线部分设置不短于 25 m 的相等超高段，困难条件下可在直线部分从较大超高向较小超高均匀顺坡。

5）反向曲线的顺坡。反向曲线两超高顺坡终点间的夹直线长度应满足表 2—5 的规定，特殊困难地段应不短于 25 m。容许速度不大于 120 km/h 的线路的极个别情况下，不足 25 m 时，正线上可不短于 20 m，站线上可不短于 10 m；困难条件下，可按不大于 $1/7v_{max}$ 顺坡，如图 2—9 所示。

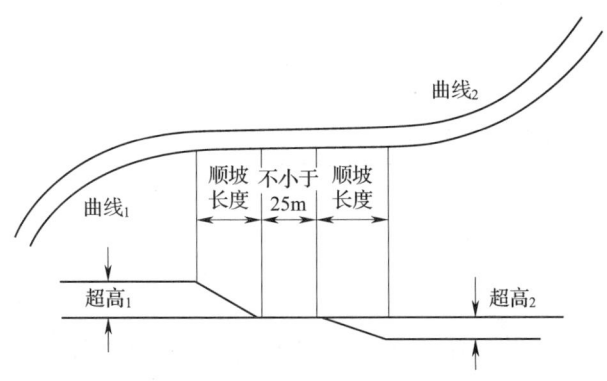

图 2—9　反向曲线顺坡

相邻两线采用反向曲线变更线间距时，如受圆曲线最小长度限制，可不设缓和曲线，但圆曲线半径不宜小于规定的数值，见表 2—5。

表 2—5　　　　　　　　　　圆曲线最小半径值

行车速度（km/h）	120	100	80
可不设缓和曲线的最小圆曲线半径（mm）	5 000	4 000	3 000

相邻两线采用反向曲线变更线间距时，若受曲线偏角限制难以采用规定的圆曲线最小长度标准，可采用较短的圆曲线长度，但不得短于 25 m。

容许速度不大于 120 km/h 的线路在特殊条件下的超高顺坡可根据具体情况规定，但不得大于 2‰。

6）复曲线时的顺坡。复曲线时两圆曲线的曲率差大于规定的数值时，应设置中间缓和曲线，见表 2—6。中间缓和曲线的长度应根据计算确定。

表 2—6　　　　　　　　　　圆曲线最大曲率差

行车速度（km/h）	120	100	80
可不设中间缓和曲线的两圆曲线的最大曲率差	1/4 000	1/2 000	1/1 000

复曲线应在正矢递减范围内,从较大超高向较小超高均匀顺坡,如图 2—10 所示。

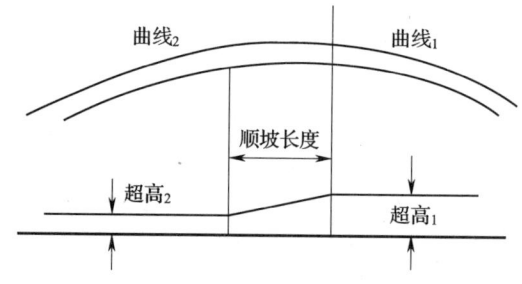

图 2—10　复曲线顺坡

5. 曲线加宽

（1）加宽原理。机车车辆由曲线外股钢轨导向,为保持曲线外股钢轨圆顺,故规定曲线轨距加宽值应加在内股,即将内股轨向曲线内侧横移,曲线外股位置保持不变,使其与线路中线的距离等于 1 435/2 mm 加上轨距加宽值。

（2）加宽标准。城市轨道交通采用我国《地铁设计规范》（GB 50157—2003）规定的曲线轨距加宽标准,见表 2—7。

表 2—7　　　　　　　　　　曲线轨距加宽标准

曲线半径（m）	加宽值（mm）		轨距（mm）	
	B 型车	A 型车	B 型车	A 型车
$150 < R \leq 200$	5	10	1 440	1 445
$100 < R \leq 150$	10	15	1 445	1 450

（3）加宽规定。有加宽的曲线轨距与直线轨距间应使轨距均匀递减。由加宽了的曲线轨距向直线轨距的过渡按下列规定办理：

1）有缓和曲线时,轨距加宽应在整个缓和曲线内递减,使其与超高顺坡和正矢递减三者同步,如图 2—11 所示。

2）无缓和曲线时,则由圆曲线的始终点开始向直线递减,递减率一般不得大于 1‰,如图 2—12 所示。

3）复曲线的两曲线轨距加宽不相等时,应在正矢递减范围,即半径变化点前后各 10 m 范围内,从较大轨距加宽向较小轨距加宽均匀递减,如图 2—13 所示。

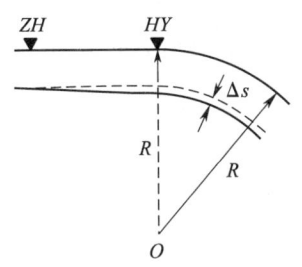
图 2—11 有缓和曲线时的加宽递减

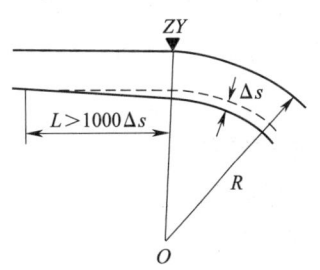
图 2—12 无缓和曲线时的加宽递减

4）两曲线轨距加宽按 1‰ 递减，终点间的直线长度应不短于 10 m。不足 10 m 时，如直线部分的两轨距加宽相等，则直线部分保留相等的加宽；如不相等，则直线部分从较大的轨距加宽向较小的轨距加宽均匀递减，如图 2—14 所示。

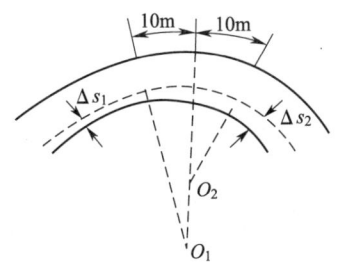
图 2—13 复曲线轨距加宽递减

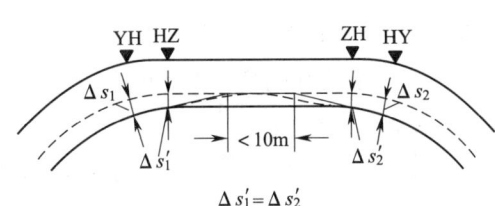
图 2—14 两曲线间有夹直线时轨距加宽递减

在困难条件下，车场线上的曲线轨距加宽允许按不大于 2‰ 递减。曲线轨道的最大轨距应能够确保行车安全，不使其掉道。在最不利的情况下，当轮对的一个车轮轮缘紧贴钢轨，另一个车轮的 1:10 斜坡段部分应全部在轨头顶面范围内滚动，再根据轨距误差不超过 6 mm 的规定，可以计算出曲线轨道最大容许轨距应为 1 450 mm，即曲线轨距最大加宽为 15 mm。

国家对于轨距的加宽标准已经做了调整，见表 2—8。

表 2—8　　　　　　　　　　曲线轨距加宽标准

曲线半径（m）	轨距加宽（mm）
350 及以上	0
300 ~ 350	5
小于 300	15

对于城市轨道交通正线的曲线，半径 300 m 及以上的均不设加宽。隧道内正线的曲线因半径均不小于 300 m，故不设置轨距加宽。对于站场线路的曲线，其加宽标准同国家铁路。

6. 曲线缩短轨

（1）缩短量的计算

1）圆曲线缩短量

$$\Delta L_1 = s_1 L_1 / R_1$$

式中　ΔL_1——圆曲线内股缩短量，mm；

　　　s_1——两股钢轨中心线之间的水平距离，采用近似值 1 500 mm；

　　　L_1——圆曲线长度，m；

　　　R——圆曲线半径，m。

2）缓和曲线缩短量

$$\Delta L_2 = s_1 L_2 / 2R$$

式中　ΔL_2——缓和曲线内股缩短量，mm；

　　　L_2——一端缓和曲线长度，m。

3）曲线总缩短量

$$\Delta L = \Delta L_1 + 2\Delta L_2$$

4）标准轨缩短量的计算

不同标准轨对应的缩短轨见表 2—9。

表 2—9　　　　　　　　标准缩短轨的缩短量

标准轨（m）	缩短量 1（mm）	缩短量 2（mm）	缩短量 3（mm）
25.0	−40	−80	−160
12.5	−40	−80	−120

先选用缩短轨的规格，将总缩短量除以单根缩短量，就是总根数。

（2）缩短轨铺设规定。对于直线段，两股钢轨接头相错量不得超过 40 mm；对于曲线段，两股钢轨接头相错量不得超过 40 mm 加所采用的缩短轨缩短量的一半。因此，凡曲线段内股，累计缩短量超过标准缩短轨缩短量一半时即布置一根缩短轨。

7. 缓和曲线

（1）缓和曲线概述。曲线外轨超高不能在圆曲线起始点实现突变，必须有一个顺坡的长度；同时，车辆由直线向圆曲线行驶时，也需要有一个过渡的范围。因此，无论从平面关系还是从空间立体关系上来说，除特殊圆曲线以外，一般都设置一条曲率渐变的连接曲线以过渡。这种用于过渡的曲线称为缓和曲线。

我国铁路常用缓和曲线为三次抛物线形，如图2—15所示。也有称其为放射螺旋形的近似参变数方程式。

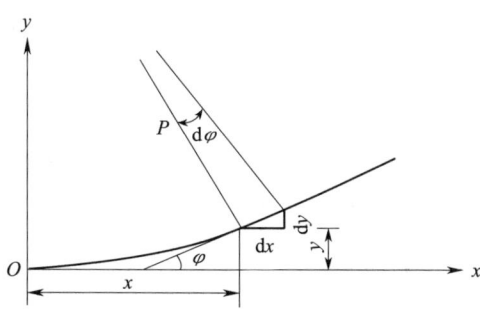

图2—15 三次抛物线形缓和曲线

（2）缓和曲线的要求

1）横向力与竖向力渐渐变动，不发生突变。

2）外轨超高与轨距加宽在缓和曲线上全部完成。

（3）缓和曲线的形位特征

1）坐标。缓和曲线始终点坐标连续变化。

2）偏角。缓和曲线始终点偏角连续变化。

3）曲率。曲率连续变化。

4）超高。超高随曲率变化而连续变化。

5）曲率变化率。分为直线形顺坡和曲线形顺坡两种。

（4）缓和曲线设置长度见表2—10。

表2—10　　　　　　　　　　缓和曲线设置长度

R (m) \ l (m) \ v (km/h)	90	85	80	75	70	65	60	55	50	45	40	35	30
2 000	30	25											
1 500	40	35	30	25	20	20	20	20					
1 200	50	40	35	30	25	20	20	20					
1 000	60	50	45	35	30	25	20	20	20				
800	75	60	55	45	35	30	30	25	20	20			

续表

R (m) \ v (km/h)	90	85	80	75	70	65	60	55	50	45	40	35	30
700	75	70	65	50	40	35	30	25	20	20			
600	75	70	70	60	50	45	35	30	20	20	20		
500		70	70	65	60	50	45	35	20	20	20	20	
450			70	65	60	55	50	40	25	20	20	20	
400				65	60	60	55	45	25	20	20	20	
350					60	60	60	50	30	25	20	20	20
300						60	60	60	35	30	25	20	20
250							60	60	40	30	25	20	20
240									40	35	30	20	20
230									40	35	30	25	20
220									40	40	30	25	20
210									40	40	30	25	20
200									40	40	35	25	20
190									40	40	35	25	20
180									40	40	35	30	20
170									40	40	40	30	20
160										40	40	30	25
150										40	40	35	25

（5）缓和曲线正矢。缓和曲线正矢是从直线向圆曲线方向渐渐由小变大的，其变化的大小称为缓和曲线正矢的递增率。

$$缓和曲线正矢递增率 = 圆曲线正矢 / 缓和曲线分段数$$

$$缓和曲线任意点正矢 = 缓和曲线正矢递增率 \times 自缓和曲线起点到所求点的距离/10$$

测点正好在缓和曲线始点、终点时的正矢：

$$缓和曲线始点正矢 = 缓和曲线正矢递增率/6$$

$$缓和曲线终点正矢 = 圆曲线正矢 - 缓和曲线始点正矢$$

$$其余各测点的正矢 = 缓和曲线正矢递增率 \times 由曲线起点到该测点的分段数$$

例如，曲线半径为 300 m，缓和曲线长为 70 m，则：

$$圆曲线正矢 = 50\,000/300 \approx 167\ (\text{mm})$$
$$缓和曲线正矢递增率 = 167/7 \approx 24\ (\text{mm})$$
$$直缓点正矢 = 24/6 = 4\ (\text{mm})$$
$$缓圆点正矢 = 167 - 4 = 163\ (\text{mm})$$

缓和曲线各测点的正矢：

$$1\#测点的正矢 = 24 \times 1 = 24\ (\text{mm})$$
$$2\#测点的正矢 = 24 \times 2 = 48\ (\text{mm})$$
$$3\#测点的正矢 = 24 \times 3 = 72\ (\text{mm})$$
$$4\#测点的正矢 = 24 \times 4 = 96\ (\text{mm})$$
$$5\#测点的正矢 = 24 \times 5 = 120\ (\text{mm})$$
$$6\#测点的正矢 = 24 \times 6 = 144\ (\text{mm})$$

2.2 纵断面形位

知识要求

2.2.1 线路纵断面

1. 纵断面概述

线路纵断面是线路中心线展直后在纵向垂直面上的投影。

线路纵断面由坡段及连接相邻坡段的竖曲线组成，坡段的特征由坡段长度和坡度值表示。线路坡度以轨面高程升降的高度与其长度之比的千分率来表示，上坡为正，下坡为负，平坡为零，不同坡段的分界点称为变坡点。

2. 纵断面的形式

从行车角度上来说，线路坡度应尽可能平缓，但受城市地质条件及穿越市区的河流等地理条件的影响，有时必须设置较大的坡度，并且轨道由地下延伸到地面时也需要爬坡。除了这些特殊情况外，隧道内由于排水的需要也不宜为平坡。

由于区间隧道施工采用盾构法，有条件采用"高站位、低区间"的纵断面形式。高站位、低区间纵断面具有以下优点：

（1）节省车站工程费用。

（2）列车进站上坡有利于制动，出站下坡有利于加速，节能省电，减少隧道温升。

这种线型必须在区间线路的最低处设置排水泵房，以排出区间隧道渗漏水和其他积水。

2.2.2 线路坡度

1. 坡度的概念

坡度发生变化的衔接部位称为变坡点。对于同一坡段来说，上坡的起点称为坡底，终点称为坡顶。同一坡度所持续的水平长度或距离称为坡长。

线路坡度是轨道线路重要的经济技术指标之一，轨道交通线路按地面标高差异分为地面线、高架桥线、地下线。地面线型的坡度应与城市道路相当，以减少工程量。地下线的埋深受到所在地区工程地质、水文地质条件限制，还与隧道施工方法、地面建筑物和地下构筑物的情况等因素有关。高架线应充分注意城市景观，考虑机车牵引能力，将坡度尽量延长。

地铁由于高密度行车和大运量，为了保证行车安全和正点，设计原则要求列车在失去部分（最大可达到一半）牵引动力的条件下，仍能用另一部分牵引动力将列车从最大坡度上起动，因此，最大坡度阻力及各种附加阻力之和不宜大于列车牵引动力的一半。

列车在线路上运行，在某种情况下可能会停在最不利地段上，如该地段不仅坡度大，而且处于小半径曲线上，再加上单位基本阻力和起动阻力，则重车的最大坡度值为40‰~45‰，空车的最大坡度值为45‰~50‰。

另外，从设置进出站合理加速度考虑，出站加速度的坡度取15‰~30‰；进站制动坡度也可在此范围内选择，但其值以偏小为宜。如果车站坡度太大，将增加列车进站制动力，会使乘客感到不舒适。

2. 坡度值

在同一坡度上，两点高程差与水平距离之比称为坡度值。坡度值规定，上坡为正，下坡为负，平坡为零。

坡度值的大小与列车运行的关系十分密切。由于轨道与列车之间的轮轨关系决定其摩擦阻力极小，远不同于公路交通，所以轨道交通线路的坡度值有严格的规定。

3. 坡度表示法

线路坡度如图 2—16 所示。

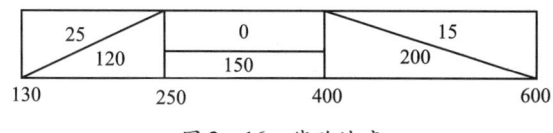

图 2—16　线路坡度

方框内斜线或水平线为坡度线，坡度线上方数据为坡度值，下方数据为坡长。方框下方数据为前进里程读数（单位为 m），有的还在方框的角落里进一步标注更具体的数据。

4. 最大坡度与最小坡度

区间隧道的坡度设计规范规定如下：

正线的最大坡度不宜大于 30‰，困难地段可采用 35‰，联络线、出入线的最大坡度不宜大于 40‰（均不考虑各种坡度折减值）。

隧道内和路堑地段的正线最小坡度不宜小于 3‰，困难地段在确保排水的条件下，可采用小于 3‰ 的坡度，个别地段为 2‰；地面和高架桥上正线最小坡度在采取了排水措施后不受限制。

车站站台计算长度段线路应设在一个坡道上。有条件时车站宜布置在纵断面的凸形部位上，并设置合理的进、出站坡度。

车站站台计算长度段线路，如确实有必要设计坡度时，坡度宜采用 2‰，在困难条件下，可设在不大于 3‰ 的坡道上。

地下车站一般设在 3‰ 的坡道上，困难时设在 2‰ 或不大于 5‰ 的坡道上。

地面和高架桥上的车站站台计算长度段线路宜设在平坡道上，在困难地段可设在不大于 3‰ 的坡道上。

车场线宜设在平坡道上，条件困难时，库外线可设在不大于 1.5‰ 的坡道上。

道岔宜设在不大于 5‰ 的坡道上，在困难地段可设在不大于 10‰ 的坡道上。

折返线和停车线应布置在面向车挡或区间的下坡道上，隧道内的坡度宜为 2‰，地面和高架桥上的折返线、停车线，其坡度不宜大于 1.5‰。

线路坡段长度不宜小于远期列车长度，并应满足相邻竖曲线间夹直线长度的要求，其夹直线长度不宜小于 50 m。

最小坡段长度为一列车长，取为 140 m（列车 6 辆编组时，全长为 139.480 m）。

5. 坡度标志

轨道线路根据地形变化，有上坡、下坡和平坡。在坡度标志上用箭头表示坡度的变化，如图 2—17 所示。

坡度值用每 1 000 m 的水平距离与线路升高或降低的数值之比的千分率来表示。例如，"4↗"表示每 1 000 m 的水平距离线路升高 4 m，如图 2—17 所示。

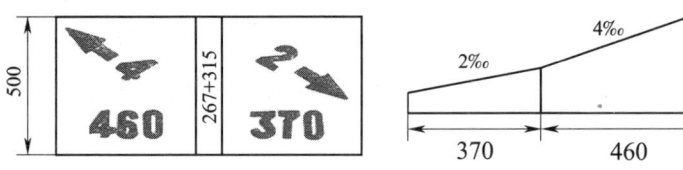

图 2—17 坡度标志

地下铁道车站站台线路应在一个坡道上，最好为平坡，考虑到纵向排水沟的坡度，最大坡度一般为 3‰，困难条件下为 5‰。车站线路应尽量接近地面，这样不仅可以减少工程量，节约工程造价，也可以方便乘客进出车站。在有条件时，车站应尽量布置在纵剖面的凸形部位上，即车辆进站上坡、出站下坡，这样有利于列车的起动和制动。

2.2.3 竖曲线

规范规定，坡段与坡段相连，相邻两坡段坡度值的代数差大于等于 2‰时，必须在变坡点设置竖曲线。竖曲线半径：区间为 5 000 m，困难地段为 3 000 m，站端为 3 000 m，辅助线为 2 000 m，见表 2—11。这样，在垂直面上，用圆顺的曲线连接前后坡段，可以改善列车的运行条件。

表 2—11   竖曲线半径

线别		一般情况（m）	困难情况（m）
正线	区间	5 000	3 000
	车站端部	3 000	2 000
联络线、出入线		2 000	
车场线		2 000	

车站站台计算长度内和道岔范围内不得设置竖曲线，换言之，该地段相邻坡度的代数差不大于 2‰，竖曲线离开道岔端部的距离应不小于 5 m。

最小坡段长度为一列车长，取为 140 m（列车 6 辆编组时，全长为 139.480 m），并且应满足夹直线长度不小于 50 m 的要求。

碎石道床线路竖曲线不得与平面缓和曲线重叠；当不设平面缓和曲线时，竖曲线不得与超高顺坡段重叠。

技能要求

轨距、水平测量

操作准备

1. 工具、器具的准备。
2. 办理施工登记手续。

操作步骤

轨距、水平测量作业流程：工具、器具的检查；现场测量；完成检查记录；进行数据分析；完成整改意见。

步骤 1　检查测量工具。

步骤 2　对线路轨距、水平进行测量。

步骤 3　填写检查记录。

步骤 4　对测量数据进行分析，正确找出超限处所。

步骤 5　对超过作业验收标准的处所提出整改意见。

注意事项

1. 质量事项

（1）测量部位准确（25 m 轨测量四处）。

（2）正确使用工具。

（3）测量数据准确，读数误差不大于 1 mm。

（4）无漏判、错判。

（5）整改措施正确。

2. 安全事项

（1）办理施工登记手续，设置施工防护。

（2）正确穿戴工作服及防护用具。

（3）来车时及时下道避车。

(4) 工具不侵限。

(5) 作业完毕撤除防护，销点。

线路高低检查

操作准备

1. 工具、器具的准备。

2. 办理施工登记手续。

操作步骤

线路高低检查作业流程：工具、器具的检查；现场测量；完成检查记录；进行数据分析；完成整改意见。

步骤1　对使用的工具进行检查。

步骤2　对线路高低进行检查并测量高低值（轨面应目视平顺，若发现疑点，用10 m 弦线量测）。

步骤3　做好检查记录并进行分析。

步骤4　分析检查数据。

步骤5　对超过作业验收标准的处所提出整改意见。

注意事项

1. 质量事项

(1) 测量部位准确。

(2) 正确使用工具。

(3) 测量数据准确，读数误差不大于1 mm。

(4) 无漏判、错判。

(5) 整改措施正确。

2. 安全事项

(1) 办理施工登记手续，设置施工防护。

(2) 来车时及时下道避车。

(3) 正确穿戴工作服及防护用具。

(4) 无危及行车及人身安全的行为。

(5) 施工完毕撤除防护，销点。

轨 向 检 查

操作准备

1．工具、器具的准备。

2．办理施工登记手续。

操作步骤

轨向检查作业流程：工具、器具的检查；现场测量；完成检查记录；进行数据分析；完成整改意见。

步骤1　对使用的工具进行检查。

步骤2　对线路轨向进行检查并测量矢度（轨向应目视直顺，若发现疑点，用10 m弦线量测）。

步骤3　做好检查记录并进行分析。

步骤4　分析检查数据。

步骤5　对超过作业验收标准的处所提出整改意见。

注意事项

1．质量事项

（1）测量部位准确。

（2）正确使用工具。

（3）测量数据准确，读数误差不大于1 mm。

（4）无漏判、错判。

（5）整改措施正确。

2．安全事项

（1）办理施工登记手续，设置施工防护。

（2）来车时及时下道避车。

（3）正确穿戴工作服及防护用具。

（4）无危及行车及人身安全的行为。

（5）施工完毕撤除防护，销点。

曲线正矢检查

操作准备

1. 工具、器具的准备。
2. 办理施工登记手续。

操作步骤

曲线正矢检查作业流程:工具、器具的检查;现场测量;完成检查记录;进行数据分析;完成整改意见。

步骤1 对使用的工具进行检查。

步骤2 使用20 m弦线,对曲线正矢按测点号逐次进行测量,必要时抽测任意点。

步骤3 做好检查记录并进行分析。

步骤4 分析检查数据。

步骤5 对超过作业验收标准的处所提出整改意见。

注意事项

1. 操作要求

(1)测量现场正矢前,先用钢尺在曲线外股按计划的桩距(一般为10 m)丈量,并划好标记及编出测点号,测点应尽量与直缓、缓圆、圆缓、缓直点重合。

(2)测量现场正矢应在天气情况良好时进行,弦线必须拉紧,弦线的两端位置和量尺位置要正确。测量时应在轨距线处量,有飞边应在飞边处量,飞边大于2 mm时应铲除后再量。每个曲线至少要丈量2~3次,取其平均值,精确到毫米。

(3)尺在下,弦在上。尺不要顶弦线,也不要离开。读数时,视线、弦线、量尺三者应保持垂直;要读弦线靠钢轨一侧的数,如图2—18所示。

(4)如果直线方向不直,就会影响整个曲线,应首先将直线拨正后再测量正矢;如果曲线头尾有反弯(鹅头)应先进行整正;如果曲线方向很差,应先粗拨一次,但应在新拨动部分经列车滚压后再量取现场正矢,以免现场正矢发生变化,影响拨道量计算的准确性。

(5)在测量现场正矢的同时,应注意线路两旁建筑物的界限要求,桥梁、隧道、道口等建筑物的位置,以供制定施工方案时考虑。

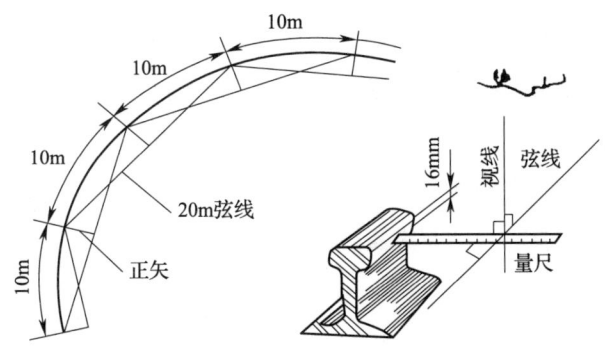

图 2—18　现场测量曲线正矢

2．质量事项

（1）测量部位准确。

（2）正确使用工具。

（3）测量数据准确，读数误差不大于 1 mm。

（4）无漏判、错判。

（5）整改措施正确。

3．安全事项

（1）办理施工登记手续，设置施工防护。

（2）来车时及时下道避车。

（3）正确穿戴工作服及防护用具。

（4）无危及行车及人身安全的行为。

（5）施工完毕撤除防护，销点。

混凝土轨枕线路拨道

操作准备

1．工具、器具的准备。

2．办理施工登记手续。

操作步骤

混凝土轨枕线路拨道作业流程：拨道量调查；扒开道碴；安装拨道器；指挥拨道，回填道床；线路回检。

步骤1 调查拨道量及轨缝。

步骤2 在轨枕头扒碴，松拆防爬器。

步骤3 安装拨道器，用三台，每台相距2~3个轨枕孔，拨正一侧放置2台，另一侧放置1台，布置成V形；每撬位相隔5~7个轨枕孔。

步骤4 指挥拨道（注意预留回弹量）。

步骤5 打紧防爬器，回填及夯实道碴。

步骤6 回检线路。

注意事项

1．质量事项

（1）目视直顺。

（2）轨向：直线，10 m范围不超过4 mm。

（3）拨道机撬位正确。

（4）拨道量准确。

（5）工完料清。

2．安全事项

（1）办理施工登记手续，设置施工防护。

（2）设置作业标。

（3）不侵入邻线限界。

（4）拨道机具使用安全。

（5）施工完毕撤除防护，销点。

木枕线路改道

操作准备

1．工具、器具的准备。

2．办理施工登记手续。

操作步骤

木枕线路改道作业流程：确定标准股与划撬；起拨道钉；插入道钉孔木片；测量轨距；裁钉；打钉；复查轨距；补打连接道钉；回检线路。

步骤1 确定标准股及划撬：以方向好的一股为标准股，在需要改动处所划撬。

步骤 2　使用起钉器垂直起钉。先起连接钉，再起钢轨内、外口道钉。

步骤 3　插入道钉孔木片：根据现场情况在道钉孔内插入木片。

步骤 4　测量轨距。

步骤 5　栽钉：使铁垫板外肩紧靠钢轨底部，配合人员用撬棍拨持住钢轨，栽钉。

步骤 6　打钉：先打好内、外口道钉，第一锤要轻、稳、准，第二锤要重和准，垂直打入道钉；在改动大的地段先打入方向钉，再打入内、外口道钉。

步骤 7　复查轨距。

步骤 8　补打连接道钉。

步骤 9　回检线路。

注意事项

1. 质量事项

（1）标准股确定正确。

（2）轨距无超限。

（3）轨距变化率小于2‰。

（4）轨向小于4 mm。

（5）道钉垂直靠贴轨底，不浮离，不仰，不歪斜。

（6）无空吊板。

2. 安全事项

（1）办理施工登记手续，设置施工防护。

（2）起钉不超限。

（3）无飞钉伤人。

（4）开通线路前按规定补齐道钉。

（5）施工完毕撤除防护，销点。

混凝土轨枕线路改道

操作准备

1. 工具、器具的准备。

2. 办理施工登记手续。

操作步骤

混凝土轨枕线路改道作业流程：确定标准股与划撬；调整标准股扣件；量轨距，确定对面股调整量；调整对面股扣件，改好对面股方向；恢复扣件，回检扣件并进行复紧。

步骤1　确定标准股及划撬：以方向好的一股为标准股，在需要改动处所划撬。

步骤2　调整标准股扣件，改好方向。

步骤3　量轨距，确定对面股调整量。

步骤4　调整对面股扣件，改好对面股方向。

步骤5　恢复扣件，回检扣件并进行复紧。

注意事项

1. 质量事项

（1）轨距及其变化率不超过2‰。

（2）扣件符合标准规定：靠贴轨底，无三不密现象。

（3）扭矩达到标准：扣板式扣件为 80～140 N·m，弹条式扣件为 120～150 N·m。

（4）轨道几何尺寸符合线路作业验收标准。

（5）胶垫歪斜不超过 5 mm，无空吊板。

2. 安全事项

（1）办理施工登记手续，设置施工防护。

（2）设置作业标。

（3）松拆扣件数量符合规定。

（4）道尺及机具无损坏。

（5）施工完毕撤除防护，销点。

使用垫板找平线路小坑

操作准备

1. 工具、器具的准备。

2. 办理施工登记手续。

操作步骤

使用垫板找小坑作业流程：确定标准股；基准股顺平作业；对面股对平作业；安装扣件；回检线路。

步骤1　确定标准股：调查工作量，看道找出高点，在高点量出水平，以水平高的一股为标准股。

步骤2　基准股顺平作业：目测找出坑洼始点和终点，再用弦线测量每根轨枕的钢轨低洼值，考虑轨枕空吊值，算出垫高量，起道，松扣件，垫入垫板（片），做好标准股轨面。

步骤3　对面股对平作业：用道尺测量对面股水平，考虑吊板暗坑，算出垫高量，松扣件，起道，垫入垫板（片）。

步骤4　安装扣件。

步骤5　回检线路。

注意事项

1. 质量事项

（1）轨距不超限（+6，−2 mm）。

（2）水平不超限（4 mm）。

（3）高低不超限（4 mm）。

（4）垫板总厚度不超过20 mm。

（5）接头螺栓扭矩达到相关类型接头标准。

2. 安全事项

（1）办理施工登记手续，设置施工防护。

（2）设置作业标。

（3）一次连续松开扣件不超过规定。

（4）整正胶垫时不得将手伸入轨底。

（5）施工完毕撤除防护，销点。

混凝土轨枕线路起道

操作准备

1. 工具、器具的准备。

2. 办理施工登记手续。

操作步骤

混凝土轨枕线路起道作业流程：确定标准股；看道、点撬；基准股起道作业；基准股顺平作业；对面股找平作业；复查长平；回检线路；整理道床。

步骤1　消灭空吊板，确定标准股。

步骤2　看道、点撬、放置起道机。

步骤3　指挥基准股起道，并进行打塞作业。

步骤4　基准股顺平作业。

步骤5　找平对面股。

步骤6　复查长平，按要求捣固。

步骤7　回检线路。

步骤8　整理道床。

注意事项

1. 质量事项

（1）水平不超限。

（2）高低不超限。

（3）三角坑不限。

（4）预留下沉量不超过 20 mm。

（5）电气化线路起道高度应符合规定。

2. 安全事项

（1）办理施工登记手续，设置施工防护。

（2）设置作业标。

（3）严格控制作业轨温。

（4）机具无损坏。

（5）施工完毕撤除防护，销点。

本章测试题

一、判断题（将判断结果填入括号中。正确的填"√"，错误的填"×"）

1. 一般情况下，圆曲线与直线间应根据曲率半径和行车速度设置缓和曲线。

（　　）

2. 缓和曲线的线型可以是放射螺旋形和三次抛物线形。（ ）

3. 缓和曲线的最小长度为 30 m。（ ）

4. 车场线由于运行速度低，可不设缓和曲线及超高。（ ）

5. 地下铁道正线最小曲线半径为 300~600 m，困难的情况下为 250~300 m。（ ）

6. 设置竖曲线的条件是相邻坡段的坡度值代数差大于 3‰。（ ）

7. 缓和曲线始点正矢为 $f_{增}/6$，缓和曲线终点正矢为 $(f_{圆} - f_{增}/6)$。（ ）

8. 曲线的圆顺度用轨距尺检查。（ ）

9. 当弦长为 20 m，半径 350 m < R ≤ 450 m 时，缓和曲线的正矢误差不能超过 5 mm。（ ）

10. 正矢应在轨距线处量取，有飞边应在飞边处量，飞边大于 2 mm 时应铲除。（ ）

11. 测量现场正矢时，每个曲线丈量一次，精确到毫米。（ ）

12. 调整曲线正矢时应首先将直线拨正后再测量曲线正矢。（ ）

13. 测量曲线正矢读数时，视线、弦线、量尺三者应保持垂直，尺在上，弦在下。（ ）

14. 通过公式计算出的超高值应取整为 5 mm 的整倍数，作为超高的计算值。（ ）

15. 曲线外轨超高的计算公式为 $h = 11.8\ v/f$。（ ）

16. 曲线拨道时，拨道机应不少于前股一台，后股两台，呈三角形排列。（ ）

17. 通常将不足的超高称为未被平衡欠超高。（ ）

18. 超高在单线上不得大于 125 mm，在双线上不得大于 150 mm。（ ）

19. 在曲线轨距加宽标准中，如当 300 m ≤ R < 350 m 时，曲线轨距加宽 10 mm。（ ）

20. 城市地铁曲线轨距加宽标准：当 300 m ≤ R < 350 m 时，轨距加宽 5 mm。（ ）

21. 城市地铁曲线轨距加宽标准：当 R ≥ 350 m 时，轨距加宽 5 mm。（ ）

22. 曲线轨距加宽应加在外股，使其与线路中线的距离等于 1 435/2 mm 加上轨距加宽值。（ ）

23. 曲线轨距递减，可以由曲线向直线过渡，也可以由直线向曲线过渡。（ ）

24. 两曲线轨距加宽按 2‰ 递减，终点间的直线长度应不短于 20 m。（ ）

25. 复曲线的轨距加宽不等时，应从较大轨距加宽向较小轨距加宽均匀递减。
（　　）

26. 有缓和曲线时，轨距加宽应在整个缓和曲线内递减，使其与超高顺坡和正矢递减三者同步。（　　）

27. 起拨道钉时使用撬棍垫，先起钢轨内、外口道钉，后起连接道钉。（　　）

二、单项选择题（选择一个正确的答案，将相应的字母填入题内的括号中）

1. 困难地段，曲线半径为 80 m 时，按 3‰ 的变坡率设过渡段，其长度不短于（　　）m。
　　A．1　　　　　B．2　　　　　C．3　　　　　D．4

2. 最小曲线半径与地铁线路的性质、车辆性质、（　　）、地形地物条件等有关。
　　A．线路水平　　B．坡度大小　　C．行车速度　　D．轨枕配置

3. 城市地铁曲线轨距加宽标准：当曲线半径 300 m < R < 350 m 时，轨距加宽（　　）mm。
　　A．5　　　　　B．25　　　　　C．30　　　　　D．15

4. 检查曲线正矢时，通常用（　　）m 长弦线量取。
　　A．5　　　　　B．10　　　　　C．15　　　　　D．20

5. 检查曲线正矢时，在钢轨顶面下（　　）mm 处测量弦线中点至钢轨工作边的距离。
　　A．8　　　　　B．10　　　　　C．16　　　　　D．20

6. 圆曲线正矢与曲线半径、弦长有关，如弦长为 20 m，则圆曲线正矢为（　　）。
　　A．$f = 50\ 000/R$　　B．$f = R/50\ 000$　　C．$f = 20\ 000/R$　　D．$f = R/20\ 000$

7. 缓和曲线终点即缓圆点正矢为（　　）。
　　A．$f_圆 - f_增/5$　　B．$f_圆 - f_增/6$　　C．$f_圆 - f_增/7$　　D．$f_圆 - f_增/8$

8. 缓和曲线始点即缓直点正矢为（　　）。
　　A．$f_增/5$　　B．$f_增/6$　　C．$f_增/7$　　D．$f_增/8$

9. 弦长为 20 m，半径为 350 m < R ≤ 450 m 时，正矢误差不能超过（　　）mm。
　　A．5　　　　　B．6　　　　　C．7　　　　　D．8

10. 测量现场正矢前，先丈量，划好测点，尽量与直缓、缓圆、圆缓、缓直点（　　）。
　　A．交叉　　　　B．重合　　　　C．靠近　　　　D．远离

11. 缓和曲线长度多采用（　　）整倍数。

A. 10 m　　　B. 50 mm　　　C. 25 m　　　D. 6 mm

12. 测量正矢时，飞边大于（　　）mm 时应铲除。
A. 1　　　　B. 2　　　　　C. 3　　　　　D. 4

13. 测量正矢时每个测点至少丈量（　　）次，取其平均值。
A. 1　　　　B. 2　　　　　C. 2～3　　　　D. 3

14. 有加宽的曲线轨距与直线轨距之间的地段间应使轨距（　　）。
A. 均匀递增　　B. 快速递减　　C. 均匀递减　　D. 逐渐递减

15. 曲线拨道时，应先确定（　　）位置，再计算各点正矢，最后确定拨道量。
A. 曲线头尾　　B. 正矢点　　　C. 曲线各点　　D. 曲线圆点

16. 曲线拨道时，应先确定曲线头尾位置，然后计算各点（　　），最后确定拨道量。
A. 计划正矢　　B. 测量正矢　　C. 里程　　　　D. 长度

17. 无缓和曲线时，轨距加宽由圆曲线的始终点向直线递减，递减率不得大于（　　）‰。
A. 1　　　　B. 2　　　　　C. 3　　　　　D. 4

18. 有缓和曲线时，轨距加宽应在（　　）内递减，使其与超高顺坡和正矢递减三者同步。
A. 10 m　　　B. 20 m　　　C. 整个圆曲线　　D. 整个缓和曲线

19. 轨温超过（　　）℃时禁止拨道。
A. 20　　　　B. 25　　　　　C. 30　　　　　D. 40

20. 复曲线的轨距加宽不等时，应在正矢递减范围，即半径变化点前后各（　　）m 范围内均匀递减。
A. 5　　　　B. 25　　　　　C. 30　　　　　D. 10

21. 旧道钉整修和使用时，不得在（　　）上使用直钉及弯曲或磨耗的道钉。
A. 钢轨　　　B. 轨枕　　　　C. 道床　　　　D. 扣件

22. 混凝土枕扭矩确保在（　　）N·m 范围以内。
A. 60～80　　B. 80～100　　C. 80～120　　D. 80～140

23. 混凝土枕改道紧螺栓时，可先用（　　）试紧，确保扭矩在 80～140 N·m 以内。
A. 小摇手　　B. 长扳手　　　C. 活扳手　　　D. 扭力扳手

24. 列车由直线进入曲线时，所产生离心力的大小取决于列车前进的速度和（　　）。

　　A. 曲线半径　　B. 轨枕配置　　C. 轨枕类型　　D. 钢轨类型

25. 曲线的超高应在（　　）内顺完。

　　A. 10 m　　B. 20 m　　C. 整个圆曲线　　D. 整个缓和曲线

26. 曲线超高的计算公式 $h = 11.8\, v^2/R$ 中 v 代表（　　）。

　　A. 曲线半径　　B. 曲线超高　　C. 速度　　D. 列车质量

27. 曲线超高的计算公式 $h = 11.8\, v^2/R$ 中 R 代表（　　）。

　　A. 曲线半径　　B. 曲线超高　　C. 速度　　D. 列车质量

28. 计算出的超高值应取整为（　　）mm 的整倍数，作为超高的计算值。

　　A. 15　　B. 5　　C. 25　　D. 10

29. 超高计算时的速度通常为通过列车的（　　）。

　　A. 最高速度　　B. 最低速度　　C. 平均速度　　D. 中间速度

30. 容许未被平衡的最大欠超高值为（　　）mm，特殊情况下不得大于 90 mm。

　　A. 60　　B. 70　　C. 75　　D. 80

31. 容许未被平衡的最大欠超高值为 75 mm，特殊情况下不得大于（　　）mm。

　　A. 95　　B. 90　　C. 85　　D. 80

32. 车辆在曲线轨道上抵抗倾覆的稳定程度取决于（　　）的大小。

　　A. 偏心距　　B. 速度　　C. 曲线半径　　D. 曲线超高

33. 维修规则规定：实设超高，在单线上不得大于（　　）mm。

　　A. 100　　B. 120　　C. 125　　D. 150

34. 城市地铁曲线轨距加宽标准：当曲线半径 $R < 300$ m 时，轨距加宽（　　）mm。

　　A. 20　　B. 25　　C. 30　　D. 15

35. 混凝土枕线路、整体道床弹条扣件的改道作业曲线以（　　）为准。

　　A. 标准股　　B. 基本股　　C. 直股　　D. 弯股

本章测试题答案

一、判断题

1. √　2. √　3. ×　4. √　5. √　6. ×　7. √　8. ×
9. √　10. √　11. ×　12. √　13. ×　14. √　15. ×　16. ×
17. √　18. ×　19. ×　20. √　21. ×　22. ×　23. ×　24. ×

25. √ 26. √ 27. ×

二、单项选择题

1. A   2. C   3. A   4. D   5. C   6. A   7. B   8. B
9. A   10. B 11. A 12. B 13. C 14. C 15. A 16. A
17. A 18. D 19. D 20. D 21. A 22. D 23. D 24. A
25. D 26. C 27. A 28. B 29. C 30. C 31. B 32. A
33. C 34. D 35. A

操作技能复习题

线路轨距、水平测量

一、试题单

试题代码：1.1.1

试题名称：线路轨距、水平测量

考核时间：40 min

1. 操作条件

(1) 所需工具、器具。

(2) 500 m 长线路（包括直线和曲线）。

(3) 配合人员 1 人。

2. 操作内容

(1) 对 500 m 长线路（包括直线和曲线）进行线路轨距、水平测量。

(2) 书面记录检查结果。

(3) 按作业验收标准对检查结果进行分析。

3. 操作要求

(1) 按准备、作业、整理程序进行操作。

(2) 根据测量数据，能对线路轨距、水平技术状态做出正确评定。

(3) 按规定着装，按作业安全规定操作。

(4) 符合工具、器具使用要求及其他作业规定。

二、评分表

见操作技能考核模拟试卷。

线路高低检查

一、试题单

试题代码：1.1.3

试题名称：线路高低检查

考核时间：40 min

1．操作条件

（1）所需工具、器具。

（2）500 m 有高低误差的直线段线路。

（3）配合人员 2 人。

2．操作内容

（1）对 500 m 有高低误差的直线段线路进行检查。

（2）书面记录检查结果。

（3）按作业验收标准对检查结果进行分析。

3．操作要求

（1）根据测量数据，能对线路高低技术状态做出正确评定。

（2）按准备、作业、整理程序进行操作。

（3）按规定着装，按作业安全规定操作。

（4）符合工具、器具使用要求及其他作业规定。

二、评分表

见操作技能考核模拟试卷。

轨 向 检 查

一、试题单

试题代码：1.1.4

试题名称：轨向检查

考核时间：40 min

1. 操作条件

（1）所需工具、器具。

（2）500 m 有方向误差的线路（包括直线和曲线）。

（3）配合人员 2 人。

2. 操作内容

（1）检查 500 m 有方向误差的线路（包括直线和曲线）。

（2）书面记录检查结果。

（3）按作业验收标准对检查结果进行分析。

3. 操作要求

（1）按准备、作业、整理程序进行操作。

（2）按规定着装，按作业安全规定操作。

（3）符合工具、器具使用要求及其他作业规定。

（4）根据测量数据，能对线路轨向技术状态做出正确评定。

二、评分表

见操作技能考核模拟试卷。

曲线正矢检查

一、试题单

试题代码：1.2.1

试题名称：曲线正矢检查

考核时间：40 min

1. 操作条件

（1）所需工具、器具。

（2）不短于 100 m 的圆曲线 1 段。

（3）配合人员 2 人。

2. 操作内容

（1）曲线正矢测量。

（2）书面记录检查结果。

（3）按作业验收标准对检查结果进行分析。

3．操作要求

（1）按准备、作业、整理程序进行操作。

（2）按规定着装，按作业安全规定操作。

（3）符合工具、器具使用要求及其他作业规定。

（4）根据测量数据，能对曲线圆顺程度做出正确评定。

二、评分表

见操作技能考核模拟试卷。

混凝土轨枕线路拨道

一、试题单

试题代码：2.1.1

试题名称：混凝土轨枕线路拨道

考核时间：40 min

1．操作条件

（1）所需工具、器具。

（2）有若干处方向不良的普通（混凝土枕）直线地段线路 50 m 以上，工作量：拨道机移动撬位两次以上。

（3）配合人员 4 人。

2．操作内容

进行拨道作业。

3．操作要求

（1）按准备、作业、整理程序进行操作。

（2）作业后达到单项作业验收标准。

（3）按规定着装，按作业安全规定操作。

（4）符合工具、器具使用要求及其他作业规定。

（5）由线路拨道引起的有关项目的变动应符合各单项技术作业标准。

二、评分表

见操作技能考核模拟试卷。

木枕线路改道

一、试题单

试题代码：2.1.2

试题名称：木枕线路改道

考核时间：40 min

1．操作条件

（1）所需工具、器具。

（2）50 m 线路，其中多处轨距超限或变化率不符合要求。

（3）配合人员 4 人。

2．操作内容

对木枕线路进行改道。

3．操作要求

（1）按准备、作业、整理程序进行操作。

（2）设备作业后达到单项作业验收标准。

（3）按规定着装，按作业安全规定操作。

（4）符合工具、器具使用要求及其他作业规定。

（5）由线路改道引起的有关项目的变动应符合各单项技术作业标准。

二、评分表

见操作技能考核模拟试卷。

混凝土轨枕线路改道

一、试题单

试题代码：2.1.3

试题名称：混凝土轨枕线路改道

考核时间：40 min

1．操作条件

（1）所需工具、器具。

(2) 50 m 碎石道床线路，其中多处轨距超限或变化率不符合要求。

(3) 配合人员 3 人。

2．操作内容

对给定的一段线路进行改道作业。

3．操作要求

(1) 按准备、作业、回检程序进行操作。

(2) 作业完成后达到单项作业验收标准。

(3) 按规定着装，按作业安全规定操作。

(4) 符合工具、器具使用要求及其他作业规定。

(5) 由线路改道引起的有关项目的变动应符合各单项技术作业标准。

二、评分表

见操作技能考核模拟试卷。

使用垫板找平线路小坑

一、试题单

试题代码：2.2.1

试题名称：使用垫板找平线路小坑

考核时间：40 min

1．操作条件

(1) 所需工具、器具及零星料。

(2) 混凝土轨枕线路 50 m。

(3) 配合人员 4 人。

2．操作内容

用垫板找平线路小坑。

3．操作要求

(1) 按准备、作业、整理程序进行操作。

(2) 作业后达到单项作业验收标准。

(3) 按规定着装，按作业安全规定操作。

(4) 符合工具、器具使用要求及其他作业规定。

二、评分表

见操作技能考核模拟试卷。

混凝土轨枕线路起道

一、试题单

试题代码：2.2.2

试题名称：混凝土轨枕线路起道

考核时间：40 min

1. 操作条件

（1）所需工具、器具及零星料。

（2）50 m 混凝土枕线路，其中多处轨道纵向高低超限。

（3）配合人员 4 人。

2. 操作内容

进行线路起道作业。

3. 操作要求

（1）按准备、作业、整理程序进行操作。

（2）作业后达到单项作业验收标准。

（3）按规定着装，按作业安全规定操作。

（4）符合工具、器具使用要求及其他作业规定。

（5）由线路起道引起的有关项目的变动应符合各单项技术作业标准。

二、评分表

见操作技能考核模拟试卷。

第 3 章

道岔

学习目标

- ☑ 掌握单开道岔各组成部分的构造及作用，相关设备伤损的标准。
- ☑ 掌握单开道岔的几何形位及相关技术标准。
- ☑ 掌握复杂道岔的构造及几何形位。

3.1 单开道岔构造

知识要求

3.1.1 单开道岔的组成

单开道岔也称普通道岔，它是把一条直线轨道和一条侧线轨道连接起来的道岔，其特征是所连接的两条轨道中必须有一条保持直线。通常将直线与侧线合并的一端称为岔头，直线与侧线叉开的两端称为岔尾。站在岔头面向岔尾，凡侧线位于直线左方的称为左开道岔，位于直线右方的称为右开道岔。

逆向道岔与顺向道岔：当列车通过道岔时，凡由岔头驶向岔尾的称逆向通过道岔，由岔尾驶向岔头的称顺向通过道岔。

单开道岔由转辙器、连接部分、辙叉及护轨三个主要部分组成，如图 3—1 所示。

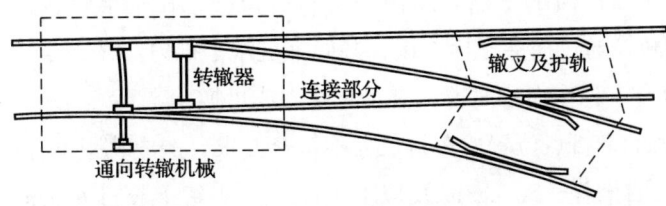

图 3—1 单开道岔的组成

3.1.2 道岔转辙器

转辙器是引导车轮运行方向的设备,将尖轨置于不同位置,使列车能沿直向或侧向运行。

转辙器主要包括两根基本轨、两根尖轨、连接零件(如滑床板、顶铁、轨撑、拉杆、连接杆、跟部结构等)及转辙机械等,其构造如图3—2所示。

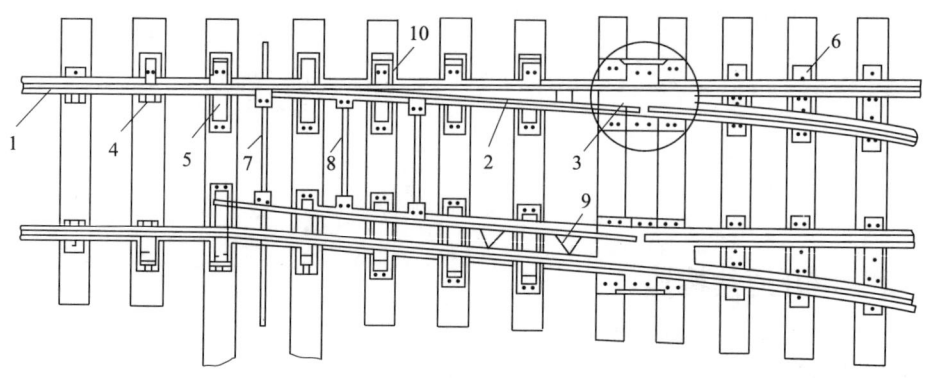

图3—2 道岔转辙器
1—基本轨 2—尖轨 3—跟部结构 4—辙前垫板 5—滑床板
6—辙后顺坡垫板 7—拉杆 8—连接杆 9—顶铁 10—轨撑

1. 基本轨

(1) 基本轨的构造及作用。基本轨一般由标准断面的钢轨制作,其中一根是直线形基本轨,另一根是带有曲折点的曲基本轨。城市轨道交通中普遍采用尖轨与基本轨藏尖靠贴形式,对基本轨作用边轨头进行刨切。基本轨除承受车轮的垂直压力外,还与尖轨共同承受车轮的横向水平推力,并保持尖轨位置的稳定。

为提高基本轨的耐磨强度及与尖轨良好的密贴性,基本轨轨头应进行淬火处理。

为保持轨距与尖轨的密贴,曲基本轨必须按设计图规定进行弯折。

为防止基本轨因横向水平推力的作用而引起横移,在基本轨轨腰留有水平螺孔,与其外侧设置的轨撑通过横穿螺栓连接,共同抵抗水平推力。

(2) 基本轨有下列伤损或病害,应及时修理或更换:

1) 曲基本轨的弯折点位置或弯折尺寸不符合要求,造成轨距不合规定。

2) 基本轨垂直磨耗,50 kg/m 及以下钢轨,在正线上超过 6 mm,站场线上超过 8 mm;60 kg/m 及以上钢轨,在正线上超过 7 mm,站场线上超过 9 mm。

3）其他伤损达到钢轨轻伤标准时。

2．尖轨

（1）尖轨的作用。依靠其被刨尖的一端与基本轨紧密贴靠，以正确引导车轮的运行方向，列车靠它引进直股或侧股线路上。

（2）尖轨的分类及特点。按其平面形状可分为直线形和曲线形两种。城市轨道交通普遍使用的单开道岔中直线基本轨与曲线尖轨、曲线基本轨与直线尖轨相互组合使用，如图3—3所示。

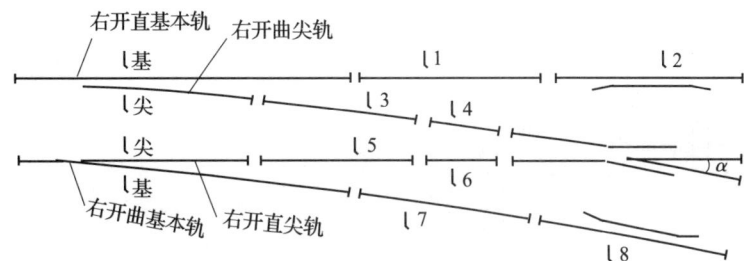

图3—3　右开道岔基本轨、尖轨布置

同类型单开道岔根据不同开向可分为左开直线尖轨、左开曲线尖轨、右开直线尖轨、右开曲线尖轨，分别与左开曲线基本轨、左开直线基本轨、右开曲线基本轨、右开直线基本轨组合。左右开向及直曲线尖轨、基本轨间皆不能互换。对特定某根尖轨、基本轨的完整定义必须在上述基础上再冠以道岔型号，如专线9950道岔左开直线尖轨。

当尖轨与基本轨密贴时，直线尖轨的工作边与基本轨工作边所成的夹角 β 称为转辙角，如图3—4所示，也是尖轨的冲击角。显而易见，冲击角越大，车轮撞击尖轨的水平压力和动能损失也越大，不但增大列车进入侧线时的晃动，而且也限制列车侧向通过道岔的速度。如需减小尖轨的冲击角并提高列车的侧向通过速度，则应采用曲线尖轨。曲线尖轨又分为切线型、半切线型和半割线型曲线尖轨，我国铁路主要采用半切线型和半割线型曲线尖轨。

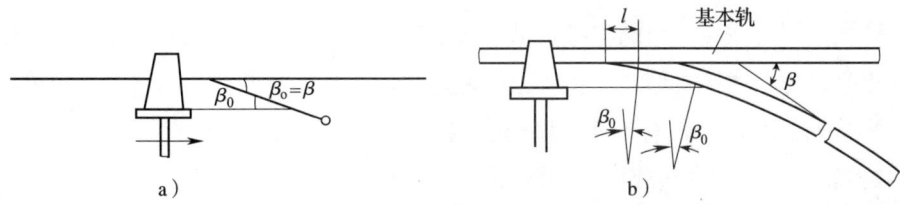

图3—4　直、曲线尖轨与基本轨的夹角

a）直线尖轨与基本轨的夹角　b）曲线尖轨与基本轨的夹角

转辙部分必须设置轨距加宽,以满足机车固定轴距和车轮与轨道接触的需要。

尖轨按其断面形式也可分为普通断面尖轨与特种断面尖轨两种。

采用普通断面钢轨制作的尖轨,为了使尖轨尖端紧密贴靠基本轨,须将尖轨轨头两侧及轨底内侧(靠基本轨的一侧)进行刨切,使尖轨叠盖在基本轨轨底上,尖轨轨底未刨切的部分,则放在高出基本轨底面 6 mm 的平台上(滑床台)。此外,为了加强尖轨的水平刚度,须在尖轨轨腰两侧增加两块条形钢板,其长度应与轨底的刨切长度相同,如图 3—5 所示。

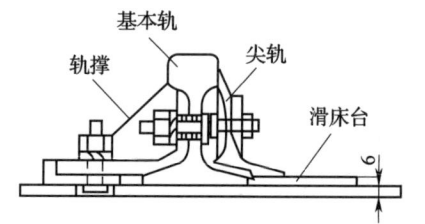 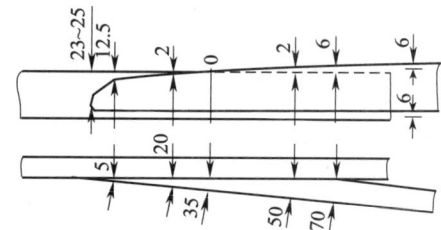

图 3—5 尖轨基本轨组合断面及尖轨顶面纵坡

(3) 尖轨的纵断面。由于尖轨尖端比较薄弱,要使车轮由基本轨逐渐过渡到尖轨而不损伤尖轨,必须使尖轨顶宽 20 mm 以前不受车轮压力,顶宽 50 mm 以后才能全部承受车轮压力。因此,尖轨与基本轨顶面在一定范围内应保持必要的高差,尖轨各部位必须采用降低值。其中:

尖轨顶宽 20~35 mm 范围为均匀顺坡段,车轮由基本轨逐渐过渡到尖轨上。尖轨顶宽 50 mm 处高出基本轨 2 mm,以后至轨头顶宽 70 mm 处逐渐达到比基本轨高 6 mm。

为不使尖轨尖端被车轮压伤,在尖轨顶宽 20 mm 处,低于基本轨 2 mm,尖轨顶宽 5 mm 处,低于基本轨 12.5 mm,尖轨尖端处低 23~25 mm,但不得超过 28 mm。

根据以上各断面降低值,可制作尖轨顶面的纵坡,如图 3—5 所示。

(4) 特种断面尖轨。可分为矮型特种尖轨(AT 型尖轨)和高型特种尖轨(GT 型尖轨),它们的共同特点是尖轨与基本轨的顶面在同一平面上,从而大大提高列车通过时的平稳性。同时在尖轨跟端连接形式上有了质的改变,将原来复杂、易损、薄弱的辙跟结构改进为普通接头形式。尖轨跟端构造也由夹板间隔铁式改进为弹性可弯式。

(5) 尖轨、可动心轨有下列伤损或病害,应及时修理或更换:

1) 尖轨尖端与基本轨或可动心轨尖端与翼轨不靠贴。

2) 尖轨、可动心轨侧弯造成轨距不符合规定。

3) 在尖轨、可动心轨顶面宽 50 mm 及以上断面处,尖轨顶面低于基本轨顶面、可动心轨顶面低于翼轨顶面 2 mm 及以上。

4）尖轨工作面伤损，继续发展，轮缘有爬上尖轨的可能。

5）内锁闭道岔两尖轨相互脱离时，分动外锁闭道岔两尖轨与连接装置、心轨接头铁与拉板相互分离或外锁闭装置失效时。

6）其他伤损达到钢轨轻伤标准时。

3．转辙部其他部件

（1）垫板。垫板根据不同形式、铺设位置和所起作用分轨撑垫板、滑床板、辙后垫板、双肩平垫板和辙跟垫板等，起到支承和固定钢轨的作用。

滑床板是道岔所有垫板中极为重要的垫板之一，它同时支承尖轨与基本轨，并使尖轨能在平台上正常滑动。因而它所铺设的位置为尖轨转换时可动部分的轨枕上。

目前普遍使用的滑床板，比以往有了较大的改进，其滑床台的构造及相应的作用：滑床台直接支承尖轨，平滑的顶面使尖轨易于滑动，它焊连在底板上，厚度由原来的 6 mm 增至 24 mm；滑床台同时还能够固定基本轨，台体凸缘扣压基本轨内侧轨面；弹片在销钉作用下加大扣压力，同时起到缓冲作用；滑床板在安装尖轨防跳装置的位置，台体侧面留有螺孔以固定防跳器。

滑床板与滑床台根据各自铺设位置不同还存在长度区分。另外整体道床预埋的混凝土长枕式道岔，根据滑床板纵向与轨枕的交角关系，滑床板还有偏心与非偏心之分，其偏心量是根据轨枕与钢轨的角度扭转量来确定的，是通过两端螺孔与板中心线的偏离来实现的。

（2）拉杆、连杆。拉杆、连杆是连接两根尖轨的杆件，由方钢、螺栓、螺母、开口销等组成。拉杆、连杆的异同点：拉杆、连杆是连接两根尖轨，使尖轨形成框架结构的杆件，而拉杆同时还与转辙设备相连，用于转换尖轨位置，以实现尖轨的扳动转换。拉杆如图 3—6 所示。

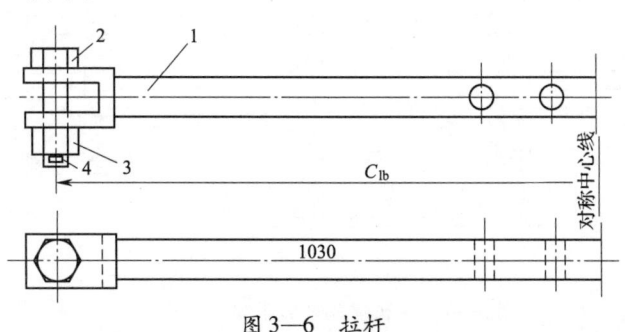

图 3—6　拉杆

1—方钢　2—螺栓　3—螺母　4—开口销

拉杆、连杆两端与安装在尖轨上的接头铁相连接，接头铁与尖轨间设置绝缘，从而实现两根尖轨的绝缘分隔。在尖轨分动道岔中，不设拉杆、连杆。

在老型号道岔中，拉杆、连杆还分方钢型和扁钢型。中间装设绝缘的扁钢型拉板、连板，用在设有轨道电路的道岔上。

（3）接头铁。接头铁用两个螺栓连接在尖轨轨腰上，其上设有铰接螺孔与拉杆、连杆相连，现主要使用T字形接头铁和扁钢接头铁两种。

（4）轨撑。轨撑一般安设在转辙器基本轨外侧，以防止基本轨横向移动和外翻，起到保持轨距的作用。城市轨道交通普遍使用可调式轨撑，通过调整楔升降进行调整。

（5）顶铁。道岔顶铁设置在尖轨轨头刨切起点之后的尖轨或基本轨轨腰上，起到保持尖轨与基本轨距离的作用，使尖轨与基本轨共同承受水平力，并防止尖轨跳动。老型号道岔顶铁采用扁钢热弯而成，92型道岔顶铁由方钢锻打而成。顶铁与轨腰的间隙可由顶铁调整片调整。

4. 辙跟零件

尖轨跟部结构是转辙器的重要组成部分，夹板间隔铁式尖轨跟端结构（活接头）通常由间隔铁、夹板、轨撑、套管及螺栓组成。

间隔铁是保持尖轨跟端轮缘槽宽度并固定其位置的连接零件。辙跟夹板与间隔铁共同作用，使尖轨、基本轨和连接部分钢轨连成一体。借助双头螺柱的紧固作用，弯折的辙跟夹板，保证了跟端结构具有一定的稳固性，又能够使尖轨灵活地扳动转换。辙跟内、外轨撑的作用是固定跟端结构的位置并防止尖轨和基本轨的爬行。夹板间隔铁式跟端结构如图3—7、图3—8所示。

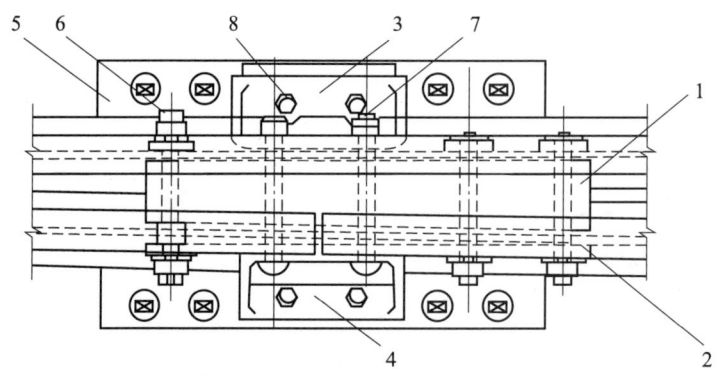

图3—7 夹板间隔铁式跟端结构平面图

1—间隔铁 2—跟端夹板 3—基本轨轨撑 4—尖轨轨撑 5—桥型垫板 6—双头螺柱 7—辙跟螺栓 8—轨撑螺栓

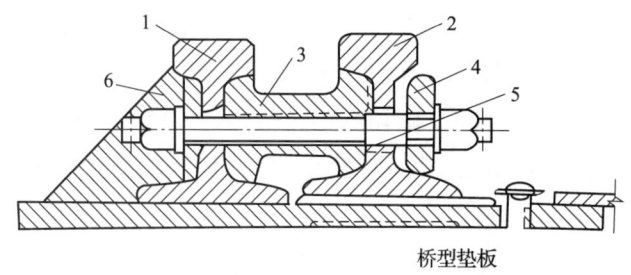

桥型垫板

图 3—8　夹板间隔铁式跟端结构断面图
1—基本轨　2—尖轨　3—间隔铁　4—跟端夹板　5—双头螺柱　6—轨撑

目前高速通过的道岔及城轨交通中普遍采用弹性可弯式跟端结构。尖轨是用特种断面钢轨制成，尖轨跟端须经模锻使其与普通钢轨断面相同，以能使用普通钢轨接头连接零件进行连接。间隔铁用以稳固尖轨位置，为了使尖轨转动并具有足够弹性，在尖轨跟部（间隔铁前）轨底两侧边缘切去一部分，使其与轨头宽度相同，形成柔性点实现弹性可弯。如图 3—9 所示为弹性可弯式尖轨跟端结构图。

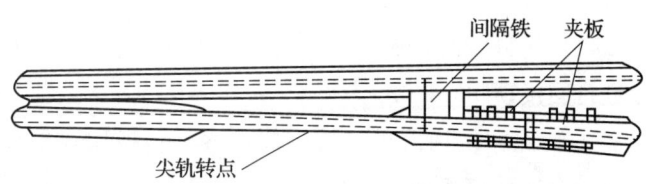

图 3—9　弹性可弯式尖轨跟端结构图

5. 转辙器扣件

城轨交通道岔普遍采用刚性扣板分开式可调扣件和 II 型弹条分开式可调扣件。

刚性扣板分开式可调扣件包括中间扣板、接头扣板和支距扣板。扣板通过翻转、掉头来调整距离，即一块扣板含有四个号码。

II 型弹条分开式可调扣件通过不同型号轨距块来调整距离。

道岔各种零件应齐全，作用良好，缺少、伤损、变形或作用不良时应有计划修理或更换。

6. 转辙机类型及安装方式

（1）道岔转辙机概述。道岔转辙机是用于道岔转换、锁闭和监督的设备，分为手动和动力两类。手动道岔转辙机常用的有道岔握柄、牵纵拐肘和转换锁闭器。道岔握柄分为带电锁器和不带电锁器两种。前者为 WDZ 型，用电锁器中的接点表示握柄的位置，并具有锁定握柄于规定位置的功能；后者为 WD 型，只能借助联锁箱和钥匙联锁一起完成机械联锁。目前,只用于非电气集中联锁的双动道岔上,非电气集中联锁的单动道岔可用带柄道岔表示器。动力道岔转辙机从动力方面分为直流电动机、交流电动机;采用电动转辙机(ZD型)、电动空压转辙机(ZR型)或电动液压转辙机(ZY型)。从传动机构方面分为机械传动、液压传动和风压传动三种;从锁闭机构方面分为圆弧锁、插入锁和燕尾锁三种。

(2) 道岔转辙机基本功能。道岔转辙机具有道岔转换器、锁闭器和监督表示器的功能。作为转换器,应具有足够大的牵引力以完成道岔尖轨或心轨的转换,因故转换不到其极限位置时,应能随时操纵使其返回原来的位置;作为锁闭器,当道岔尖轨或心轨转换到一个极限位置时,对尖轨或心轨实施锁闭,不应因外力解除该锁闭,因故转换不到极限位置时,不应实施锁闭;作为监督表示器,应能实时反映道岔的定位、反位和挤岔四开状态。

(3) 道岔转辙机的类型及构成。应由动力、传动、表示和锁闭等部分构成。道岔转辙机锁闭形式分为内锁闭和外锁闭两种。

内锁闭转换设备转换过程:当道岔转辙机带动转换至某个特定位置后,转辙机内部进行锁闭,由转辙机动作杆经外部杆件对道岔实现位置固定。实质上,内锁闭道岔是对道岔可动部分进行间接锁闭。

内锁闭转换设备的特点:结构简单,易维修保养,转换比较平稳,属定力锁闭;道岔的两根尖轨由若干根连接杆组成框架结构,使尖轨部分整体刚性高,同时框式结构造成反弹和抗劲较大;由于两尖轨由杆件连接,当杆件受到外力冲击等发生弯曲变形时,会使尖轨与基本轨分离,严重威胁行车安全;当列车通过道岔产生冲击时,其冲击力经过杆件将直接作用于转辙机内部,使转辙机部件易损,发生挤压切销折断、移位接触器跳开等。

外锁闭转换设备转换过程:当道岔由转辙机带动转换至某个特定位置后,通过本身所依附的锁闭装置,直接把尖轨与基本轨或心轨与翼轨密贴夹紧并固定。由于外锁闭道岔的两根尖轨之间没有连接杆件,在道岔转换过程中,两根尖轨是分别动作的,所以又称为分动外锁闭。

外锁闭转换设备的特点:改变了传统的框式结构,使尖轨的整体刚性大幅下降;尖轨分动后,在外锁闭装置的作用下,无论是启动、解锁和密贴锁闭过程中,所需转换力都较小,避开了两根尖轨的最大反弹力叠加,而且一根尖轨的变形不影响另一根尖轨,故而反弹、抗劲等转换阻力减少很多;外锁闭装置一旦进入锁闭状态,当列车通过道岔产生冲击时,侧向冲击力基本传不到转换设备上,有利于延长转辙机及各类转换部件的使用寿命；由于密贴尖轨与基本轨之间由外锁固定，克服了内锁闭道岔靠杆件推、拉力使尖轨与基本轨密贴，易造成 4 mm 失效的较大缺陷。

目前城轨交通普遍使用的转辙机类型包括 ZD6、ZYJ7、ZDJ9、三开 ZYJ7。

（4）转辙机安装方式。常用转辙机的安装方式如下：

ZD6 型转辙机：一般用于基地站场小号码道岔（单转辙机）和最早铺设的旧有正线线路道岔（双转辙机），安装方式为侧式。

ZYJ7 型转辙机：一般用于正线线路道岔（双转辙机），安装方式为轨枕式及侧式两种。

ZDJ9 型转辙机：一般用于正线线路道岔（双转辙机），安装方式为侧式。

三开 ZYJ7 型转辙机：用于三开道岔（一组），安装方式为侧式。

3.1.3 道岔连接部分

连接转辙器与辙叉之间的线路称为连接部分。它与两者相连，构成一组道岔，由四股钢轨，即两股直线钢轨和两股曲线（导曲线）钢轨重叠组成。

连接部分和钢轨长度及根数，应根据道岔号数及导曲线半径大小计算确定，最短应不小于 4.5 m。

导曲线的形式一般采用圆曲线。与直线形尖轨配合的圆曲线形导曲线的起点一般位于尖轨跟端处；与曲线尖轨配合的圆曲线形导曲线，尖轨曲线与基本轨工作边相切或相割。终点一般位于辙叉趾前 400～600 mm 处，以使车体转向架在未进入叉心前，处于直线位置上，使列车平稳地通过辙叉。如有特殊需要，可与直线辙叉相割（常与割线型曲线尖轨配合），以增大导曲线半径。

导曲线支距指直股外侧钢轨工作边至导曲线外股钢轨工作边的垂直距离，导曲线支距应按标准设置。为防止导曲线支距变化或轨距扩大，根据需要在导曲线上可安设轨距杆、支距杆或轨撑。

道岔导曲线一般不设置超高，为防止反超高的出现，可根据实际需要设置 6 mm 的超高，并在导曲线范围内按不大于 2‰ 坡率顺坡。所以导曲线是控制侧向通过速度的因素之一。

道岔连接部分的各部轨距、支距、曲线加宽、曲线超高等在道岔的几何形位中介绍。

3.1.4 辙叉及护轨

辙叉及护轨部分包括辙叉、护轨、主轨（安装护轨的基本轨）及其他连接零件。辙叉与护轨组成一个整体共同配合发挥作用。

1. 辙叉及各部名称

辙叉是道岔中两股轨线相交处的设备。其作用是使列车能够按确定的行驶方向，跨越轨线正常地通过道岔。

辙叉按构造材料分为锰钢整铸式和钢轨组合式；按翼轨与心轨的固定关系分为固定式和可动心轨式；按平面形状分为直线式和曲线式。城轨交通中大量采用高锰钢整铸式辙叉。

辙叉各部名称如图 3—10 所示。

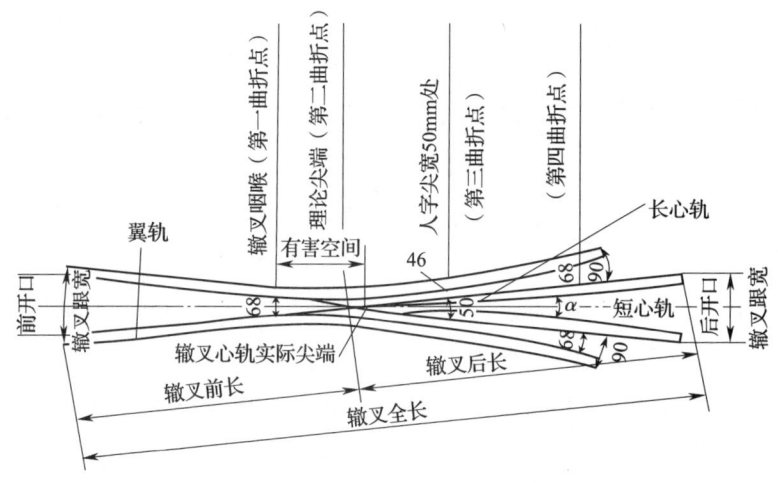

图 3—10 道岔辙叉各部名称

（1）辙叉角：叉心两个工作边的夹角 α 称为辙叉角（道岔角）。辙叉号码也称道岔号码，是表示辙叉角大小的一种方法，辙叉角以度分秒表示在实际运用中很不方便，故在实际工作中以辙叉号码表示，辙叉号码 $N = \operatorname{ctg}\alpha$。

（2）辙叉咽喉：两根翼轨之间的最窄处称为辙叉咽喉。

（3）辙叉趾端及跟端：翼轨的始端称为辙叉趾端，叉心的末端称为辙叉跟端。

（4）辙叉理论尖端和实际尖端：叉心两个工作边的交点称为辙叉理论尖端（理论中心），叉心尖端处有 6~10 mm 的宽度称为实际尖端。

（5）前开口和后开口：辙叉趾端处两个工作边之间的宽度称为前开口，辙叉跟端两个工作边之间的宽度称为后开口。

（6）有害空间：由咽喉至实际尖端的距离，因轨线中断，车轮在此处对钢轨产生剧烈冲击，此空间称为道岔的有害空间（可动心轨式辙叉不存在有害空间）。

（7）辙叉趾距和辙叉跟距：由辙叉理论尖端至趾端的距离称为辙叉趾距 n，由辙叉理论尖端至跟端距离称为辙叉跟距 m。

（8）辙叉全长：趾端到跟端的长度 $m+n$ 称为辙叉全长。

（9）查照间隔：护轮轨头部外侧至辙叉心轨工作边的距离称为查照间隔 $D_心$，为避免在最不利情况下车辆轮缘冲击辙叉心轨，规定 $D_心 \geq 1\ 391$ mm。

（10）护背距离：护轮轨头部外侧至辙叉翼轨工作边距离称为护背距离 $D_翼$，为避免在最不利情况下车辆轮对卡在护轨与翼轨之间，规定 $D_翼 \leq 1\ 348$ mm。

2．整铸辙叉的平纵断面

整铸辙叉的翼轨和叉心，全部用高锰钢浇铸成一整体，主要尺寸和钢轨组合辙叉相同。高锰钢整铸式辙叉，由于强度大，规定叉心顶宽 35 mm 及以上部分承受全部车轮压力，而在 20 mm 及以下部分完全不受力。翼轨顶面从辙叉咽喉到叉心顶宽 35 mm 一段，用堆焊法加高。如图 3—11 所示为辙叉心平纵面。

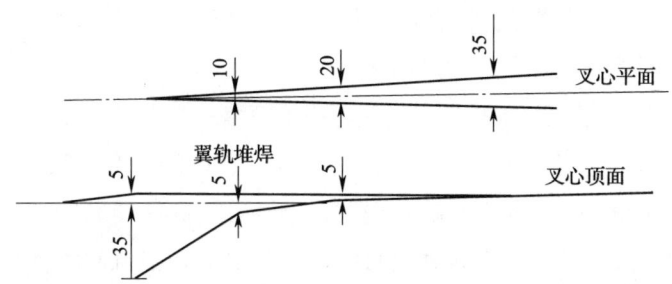

图 3—11　辙叉心平纵面

辙叉心两侧作用边的交点称为辙叉理论尖端（理论中心），由于制造原因，实际上辙叉尖端有 6~10 mm 宽度，称为辙叉实际尖端。从辙叉咽喉到实际尖端，有一段轨线中断的空隙，称为道岔的有害空间，如图 3—12 所示为道岔有害空间。

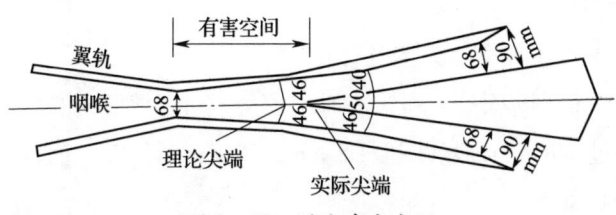

图 3—12　道岔有害空间

3. 护轨的构造、类型与作用

（1）护轨的构造。护轨的组成包括平直段、两侧缓冲段和开口段。如图3—13所示为道岔护轨。

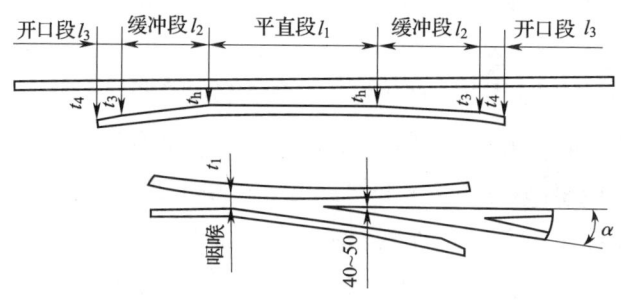

图3—13 道岔护轨

1）平直段。护轨的平面形状，在中间的一段应为与主轨平行的直线，其长度为由咽喉至叉心顶宽为50 mm处之间的距离，两端再附加100~300 mm。

2）过渡段或缓冲段。平直段两端各向轨道内侧弯折一段长度，称为过渡段或缓冲段，其弯折角应近似等于尖轨的冲击角，使车轮进入护轨时起缓冲引导作用。

3）开口段。护轨末端的外侧面，将轨头在150 mm（如受结构限制可采用100 mm）长度内斜切去一部分，形成喇叭口。

4）轮缘槽宽度。平直段中护轨与主轨轮缘槽宽度一般为42 mm，旧有道岔侧向轨距为1 441 mm时，侧向轮缘槽标准宽度为48 mm，容许误差为+3、-1 mm；缓冲段末端轮缘槽宽应为65~68 mm；两端开口段外端轮缘槽宽度一般采用80~90 mm。

（2）护轨的类型。目前，我国道岔的护轨类型主要有钢轨间隔铁型、H型和槽型三种，如图3—14所示为前两种护轨类型及其结构。

（3）护轨的作用。护轨是固定型辙叉的重要组成部分，护轨与辙叉的配合有以下两方面的作用：一方面是控制车轮的运行方向，使之正常通过有害空间而不错入轮缘槽；另一方面是保护辙叉尖端不被轮缘冲击撞伤。

4. 辙叉伤损标准

（1）辙叉轻伤标准主要分为以下几种：

1）辙叉心宽40 mm断面处，辙叉心垂直磨耗（不含翼轨加高部分），50 kg/m及以下钢轨，正线超过4 mm，站场线超过8 mm；60 kg/m及以上钢轨，正线超过6 mm，站场线超过10 mm。

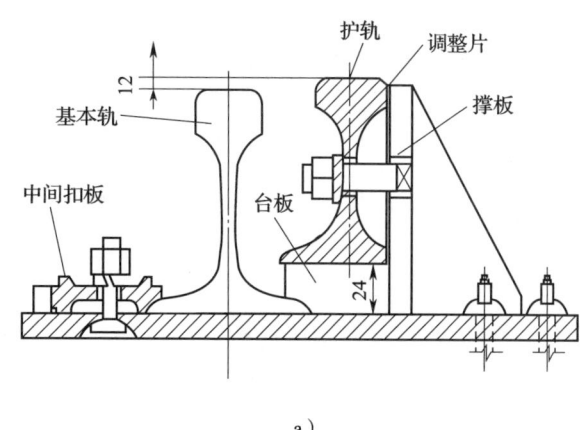

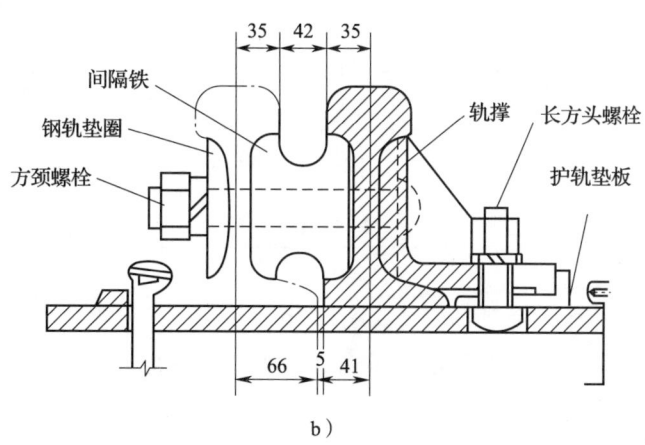

图3—14 护轨类型及其结构

a）H型 b）间隔铁型

2）辙叉顶面或侧面的任何部位有裂纹。

3）辙叉心、辙叉翼轨面剥落掉块，长度超过15 mm，深度超过3 mm。

4）探伤人员或养路工长认为有伤损的辙叉。

辙叉有轻伤时应注意观测，达到重伤标准时应及时更换。

（2）辙叉重伤标准主要分为以下几种：

1）辙叉心宽40 mm断面处，辙叉心垂直磨耗（不含翼轨加高部分），50 kg/m及以下钢轨，正线超过6 mm，站场线超过10 mm；60 kg/m及以上钢轨，正线超过8 mm，站场线超过11 mm。

2）垂直裂纹长度（含轨面部分裂纹长度）超过限度见表3—1。

表3—1　　　　辙叉重伤标准（一）垂直裂纹长度限度　　　　mm

项目	辙叉心		辙叉翼
	心宽0~50	心宽50以后	
一条裂纹长度	50	50	40
两条裂纹相加	60	80	60

3）纵向水平裂纹长度超过限度见表3—2。

表3—2　　　辙叉重伤标准（二）纵向水平裂纹长度限度　　　mm

项目	辙叉心	辙叉翼	轮缘槽
一侧裂纹长度	100	80	200
一侧裂纹发展至轨面（含轨面部分裂纹长度）	60	60	/
两侧裂纹贯通长度	50	/	/
两侧裂纹相对部分长度	/	/	100

4）叉趾、叉跟轨头及下颚部位裂纹超过30 mm。

5）叉趾、叉跟浇筑断面变化部位斜向或水平裂纹长度超过120 mm，或垂直高度超过40 mm。

6）底板裂纹向内裂至轨腰，并超过轨腰与圆弧的连接点。

7）螺孔裂纹延伸至轨端、轨头下颚或轨底，两相邻螺孔裂通。

8）辙叉心、辙叉翼轨面剥落掉块，长度超过30 mm，深度超过6 mm。

9）探伤人员或养路工长认为有影响行车安全的其他缺陷。

3.1.5　岔枕

地面碎石道床线路的道岔，岔枕一般以木枕为主，长度分为16级，其中最短2.60 m，最长4.85 m，级差为15 cm。

地下或高架整体道床线路的道岔，岔枕一般采用钢筋混凝土预制块（短枕），目前已设计铺设钢筋混凝土预制长枕。

混凝土短枕布置如图3—15所示。

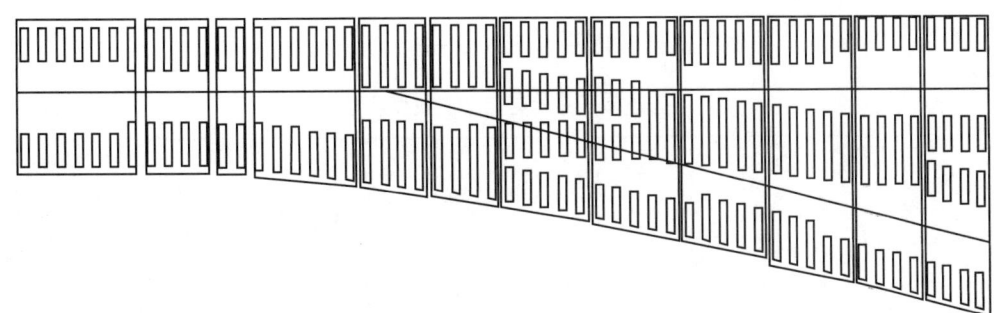

图 3—15　混凝土短枕布置图

3.2　道岔的形位

知识要求

3.2.1　单开道岔各部名称和尺寸

普通单开道岔各部名称如图 3—16 所示。直线线路中心线与侧线线路中心线的交点，称为道岔中心。从道岔中心至基本轨前端轨缝中心的距离，称为道岔前长。从道岔中心至辙叉尾端轨缝中心的距离，称为道岔后长。从基本轨前端轨缝中心至辙叉尾端轨缝中心的距离，称为道岔全长。道岔全长包括道岔前长和道岔后长。

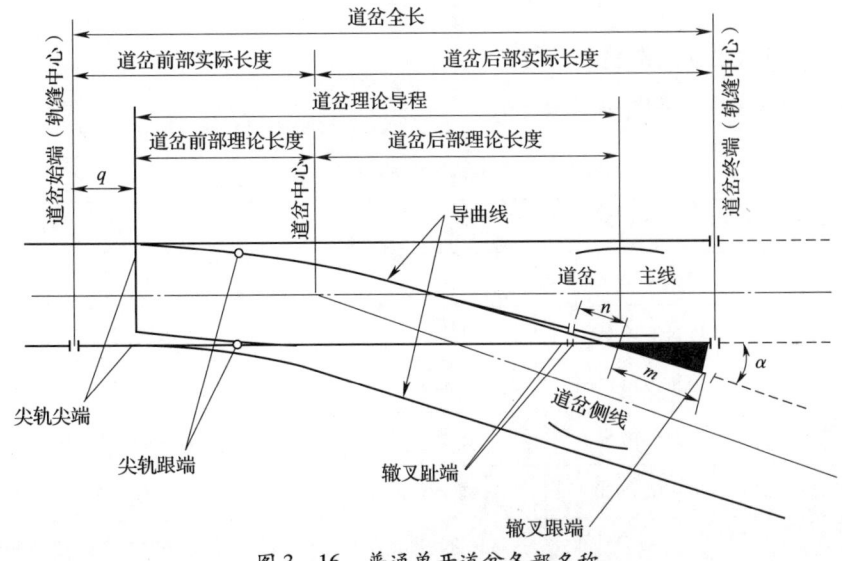

图 3—16　普通单开道岔各部名称

城轨交通常用单开道岔主要长度尺寸见表3—3。

表3—3　　　　　　　　普通单开道岔各部主要长度尺寸　　　　　　　　mm

道岔号数	钢轨类型 (kg/m)	辙叉角度	导曲线半径 R	道岔全长 L_q	道岔前长 a	道岔后长 b	基本轨前端至尖轨尖端 q	辙叉前长 n	辙叉后长 m	尖轨长度 L_q	附注
9	60	6°20′25″	180 717	27 040	10 793	16 067	2 650	2 985	3 112	10 586	专线9950
9	60	6°20′25″	200 717	27 773	12 043	15 730	2 700	1 538	2 775	10 600	地岔211
9	60	6°20′25″	200 717	28 300	12 570	15 730	2 620	1 538	2 771	10 680	STB—GJ—030501
7	50	8°07′48″	150 717	23 627	11 194	12 433	2 540	1 108	2 333	4 990	专线9931

3.2.2　单开道岔的轨距

1．常见道岔尖轨尖端轨距

常见道岔尖轨尖端轨距见表3—4。

表3—4　　　　　　　　尖轨尖端轨距　　　　　　　　mm

道岔种类	直/曲尖轨长度	轨距	附注
P60-9 整体	10 586/10 586	1 440	专线9950
	10 592/10 600	1 440	城轨229
	10 592/10 600	1 440	地岔211
	10 680/10 680	1 445	STB-GJ-030501
P50-7 碎石	4 990/4 990	1 450	专线9931
其他曲线形尖轨		按标准图办理	无标准图时按设计图办理

2. 常见道岔尖轨跟端轨距

常见道岔尖轨跟端轨距见表 3—5。

表 3—5　　　　　　　　　　　　尖轨跟端轨距　　　　　　　　　　　　　　　mm

尖轨种类	直向	侧向	附注
P60-9 整体	1 435	1 440	专线 9950
	1 435	1 440	城轨 229
	1 435	1 440	地岔 211
	1 435	1 445	STB-GJ-030501
P50-7 碎石	1 435	1 456	专线 9931
其他曲线形尖轨	1 435	按标准图办理	无标准图，按设计图办理

3. 导曲线中部轨距

导曲线中部轨距按标准图设置。

4. 辙叉部分轨距

辙叉部分轨距：直、侧向一般均为 1 435 mm，P50-7 专线 9931 道岔的侧向轨距为 1 440 mm。

5. 常用单开道岔各部分轨距

常用单开道岔各部分轨距见表 3—6。

表 3—6　　　　　　　　　　常用单开道岔各部分轨距　　　　　　　　　　　mm

部位 \ 道岔号	P50-7 碎石（专线 9931）	P60-9 整体（专线 9950）	P60-9 整体 STB-GJ-030501	P60-9 整体（城轨 229）
尖轨前顺坡终点 $s_{接}$	1 435	1 435	1 435	1 435
尖轨尖端 $s_{尖}$	1 450	1 440	1 445	1 440
尖轨跟端 $s_{跟}$（直、曲）	1 435/1 456	1 435/1 440	1 435/1 445	1 435/1 440
导曲线 $s_{导直股}$（前、中、后）	1 435	1 435	1 435	1 435
导曲线 $s_{导曲股}$（前、中、后）	1 455	1 440	1 445	1 440
辙叉 $s_{叉直}$（前、中、后）	1 435	1 435	1 435	1 435
辙叉 $s_{叉曲}$（前、中、后）	1 440	1 435	1 435	1 435

6. 道岔轨距检测点

如图 3—17 所示为道岔轨距检查点位示意图和常用单开道岔各部分的轨距及检查点位见表 3—7。

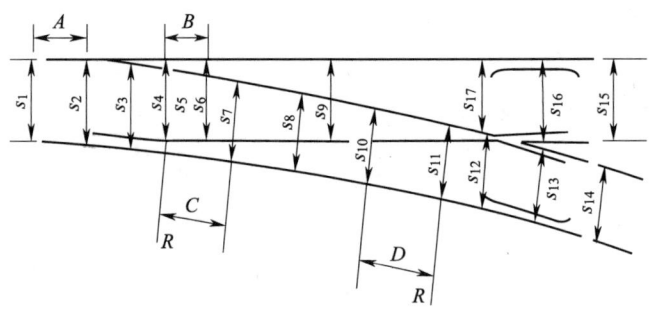

图3—17 道岔轨距检查点位

表3—7 常用单开道岔各部分的轨距及检查点位表 mm

序号	检查部位	9	12	STB-GJ-030501（9#）	专线9950（9#）	专线9931（7#）
s_1	道岔始端接头	1 435	1 435	1 435	1 435	1 435
s_2	尖轨尖端	1 450	1 445	1 445	1 440	1 450
A	s_2至s_1间的递减长度（按≤6‰递减）	≥2 650	≥2 650	2 620	2 650	2 540
s_3	尖轨中部	1 445	1 442	1 441/1 445	1 435/1 440	1 435/1 455
s_4	尖轨跟端（直股）	1 439	1 439	1 435	1 435	1 435
s_5	尖轨跟端（侧股）	1 439	1 439	1 445	1 440	1 456
s_6	尖轨跟端后直股递减终点	1 435	1 435	1 435	1 435	1 435
B	s_5至s_6间的递减长度	1.5 m	1.5 m	0	0	0
s_7	导曲线前部	1 450	1 445	1 445	1 440	1 455
C	导曲线前部递减长度（前三）	3.0 m	3.0 m	0	0	0
s_8	导曲线中部	1 450	1 445	1 445	1 440	1 455
s_9	直股中部	1 435	1 435	1 435	1 435	1 435
s_{10}	导曲线后部	1 450	1 445	1 445	1 440	1 455
s_{11}	导曲线终点	1 435	1 435	1 435	1 435	1 440
D	导曲线后部递减长度（后四）	4.0 m	4.0 m	1.5 m	2.5 m	2.5 m
s_{12}	辙叉前（侧股）	1 435	1 435	1 435	1 435	1 440
s_{13}	辙叉中（侧股）（包括91和48）	1 435	1 435	1 435	1 435	1 440
s_{14}	辙叉后（侧股）	1 435	1 435	1 435	1 435	1 440
s_{15}	辙叉后（直股）	1 435	1 435	1 435	1 435	1 435
s_{16}	辙叉中（直股）（包括91和48）	1 435	1 435	1 435	1 435	1 435
s_{17}	辙叉前（直股）	1 435	1 435	1 435	1 435	1 435

7. 各部轨距的容许误差

道岔各部分轨距误差是指现场轨距与设计轨距之差，允许偏差管理值：不论是正线还是站线，作业验收为 +3 mm、-2 mm；经常保养为 +5 mm、-3 mm；临时补修为 +6 mm、-3 mm；有控制锁的尖轨尖端为 +1 mm、-1 mm。任何情况下，道岔最大轨距不得超过1 456 mm；其他类型的道岔按标准图办理。

道岔轨距的检查顺序一般是由岔头到岔尾，逐处进行检查并填写记录。

8. 轨距递减规定

（1）尖轨尖端轨距加宽，按不大于6‰的递减率向外递减。

（2）老型号道岔尖轨尖端轨距与尖轨跟端轨距的差值，可在尖轨全长范围内均匀递减，城市轨道交通目前普遍使用的曲线形尖轨道岔可根据设计图计算。

（3）老型号道岔尖轨跟端直向轨距加宽向辙叉方向递减的距离为1.5 m，城轨交通目前普遍使用的道岔一般不存在尖轨跟端后递减问题。

（4）导曲线轨距加宽，老型号道岔向前至尖轨跟端3 m长度内和向后至导曲线终点4 m长度内，均匀递减（简称前三后四），而城轨交通目前普遍使用的新型道岔应查看道岔设计图。如图号STB-GJ-030501的9号道岔为：前0后1.5。

（5）对口道岔尖轨尖端轨距递减；两尖轨尖端距离不大于6 m，两尖端处轨距相等时不做递减，不相等时则从较大轨距向较小轨距均匀递减；两尖轨尖端距离大于6 m时，则按不大于6‰的递减率递减，但中间应有不短于6 m的相等轨距段，如图3—18所示为对口道岔轨距示意图。

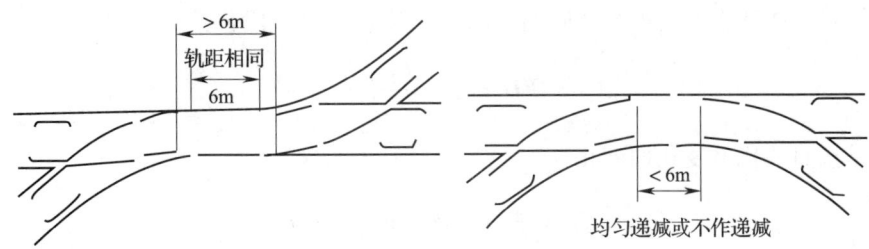

图3—18 对口道岔轨距

3.2.3 导曲线支距

导曲线上股作用边到直股上股作用边的垂直距离称为导曲线支距，正确的支距反映良好的圆顺度。支距点一般从尖轨跟端开始，每2 m设一个点，由于其总长度不是2的倍数，故终点处的分段距离不是整数。

导曲线支距允许误差为 2 mm，用 5 m 弦测量，连续正矢差不得超过 2 mm，最大与最小差不得大于 3 mm。

1. 导曲线支距的计算

从导曲线起点 O' 对应直股 O 开始，沿直股每 2 m 依次定出 1，2，3，…，$n-1$，n 点，最后一点 n 和导曲线终点相对应。n 点和 $n-1$ 点之间距离小于 2 m 的零数。各点支距为 y_0，y_1，…，y_n，如图 3—19 所示为道岔导曲线支距示意。

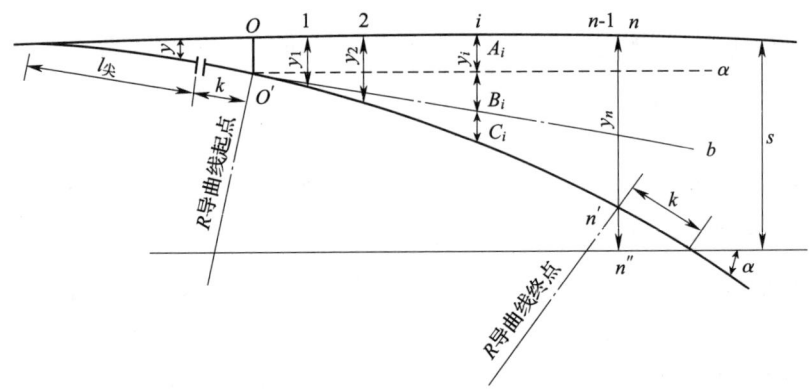

图 3—19 道岔导曲线支距

从导曲线起点 O' 作一条和直股相平行的 $O'a$ 线，再从尖轨作一条延长 $O'b$，该线是导曲线起点处的切线。则从图中见各点支距 y_i，是由三部分组成。

$$y_i = A_i + B_i + C_i$$

A_i 是 $O'a$ 线和直股两平行线间的距离为一常数 $O'O$ 线段长：

$$A_i = O'O = u \times \frac{L_0 + h}{L_0} = A_1$$

B_i 是按直线比例变化而变化：

$$B_i = \frac{u}{L_0} \times 2\,000 \times i = B_1 i$$

C_i 是按平方比例变化而变化：

$$C_i = \frac{2\,000^2}{2R_外} i^2$$

导曲线终点 n 点支距：

$$y_n = s\sin\alpha \approx s - K\mathrm{tg}\alpha \approx s - K/N (当 \alpha 很小时)$$

式中　L_0——尖轨长度，mm；

i——任一导曲线点号；

h——尖轨后直线段长，mm；

u——尖轨跟距，mm；

K——导曲线终端垂直线段长，mm；

s——轨距，mm；

α——辙叉角；

N——道岔号。

2．计算实例

标准 12 号道岔，$L_0 = 7\ 700$ mm，$h = 0$，$u = 144$ mm，$s = 1\ 435$ mm，$R_{外} = 3\ 330\ 717$ mm，$K = 2\ 486$ mm。

解：根据图 3—19 所示、单位 mm 计，各点支距计算见表 3—8。

$$A_i = u \times \frac{L_0 + h}{L_0} = 144 \times \frac{7\ 700 + 0}{7\ 700} = 144$$

$$B_i = \frac{u}{L_0} \times 2\ 000i = \frac{144}{7\ 700} \times 2\ 000 \times 1 = 37.4$$

$$C_i = \frac{2\ 000^2}{2 \times R_{外}} i^2 = \frac{2\ 000^2}{2 \times 330\ 717} \times 1^2 = 6.06$$

$$y_n = s - \frac{K}{N} = 1\ 435 - \frac{2\ 486}{12} = 1\ 228$$

表 3—8　　　　　　　　各点支距计算表　　　　　　　　　　　mm

点数	$A_i = A_1$	$B_i = B_1$	$C_i = C_1 i^2$	$y_i = A_i + B_i + C_i$
(1)	(2)	(3)	(4)	(5)
0	144	0	0	144
1	144	37	6	187
2	144	75	24	243
3	144	112	55	311
4	144	150	97	391
5	144	187	152	483
6	144	224	218	586
7	144	262	297	703
8	144	299	388	831
9	144	337	490	971
10	144	374	605	1 123
终点 n	144	411	684	1 229

城轨交通普遍使用的新型道岔因曲线形尖轨及曲线起点位置前移，导曲线支距计算与上述不同，计算较为复杂，这里不作介绍，支距详见各型号道岔设计图。

3. 导曲线支距容许误差

道岔导曲线支距偏差为现场支距与设计支距之差，其允许偏差管理值：作业验收为 2 mm；经常保养为 3 mm；临时补修为 4 mm。

3.2.4 其他重要几何尺寸

道岔中各部分钢轨彼此间隔及尺寸必须设置合理得当，否则就会出现钢轨的剧烈冲击和磨损，甚至造成行车脱轨事故。因此，道岔中的各部间隔尺寸，应以综合最不利因素保证列车安全通过的原则经计算确定。

1. 尖轨跟端轮缘槽宽度

尖轨跟端基本轨作用边与尖轨非作用边之间的最小距离称为尖轨跟端轮缘槽宽度。

在直线尖轨转辙器中，为简化制造，并使尖轨在左、右开的道岔上都能使用，一般直、曲股尖轨跟端采用相同的轨距（侧股尖轨跟端轨距大于 1 439 mm 时，直股尖轨跟端轨距应采用 1 435 mm）。因此，直、曲股轮缘槽采用同样的宽度。

如图 3—20 所示为转辙器轮轨关系示意。尖轨跟端轮缘槽的宽度 $t_{跟}$，应能保证在最不利的条件下，当轮对一侧车轮轮缘紧贴一股尖轨作用面时，另一侧车轮轮缘可以自由地通过而不冲击尖轨跟端。则：

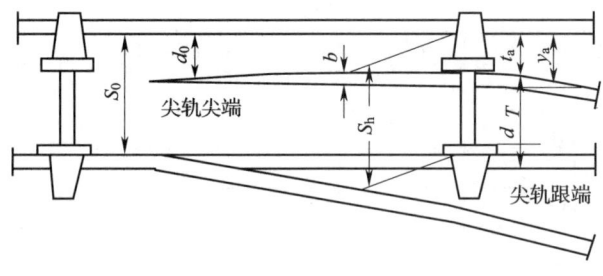

图 3—20 转辙器轮轨关系

$$t_{跟} \geqslant (s_{跟} + a + e) - (T_{min} - \varepsilon T) - d_{min}$$

式中 $t_{跟}$——尖轨跟端轮缘槽宽度，mm；

$s_{跟}$——我国定型的 9、12 号单开道岔尖轨跟部轨距一律采用 1 439 mm；

a——在荷载作用下，考虑轨距的弹性挤开量，采用 2 mm；

e——道岔轨距容许增大值，采用 3 mm；

$T_{\min}$——最小轮对内侧距为 1 350 mm；

εT——考虑车辆在荷载作用下，车轴上弯，轮对内侧距减少值为 2 mm；

$d_{\min}$——最薄轮缘厚度为 22 mm。

将上述数值代入公式得：

$$t_{跟} \geqslant (1\ 439 + 2 + 3) - (1\ 350 - 2) - 22 = 74 \text{ mm}$$

实际采用 $t_{跟} = 74$ mm。

2. 尖轨最小跟距 U

尖轨最小跟距指尖轨跟端基本轨作用面到尖轨作用面的最小距离，其计算公式为：

$$U = t_{跟\min} + b$$

式中　　U——尖轨最小跟距，mm；

$t_{跟\min}$——尖轨跟端轮缘槽最小宽度，mm；

b——尖轨顶面宽度，50 kg/m、43 kg/m 钢轨轨面宽度为 70 mm。

$$U = 74 + 70 = 144$$

尖轨跟距 U 不宜规定过宽，否则将不必要地增加尖轨长度。实际采用 $U = 144$ mm。

3. 尖轨尖端开口宽度

当尖轨扳开后，开口宽度应保证车轮对尖轨非作用边不产生侧向挤压的现象。则：

$$W_{尖} \geqslant t_{跟} + b + (S_{尖} - S_{跟})$$

式中　　$W_{尖}$——尖轨尖端开口宽度，mm；

$S_{尖}$——尖轨尖端处轨距，mm；

$S_{跟}$——尖轨跟端处轨距，mm；

b——轨头宽度，mm。

4. 尖轨动程

尖轨尖端非作用边与基本轨作用边之间的拉开距离称为尖轨动程，应保证具有最不利条件的轮对通过而不挤压或碰撞尖轨（最不利指轮背距最小、轮缘最薄）。

尖轨动程规定在距尖轨尖端 380 mm 的第一连接杆中心量取，因此，需将尖轨尖端开口宽度换算为道岔拉杆处的动程。则：

$$W_{拉} \geqslant W_{尖} \times \frac{(L - l)}{L}$$

式中　　$W_{拉}$——道岔拉杆处动程，mm；

L——尖轨长度，mm；

l——尖轨尖端至拉杆中心距离，取 380 mm；

$W_{尖}$——尖轨尖端开口宽度，mm。

《铁路线路修理规则》（2006）规定，尖轨在第一拉杆中心处的最小动程：直尖轨为 142 mm，曲尖轨为 152 mm，其他型号道岔按标准图或设计图处理。

5. 护轨轮缘槽宽度

护轨轮缘槽尺寸如图 3—21 所示。

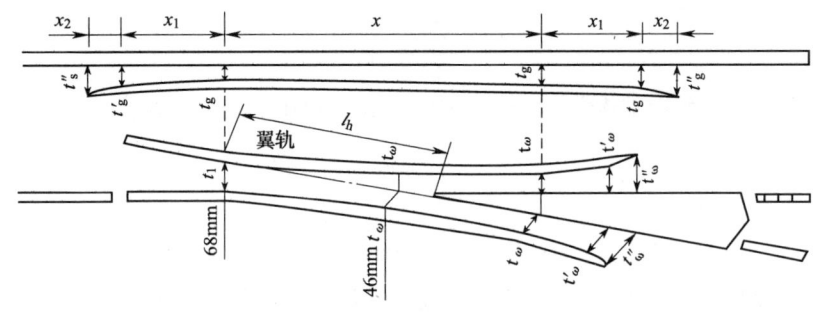

图 3—21 护轨轮缘槽

护轨平直部分轮缘槽标准宽度为 42 mm，辙叉心轮缘槽标准宽度为 46 mm，容许误差为 +3、−1 mm。

6. 查照间隔、护背距离

查照间隔、护背距离平面和立面如图 3—22、图 3—23 所示。

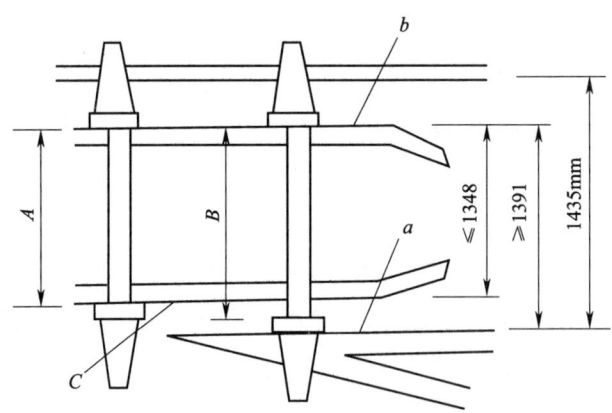

图 3—22 查照间隔、护背距离平面

护轮轨头部外侧至辙叉心轨工作边的距离称为查照间隔 $D_{心}$。

护轮轨头部外侧至辙叉翼轨工作边的距离称为护背距离 $D_{翼}$。

为避免在最不利情况下车辆轮缘冲击辙叉心轨，规定 $D_{心} \geq 1\ 391$ mm。

为避免在最不利情况下车辆轮对卡在护轨与翼轨之间，规定 $D_{翼} \leq 1\ 348$ mm。

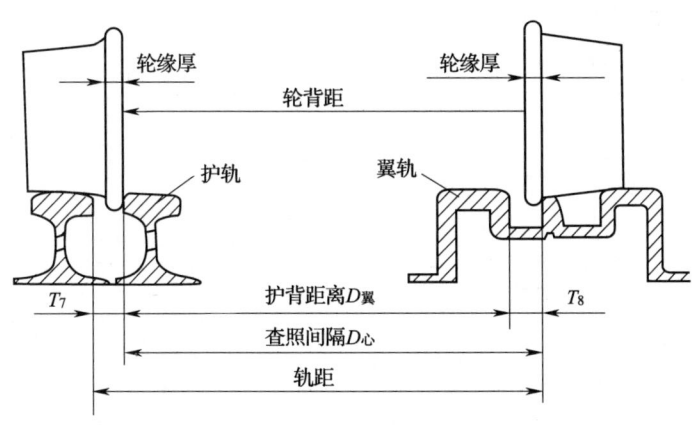

图 3—23　查照间隔立面

3.2.5　单开道岔岔枕布置

1. 单开道岔岔枕方向布置

岔枕的间距应严格按设计图进行铺设，单开道岔的岔枕方向布置规定：

（1）在转辙器部分和连接部分，岔枕应垂直于直股方向。

（2）辙叉部分，岔枕应垂直于辙叉角的角平分线，没有辙叉大垫板的组合式辙叉，在心轨顶宽 20 mm 处应布置一根岔枕，这是考虑到辙叉在此开始承受车轮的压力，应予加强。

（3）两部分的岔枕方向扭转过渡应在辙叉趾前 3～5 根岔枕之间完成，如图 3—24 所示。

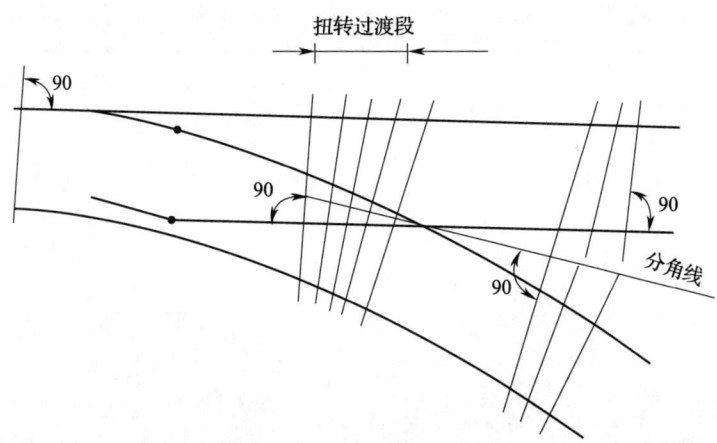

图 3—24　单开道岔岔枕方向布置

2. 单开道岔岔枕扭转量计算

如图3—25所示,在直角三角形△ABC和△CEO中,

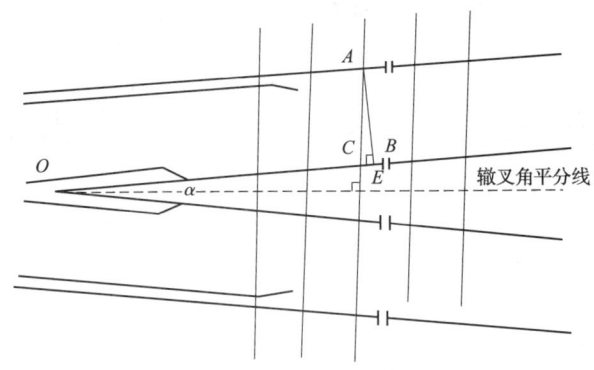

图3—25 单开道岔岔枕扭转量计算

因为 $OE \perp EC$,$AB \perp BC$,$\angle OCE = \angle ACE$,

所以 $\angle EOC = \angle BAC = \alpha/2$,

$BC = AB \cdot \mathrm{tg}\alpha/2 = 1\,435 \cdot \mathrm{tg}\alpha/2 = 1\,435/2 \cdot 道岔号$,

BC 即为岔枕扭转量。

3.2.6 过岔速度

直向允许过岔速度见表3—9。

表3—9　　　　　　　　直向允许过岔速度

道岔号	咽喉至辙叉理论间距（mm）	$\sin\beta_{咽}$	计算直向允许通过速度 $v=\dfrac{\sqrt{9}}{\sin\beta_{咽}}$ (km/h)	直向允许通过速度 (km/h)
7	544	0.040 4	74.3	
9	612	0.035 9	83.6	80
12	816	0.027 0	111.1	110

侧向允许过岔速度见表3—10。

表3—10　　　　　　　　侧向允许过岔速度

道岔号	转辙部分		导曲线			侧向允许通过速度 (km/h)
	转辙角	$v=\dfrac{0.806}{\sin\beta}$	导曲线半径（m）	$v=2.453\sqrt{R}$	$v=2.550\sqrt{R}$	
8	1°44′11″	26.6	148.790	29.2		25

续表

道岔号	转辙部分		导曲线			侧向允许通过速度（km/h）
	转辙角	$v=\dfrac{0.806}{\sin\beta}$	导曲线半径（m）	$v=2.453\sqrt{R}$	$v=2.550\sqrt{R}$	
9	1°19′12.7″	35.0	180.717 5	33.0		30
10	1°19′12.7	35.0	230.717 5	37.3		35
11	1°04′18″	43.1	280.717 5	41.1		40
12	1°04′18″	43.1	330.717 5	44.6		45

3.2.7 道岔的其他规定

1. 道岔重要部位螺栓

道岔护轨螺栓、可动心轨咽喉和叉后间隔铁螺栓、长短心轨连接螺栓、钢枕立柱螺栓、可动心轨凸缘与接头铁连接螺栓必须齐全，作用良好，折断时必须立即更换。同一部位同时有两条螺栓或可动心轨凸缘与接头铁螺栓有一条缺少或折损时，道岔应停止使用。

2. 道岔各种零件

道岔各种零件应齐全，作用良好，缺少时应及时补充。有下列伤损或病害，应有计划地进行修理或更换：

（1）各种螺栓、连杆、顶铁和间隔铁损坏、变形或作用不良。

（2）滑床板损坏、变形或滑床台磨耗大于 3 mm。

（3）轨撑损坏、松动，轨撑与轨头下颚或轨撑与垫板挡肩离缝大于 2 mm。

（4）护轨垫板折损。

（5）钢枕和钢枕垫板下胶垫及防切垫片损坏、失效。

（6）弹片、销钉、挡板损坏。弹片与滑床板挡肩离缝、挡板前后离缝大于 2 mm，销钉帽内侧距滑床板边缘大于 5 mm。

（7）其他各种零件损坏、变形或作用不良。

3. 其他

（1）正线上道岔的钢轨类型应与正线的钢轨类型一致。

（2）正线、辅助线和试车线应采用不小于 9 号的各类道岔，车场线咽喉区应采用不大于 7 号的各类道岔，并宜采用 AT 尖轨、高锰钢辙叉和可调式护轨。

(3) 道岔上应采用弹性分开式扣件。

(4) 隧道内和高架上的道岔区宜采用短枕式整体道床，车场线道岔宜采用碎石道床。

(5) 相邻道岔间插入短钢轨的最小长度规定见表3—11。

表3—11　　　　　相邻道岔间插入短钢轨的最小长度　　　　　　　　　　m

道岔位置		线别	插入短钢轨长度	
			一般地段	困难地段
对向单开道岔		正线及辅助线	12.5	6.25
		车场线	4.5	0
顺向单开道岔		正线及辅助线	6.25	4.5
		车场线	4.5	3.0
反向单开道岔		正线	6.25	4.5
		辅助线	6.25	0
		车场线	4.5	0

(6) 岔枕一般根据道床而定，碎石道床的道岔采用木岔枕，整体道床的道岔采用混凝土岔枕，强度等级为C40，横断面也为梯形，底部伸出钢筋钩，以加强与道床的连接。道床混凝土强度等级为C30。

(7) 道岔应设在直线地段，道岔基本轨端部至曲线端部的距离（不含超高顺坡及轨距递减段）不宜小于5 m，车场线可减少到3 m。

(8) 道岔宜靠近车站设置，但道岔基本轨端部至车站站台计算长度端部的距离不应小于5 m。

(9) 设置交叉渡线两平行线的线间距宜按下列规定确定：

1) 12号道岔采用5.0 m。

2) 9号道岔采用4.6 m或5.0 m。

3) 6、7号道岔采用4.5 m或5.0 m。

4) 对于交叉渡线的线间距小于上述标准规定的，应进行特殊设计。

5) 折返线的有效长度，宜为远期列车长度加40 m（不含车挡长度）。

3.2.8 附带曲线

当道岔后的两股轨道平行,且两平行股道的直线间距不大于5.2 m时,道岔后的连接曲线称为道岔的附带曲线。两平行股道的直线间距大于5.2 m时,道岔后的连接曲线视为普通曲线。

道岔后附带曲线距道岔较近,与道岔的导向线形成两个相反的曲线。附带曲线方向、位置正确与否,直接影响行车的平稳和安全,并与巩固道岔的质量也有着密切的关系。因此,必须重视道岔后附带曲线的养护和维修,并应与道岔的养护维修一起进行。

当附带曲线的位置、状态及方向不符合要求时,应结合全面维修进行整正。整正附带曲线的方法很多,如直股支距法、绳正法及长弦矢距法(一绳法)。这里将介绍前面两种方法。

1. 附带曲线支距

附带曲线支距,是指直股线路里股钢轨工作边到附带曲线外股工作边的垂直距离。

我国定型的9号道岔线间距为5.0 m、5.1 m时的附带曲线支距表见表3—12。

表3—12　　　　　　　附带曲线支距表(9号道岔)

50 kg/m, 75型		附带曲线各点支距									始终点横距 (mm)	线间距 (m)
曲线半径 (m)	自辙跟至起点横距 (mm)	自曲线始点算起的各点横距 (m)										
		始点	5	10	15	20	25	30	35	40	终点	
180	20 003	3 895	4 380	4 725	4 932						5 000	19 957	
200	18 902	3 772	4 265	4 631	4 872	4 988					5 000	22 166	
250	16 150	3 467	3 971	4 375	4 679	4 882	4 986				5 000	27 687	5.0
300	13 398	3 161	3 674	4 103	4 448	4 710	4 888	4 983			5 000	33 209	
350	10 645	2 855	3 374	3 821	4 196	4 499	4 731	4 891	4 980		5 000	38 731	
400	7 893	2 549	3 073	3 533	3 931	4 265	4 537	4 746	4 893	4 977	5 000	4 425	
180	20 903	3 995	4 480	4 825	5 032						5 100	19 957	
200	19 802	3 872	4 365	4 731	4 972	5 088					5 100	22 166	
250	17 050	3 567	4 071	4 475	4 779	4 982	5 086				5 100	27 687	5.1
300	14 298	3 261	3 774	4 203	4 548	4 810	4 988	5 083			5 100	33 209	
350	11 545	2 955	3 474	3 921	4 296	4 599	4 831	4 991	5 080		5 100	38 731	
400	8 793	2 649	3 173	3 633	4 031	4 365	4 637	4 846	4 993	5 077	5 100	44 252	

对于一些没有定型图可查的道岔附带曲线，应另行计算。

2. 附带曲线的正矢

采用绳正法整正附带曲线，其外业、计算、拨正及日常养护维修检查都很方便，受到现场的欢迎。

由于附带曲线一般都比较短，其测点距为 5 m，进行整桩改造增加的拨量及拨道工作量都不会很大，所以，有条件时，附带曲线可进行整桩化改造，其计算方法简便，做法如下：

（1）计算附带曲线中央点位置，如下式：

$$Q_z = N + 1 - \frac{\sum \sum f}{\sum f}$$

（2）确定附带曲线的全长。确定附带曲线全长时，应满足附带曲线养护维修和行车要求的有关规定。如夹直线大于 6 m；附带曲线半径大于导曲线半径，但小于导曲线半径的 1.5 倍的规定（有时由于线间距大于 5.2 m，这种连接道岔与直线的曲线不属于附带曲线，其曲线半径可以超出导曲线半径的 1.5 倍）等。

此外，附带曲线设计全长的测点数应为整数。

（3）计算附带曲线的正矢 f_c，如下式：

$$f_c = \frac{\sum f}{L_c}$$

式中　L_c——附带曲线全长/测点距（分段数），m。

（4）计算各点设计正矢、拨量。

（5）拨正后，将设计的 ZY、YZ 桩位置标记在轨腹上，以 ZY 点位置为第一测点，重新标记正矢各测点。ZY、YZ 位置点标记正矢数的一半，相邻圆曲线点标记圆曲线正矢，以便日常维修和检查。

3. 计算实例

表 3—12 所列曲线为 9 号道岔后的附带曲线，始点位于距岔尾 2 m 处。

计算曲线中央点：

$$Q_z = N + 1 - \frac{\sum \sum f}{\sum f} = 8 + 1 - \frac{1\ 381}{258} = 3.65$$

确定曲线长度：

因为始点距岔尾 2 m，为满足夹直线长度的要求，初步确定 1 点为曲线起点。

则：

$$\frac{L_c}{2} = Q_z - ZY = 3.65 - 1 = 2.65$$

$$L_c = 2.65 \times 2 = 5.3$$

为了使拨后曲线整桩，L_c 取 5。

计算附带曲线的正矢 f_c：

$$f_c = \frac{\sum f}{l_c} = 258/5 = 51.6$$

对计算结果应进行检算，若满足不了前面对附带曲线规定的要求和原则，则应重新分析和计算。

附带曲线半径 R 的检算：

$$R = 12\,500/f_c = 12\,500/51.6 = 242$$

检算结果大于 180，小于 270，满足大于导曲线半径，小于导曲线半径 1.5 倍的规定要求。

附带曲线头与道岔尾夹直线长度的检算：

$$ZY = Q_z - L_c/2 = 3.65 - 2.5 = 1.15$$

$1.15 \times 5 = 5.75$ m，且始点距岔尾为 2 m，所以 $5.75 + 2.0 = 7.75$ m，满足大于 6 m 的要求。

检算结论：

$f_c = 51.6$，$L_c = 5$，计算结果可行。检算表见表 3—13。

表 3—13　　　　　　　　检算表

桩号	测点号	桩位到相邻点距离	设计正矢计算	正矢累计	现场正矢	设计正矢	正矢差	差累计	半拨量	修正差累计			半拨距修正值	实施半拨	实施全拨	拨后正矢
										一次	二次	合计				
(1)	(2)	(3)	(4)	(5)	(6)	(7)	(8)	(9)	10	11	12	13	14	15	16	17
	0			12	12	0	12	12	0					0	0	0
	1	0.15	51.6/2 × (0.85)² = 18.6	38	26	19	7	29	12					12	24	19
	2	0.85	51.6 − 51.6/2 × (0.15)² = 51	80	42	51	−9	10	31	0		0	0	31	62	51

续表

桩号	测点号	桩位到相邻点距离	设计正矢计算	正矢累计	现场正矢	设计正矢	正矢差	差累计	半拨量	修正差累计 一次	修正差累计 二次	修正差累计 合计	半拨距修正值	实施半拨	实施全拨	拨后正矢
	3			123	43	51	−8	2	41	−1		−1	0	41	82	52
	4			175	52	52	0	2	43	0		0	−1	42	84	51
	5			205	30	51	−21	−19	45				−1	44	88	51
	6	0.15	51.6−51.6/2×(0.85)²=33	239	34	33	1	−18	26				−1	25	50	33
	7	0.85	51.6/2×(0.15)²=0.6	251	12	1	11	−7	8				−1	7	14	1
	8			258	7	0	7	0	1				−1	0	0	0
	9			1 381	258	258	±38	+45 −44								

4. 附带曲线养护维修规定

(1) 附带曲线半径。为了保证列车安全、平稳和顺利地通过附带曲线，附带曲线半径不得小于连接道岔的导曲线半径，但也不宜大于导曲线半径的 1.5 倍，因为太大后道岔尾端与附带曲线间的夹直线就太短，影响轨距与超高的递减和顺坡。其半径根据道岔号码大小及其列车侧向通过速度的不同而不同，一般情况下，其尾数宜采用 10 的倍数。

(2) 附带曲线为圆曲线，不设缓和曲线。因为附带曲线一般都较短，设置缓和曲线后，圆曲线部分的长度就不能满足不小于 20 m 的规定。

(3) 附带曲线可以设置超高，但超高值不应大于 15 mm，且向两端外的顺坡率不得大于 2‰。

(4) 附带曲线轨距加宽标准与一般曲线相同，并由曲线两端向外按不大于 2‰ 递减。若受条件限制，如道岔后两平行股道线间距较小，夹直线较短时，可按不大于 3‰ 由曲线两端向外递减。

(5) 正线道岔直向行车速度较高，道岔（直向）与曲线之间应有一定长度的直线过渡段,以减小行车时的振动和摇晃,其最小长度不得短于 20 m。站线道岔与曲线或道岔与其连接曲线之间的直线段长度,一般不得短于 7.5 m,在困难条件下或道岔后的两线间距较小时,不得短于 6 m。

(6) 附带曲线应圆顺。一般用 10 m 弦量正矢,其连续正矢差,在到发线应不超过 3 mm,在车场线不超过 4 mm。

3.3 其他道岔

知识要求

3.3.1 交叉

交叉是两条直线轨道在平面位置上相交叉,使机车车辆跨轨运行的设备。根据交叉角度的不同,可分为直角交叉和菱形交叉,由于直角交叉使轮轨冲击力过大且行车不安全,已很少采用,这里介绍菱形交叉。

1. 菱形交叉的构造

一组菱形交叉是由两组同型号的钝角辙叉和两组锐角辙叉构成,其中锐角辙叉的构造与单开道岔中的辙叉基本相同,但角度较大。钝角辙叉的构造可分为固定型钝角辙叉与可动心轨型钝角辙叉。

固定型钝角辙叉又可分为钢轨拼装式和锰钢整铸式,钢轨拼装式是由弯折基本轨、长心轨、短心轨、护轨(或称翼轨)、帮轨及连接零件组成。钝角辙叉与锐角辙叉共同组成固定型菱形交叉,可单独使用(交叉角为 30°、45°、60°等),而更多的是用于交叉渡线,常用号数为 6 号和 4.5 号,与 12 号、9 号单开道岔配套使用。固定型钢轨拼装式钝角辙叉如图 3—26 所示。

固定型钝角辙叉的有害空间,是自心轨实际尖端至辙叉理论尖端(即辙叉长、短心轨工作边的交点)之间的距离。为防止车轮撞击心轨尖轨尖端和脱轨事故,虽然在设计时考虑了尽可能减少有害空间的长度,以及车轮轮缘一端内侧搭在护轨弯折点上,使另一端轮缘搭在心轨实际尖端上,车轮由护轨进入心轨,自行防护。但若维修不当,不能确保菱形轨距和辙叉轮缘槽的宽度,如辙叉轮缘槽太大,就增加了有害空间的长度,降低了车轮的自护能力。

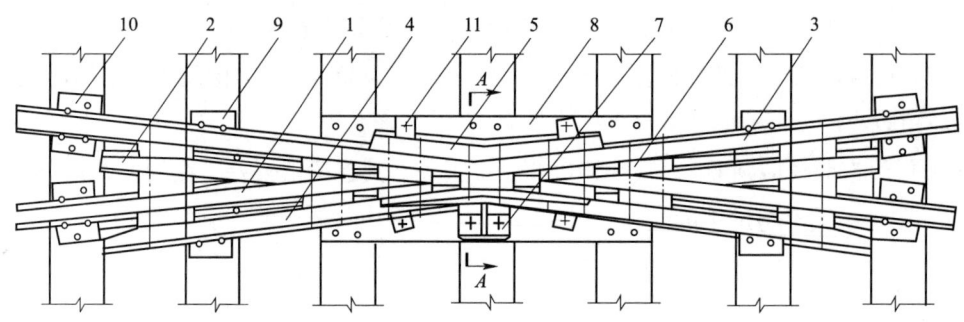

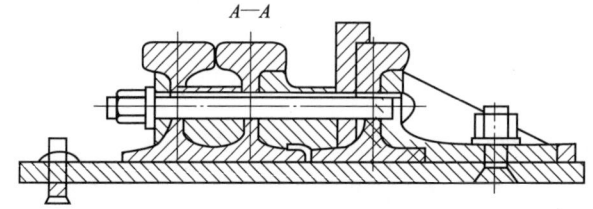

图3—26 固定型钢轨拼装式钝角辙叉

1—长心轨 2—短心轨 3—基本轨 4—护轨 5—精轨 6—间隔铁
7—轨撑 8—大垫板 9—垫板 10—平垫板 11—扣铁

2. 菱形交叉道岔的尺寸

直线形菱形交叉道岔由两组钝角辙叉和两组锐角辙叉组成,如图3—27所示为直线形菱形交叉道岔。

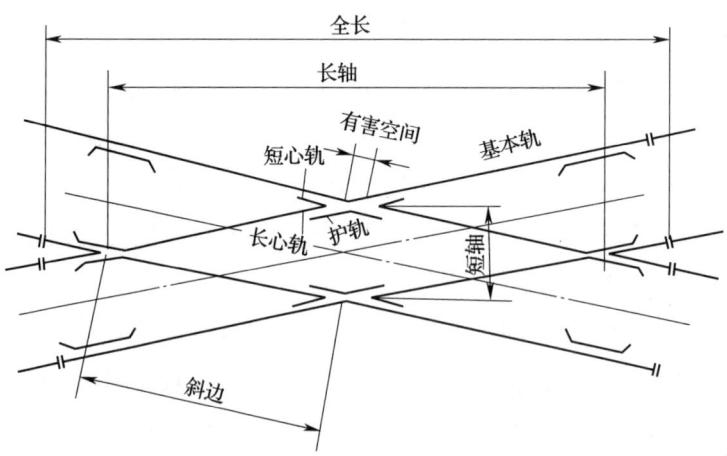

图3—27 直线形菱形交叉道岔

菱形交叉的锐角辙叉号码,就是菱形交叉道岔的号码。菱形交叉的两锐角辙叉的理论尖端之间的距离称为菱形的长轴,两钝角辙叉理论尖端之间的距离称为菱形短轴;

从锐角辙叉理论尖端至钝角辙叉理论尖端的距离称为菱形斜边;菱形交叉的两锐角辙叉跟之间的距离称为菱形交叉的全长。

菱形交叉常用于两条线路的平面交叉,也可用于交分道岔和交叉渡线中。在站场受到地形限制,或为缩短站场长度或缩短咽喉的长度时,常用两个方向相反的渡线连接两平行线路,且把两条线路重叠起来形成交叉渡线,如图3—28所示。

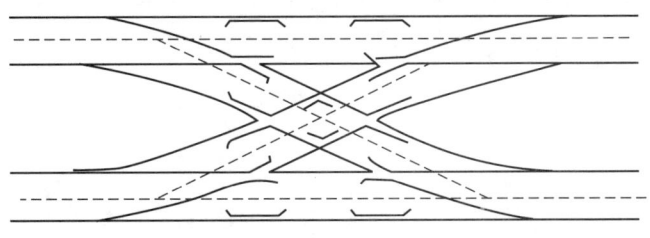

图 3—28 交叉渡线

菱形交叉的钝角辙叉轨距,固定型为 1 440 mm,活动型为 1 435 mm。

3.3.2 复式交分道岔

1. 交分道岔的构造

一组复式交分道岔主要由两组锐角辙叉及护轨、两组双转辙器、两组钝角辙叉及岔枕等组成,如图3—29所示为复式交分道岔。

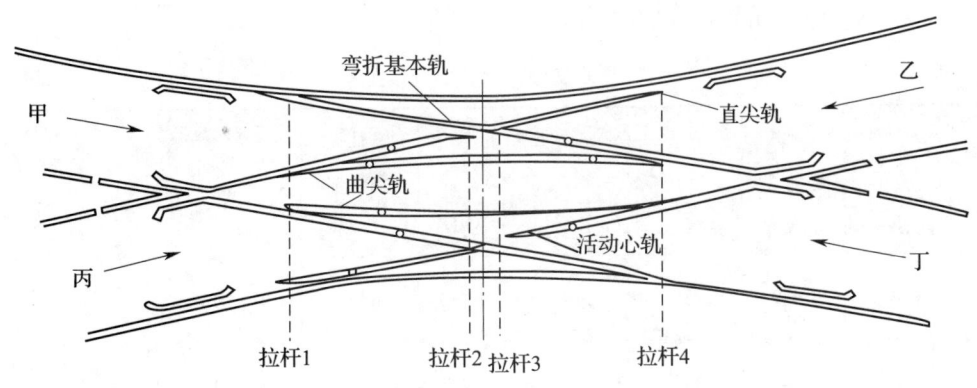

图 3—29 复式交分道岔

双转辙器共分为两组,每组由两根直尖轨、两根曲尖轨、四根基本轨组成。直尖轨和曲尖轨用连接杆(第 1 号或 4 号拉杆)连接在一起,组成一套转辙结构。

钝角辙叉共有两组,每组由两根活动心轨、两根弯折基本轨、两根帮轨、两根扶轨组成。两根活动心轨是用连接杆（第 2 号或 3 号拉杆）连接在一起，可以左右开通。

锐角辙叉也有两组，它的辙叉角号码，就是复式交分道岔的号码。

复式交分道岔能够开通八个方向，每个方向开通时，拉杆的位置见表 3—14。

表 3—14　　　　　复式交分道岔拉杆位置及开通方向表

开通线路	1 号拉杆	2 号拉杆	3 号拉杆	4 号拉杆
甲→丁（或丁→甲）	上	下	上	下
甲→乙（或乙→甲）	下	—	—	下
丙→乙（或乙→丙）	下	上	下	上
丙→丁（或丁→丙）	上	—	—	上

2. 交分道岔的主要尺寸

交分道岔的主要尺寸，除了菱形交叉的长轴、短轴及斜边外，还有锐角辙叉理论尖端至尖轨尖端的距离，菱形短轴上钝角辙叉理论尖端至导曲线中点距离及导曲线半径。

（1）常用的复式交分道岔主要尺寸见表 3—15、表 3—16。

1）复式交分道岔各部分的轨距见表 3—15。

2）复式交分道岔各轮缘槽的尺寸见表 3—16。

表 3—15　　　　　复式交分道岔各部分轨距　　　　　mm

道岔号码	钢轨类型	尖轨尖端轨距	直股				侧股尖轨跟部轨距	菱形短轴		容许误差	
			尖端前		辙跟后			理论	实际	尖端处	其他
			距离	轨距	距离	轨距					
9	43	1 449	2 273	1 435	2 416	1 435	1 450	1 437	1 445.4	±1	+3 −2
	50	1 449	2 273	1 435	2 416	1 435	1 450	1 437	1 445.4	±1	+3 −2
12	43	1 445	2 170	1 435	3 721	1 435	1 445	1 436	1 442	±1	+3 −2
	50	1 445	2 170	1 435	3 721	1 435	1 445	1 436	1 442	±1	+3 −2

表 3—16　　　　　　　　　复式交分道岔各轮缘槽尺寸表　　　　　　　　　mm

道岔号码		9#			12#		
钢轨类型		43	50	60	43	50	60
活动心轨摆度		90	90		80	80	
尖轨动程	曲尖轨	152	152		152	152	
	直尖轨	142	142		142	142	
尖轨跟距	侧外股跟距	139	139		144	144	
	侧内股跟距	153	153		153	153	
对称轴	侧内股到钝角理论尖距离	351	351		338	338	
	侧外股到钝角理论尖距离	338	338		329	329	
护轨槽宽		42~44	42~44	42~44	42~44	42~44	42~44
翼轨槽宽		45~48	45~48	45~48	45~48	45~48	45~48
辙叉咽喉宽		58~68	58~68	58~68	58~69	58~69	58~69
护轨槽宽		≥68	≥68	≥68	≥68	≥68	≥68

（2）复式交分道岔导曲线。复式交分道岔导曲线应保持圆顺，按支距计算确定。导曲线支距是以菱形长轴为基线，短轴与长轴交点为支距起点，向两侧每隔 2 m 设一支距点，支距是从曲导轨的工作边垂直于长对角线的距离，终点支距位置根据尖轨类型不同而不同，如直线尖轨支距点在尖轨跟。如图 3—30 所示为复式交分道岔支距布置图。

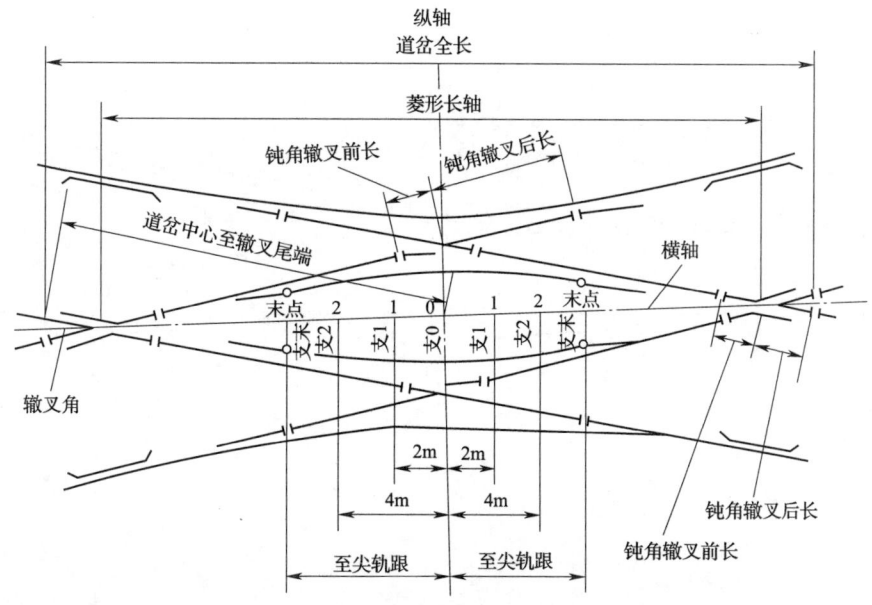

图 3—30　复式交分道岔支距布置图

常用复式交分道岔支距见表3—17。

表3—17　　　　　　　　常用复式交分道岔支距表　　　　　　　　　　　mm

道岔号码	道岔图号	钢轨类型	导曲线支距（容许误差±2）										备注
			1点		2点		3点		4点		5点		
			横距	支距	横距	支距	横距	支距	横距	支距	横距	支距	
9	专线—9957	P60	2 000	414	2 000	561	2 000	730	2 000	921	2 000	1 105	
	城轨230	P60	2 000	338	2 000	523	2 000	677	2 000	852	2 000	1 047	

3.3.3　对称三开道岔

对称三开道岔由一组三开转辙器、一组中间辙叉、两组后端辙叉及其连接钢轨组成。其平面布置形式如图3—31所示。以城轨交通目前采用《上海轨道交通专用道岔及转换设备标准图集》中图号为GJ—030502的60 kg/m钢轨9号对称三开道岔为例。该道岔用于正线车站存车线端部，在确保功能的情况下降低基建成本。

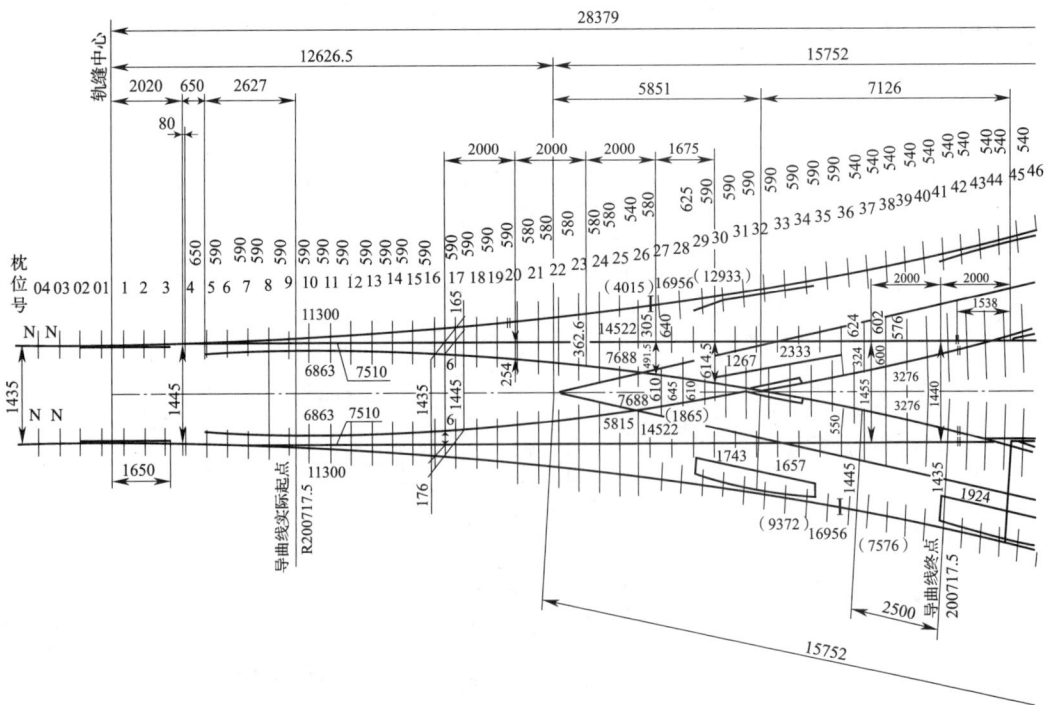

图3—31　对称三开道岔平面布置图

1. 三开道岔的构造特点

(1) 尖轨尖端相对形式为直线尖轨在前。直向尖轨尖端为藏尖式，侧向尖轨尖端为贴尖式。

(2) 尖轨跟端为间隔铁结构（活接头）。

(3) 尖轨设一个牵引点，侧向尖轨动程为 180 mm。

(4) 转辙器基本轨设可调式轨撑，转辙器设置弹片滑床板。

(5) 辙叉采用高锰钢整铸式，中间辙叉为曲线形，后端辙叉为直线形，辙叉下设置铁垫板。后端辙叉为提高安全度，将两侧翼轨平直段向咽喉方向延长 150 mm。

(6) 护轨为分开式，采用 50 kg/m 钢轨制造，护轨顶面高出基本轨顶面 12 mm。

(7) 扣件采用Ⅱ型弹条分开式可调扣件。

(8) 钢轨及高锰钢辙叉下设 10 mm 厚橡胶垫板，铁垫板下设 12 mm 厚橡胶垫板。

2. 三开道岔的几何形位

三开道岔几何形位数据见表 3—18。

3. 几何形位容许偏差值

轨距：+3 mm，-2 mm；水平：±4 mm；尖轨尖轨距：±1 mm；支距：±2 mm；护轨轮缘槽：+3 mm，-1 mm；曲尖轨动程：±5 mm。

表3—18　　　　　三开道岔几何形位数据表　　　　　mm

序号	位置	轨距	查照间隔	护背距离	支距	护轨 开口	护轨 缓冲	护轨 平直	尖轨跟距	尖轨动程
1	前顺坡终点	1 435								
2	防磨护轨作用边间距（平）			1 348		85	70	48		
3	距前顺坡轨缝中心 2 020 mm 尖轨尖	1 445								
4	曲尖轨尖动程									180
5	尖轨跟（直）	1 435								
6	尖轨跟（侧）	1 446								
7	尖轨跟（内）								165	
8	尖轨跟（外）								176	
9	导曲中（直）	1 435								
10	导曲中（侧）	1 445								
11	中间辙叉前（直）	1 435								
12	中间辙叉前（侧）	1 445								

续表

序号	位置	轨距	查照间隔	护背距离	支距	护轨 开口	护轨 缓冲	护轨 平直	尖轨跟距	尖轨动程
13	中间辙叉中（直）心轨宽 20～30 mm	1 435	1 391	1 348						
14	中间辙叉中（侧）心轨宽 20～30 mm	1 445	1 391	1 348		90	70	52		
15	中间辙叉跟（直）	1 435								
16	中间辙叉跟（侧）	1 445								
17	后辙叉理论尖端向前 4 m（直）	1 435								
18	后辙叉理论尖端向前 2 m（直）	1 440								
19	导曲线终点向前 2.5 m（侧）	1 445								
20	导曲线终点（侧）	1 435								
21	后辙叉中轨距（直）	1 440	1 391	1 348						
22	后辙叉中轨距（侧）	1 435	1 391	1 348		80	65	42		
23	后辙叉跟（直）	1 440								
24	后辙叉跟（侧）	1 435								
25	后辙叉跟直股向后 1 500 mm	1 435								
26	尖轨跟				165					
27	距尖轨跟 2 m 处				254					
28	距尖轨跟 4 m 处				362.6					
29	距尖轨跟 6 m 处				491.5					
30	距尖轨跟 7 675 mm 处				614.5					

技能要求

确定道岔后连接曲线"三要素"

操作程序

工具、器具准备齐全；按照现场检查方法，确定辙叉号码；确定道岔后两平行线的线间距；确定道岔后连接曲线的半径；总结测量结果，写明"三要素"。

质量要求

道岔号码测定要准；道岔后两平行线的线间距测定要准；道岔后连接曲线的半径要准；曲线半径计算要精确到毫米；计算半径取整要合理。

本章测试题

一、判断题(将判断结果填入括号中。正确的填"√",错误的填"×")

1. 尖轨是转辙器中的重要部件之一,尖轨是用与基本轨同类型的标准钢轨或特种断面钢轨刨切而成。 (   )

2. 曲线形尖轨多用于大号道岔,左、右开道岔曲线形尖轨可以互换使用。(   )

3. 基本轨垂直磨耗,在正线上超过 4 mm,车场线上超过 6 mm 时,应及时修理或更换。 (   )

4. 道岔导曲线任何情况下皆不设置超高。 (   )

5. 可动心轨式辙叉,是利用心轨可以摆动并与翼轨紧密贴靠的特点,来达到消灭有害空间的一种新型辙叉,这种辙叉直股可以不设护轨。 (   )

6. 护背距离是辙叉心作用面至护轨头部外侧的距离,不得小于 1 391 mm,查照间隔是辙叉翼作用面至护轨头部外侧的距离,不得大于 1 348 mm。 (   )

7. 高锰钢整铸辙叉叉趾、叉跟浇铸断面变化部位斜向或水平裂纹,长度超过 120 mm,或虽未超过 120 mm,但裂纹垂直高度超过 40 mm,可判为重伤。 (   )

8. 道岔全长是从基本轨前端至辙叉尾端的距离。 (   )

9. 道岔尖轨尖端有控制锁时的轨距误差不应超过 ±1 mm。 (   )

10. 道岔尖轨尖端的轨距为 1 435 mm。 (   )

11. 道岔尖轨跟端直向轨距加宽向辙叉方向递减的距离不一定为 1.5 m。 (   )

12. 对口道岔尖轨尖端轨距递减;两尖轨尖端距离不大于 6 m,两尖端处轨距相等时不做递减,不相等时则从较大轨距向较小轨距均匀递减;两尖轨尖端距离大于 6 m 时,则按不大于 6‰的递减率递减,但中间应有不短于 6 m 的相等轨距段。 (   )

13. 道岔轨距作业验收的容许误差为 +3 mm、−2 mm。 (   )

14. 三开道岔曲尖轨的动程为 180 mm。 (   )

15. 道岔转辙机的基本功能是指具有道岔转换器、锁闭器和监督表示器的功能。 (   )

16. ZYJ7 型转辙机安装方式仅为轨枕式一种。 (   )

17. 道岔群内道岔间轨距递减不良和互相间的方向不正,相互影响轨距、方向、水平的不良。 (   )

18. 菱形交叉常用于两条线路的平面交叉，也可用于交分道岔和交叉渡线中。
（ ）

19. 若维修不当，菱形交叉的钝角辙叉部分不能确保菱形轨距和辙叉轮缘槽的宽度，如辙叉轮缘槽太大，就增加了有害空间的长度，减少了车轮的自护能力。（ ）

20. 菱形交叉的锐角辙叉跟与钝角辙叉跟之间的距离为菱形交叉的全长。（ ）

21. 菱形交叉的钝角辙叉号码，就是菱形交叉的号码。（ ）

22. 固定型钝角辙叉的有害空间，是指自心轨实际尖端至辙叉实际尖端（即辙叉长、短心轨工作边的交点）之间的距离。（ ）

23. 两条线路相交，中间增添四副转辙器和两副连接曲线，列车能沿任何一侧由一条线路转入另一条线路，这种道岔叫作复式交分道岔。（ ）

24. 复式交分道岔的号码是锐角辙叉的辙叉角号码。（ ）

25. 当道岔后的两股轨道平行，道岔后的连接曲线称为道岔的附带曲线。（ ）

26. 附带曲线可以设置超高，但超高值不应大于 15 mm，且向两端外的顺坡率不得大于 2‰。（ ）

27. 附带曲线支距，是指直股线路里股钢轨工作边到附带曲线里股工作边的垂直距离。（ ）

28. 当线间距大于 5.2 m 时，连接道岔与直线的曲线不属于附带曲线。（ ）

29. 附带曲线半径可以超出导曲线半径的 1.5 倍。（ ）

30. 城市轨道交通使用的三开对称道岔，其尖轨尖端相对形式为直线尖轨在前。直向尖轨尖端为藏尖式、侧向尖轨为贴尖式。（ ）

31. 城市轨道交通使用的三开对称道岔尖轨跟端为间隔铁结构（活接头）形式。（ ）

32. 三开道岔尖轨前防磨护轨作用边之间距离为大于等于 1 348 mm。（ ）

二、单项选择题（选择一个正确的答案，将相应的字母填入题内的括号中）

1.（ ）是连接两根尖轨，使尖轨形成框架结构的杆件。
A. 轨距拉杆　　B. 绝缘轨距拉杆　　C. 拉杆　　D. 拉杆、连杆

2. 道岔基本轨用（ ）制成，有切底和不切底两种形式。
A. 12.5 m 的标准轨　　　　　　B. 25 m 的标准轨
C. 12.5 m 或 25 m 的标准轨　　D. 非标准轨

3. 道岔导曲线一般不设置超高，为防止反超高的出现，可根据需要设置（ ）mm 的超高，并在导曲线范围内按不大于 2‰坡率顺坡。

A. 12　　　　　B. 6　　　　　C. 10　　　　　D. 8

4. 道岔导曲线一般不设置超高，为防止反超高的出现，可根据需要设置6 mm 的超高，并在导曲线范围内按不大于（　　）‰坡率顺坡。

A. 1　　　　　B. 2　　　　　C. 3　　　　　D. 4

5. 《铁路线路维修规则》规定：护轨平直部分轮缘槽标准宽度为（　　）mm。

A. 48　　　　　B. 42　　　　　C. 50　　　　　D. 46

6. 护轨平直端长度为由咽喉至叉心顶宽为（　　）mm 处之间的距离，两端再附加 100~300 mm。

A. 20　　　　　B. 40　　　　　C. 50　　　　　D. 60

7. 高锰钢整铸辙叉叉趾、叉跟浇铸断面变化部位斜向或水平裂纹，长度超过（　　）mm 可判为重伤。

A. 40　　　　　B. 80　　　　　C. 120　　　　　D. 160

8. 辙叉号数 N 与辙叉角 α 的关系为（　　）。

A. $N = \mathrm{ctg}\alpha$　　　B. $N = \mathrm{tg}\alpha$　　　C. $N = 1/\mathrm{ctg}\alpha$　　　D. $N = \mathrm{tg}1/\alpha$

9. 现场鉴别道岔号数的方法：量出心轨顶面宽为 150 mm 和 250 mm 之间的垂直距离，这个距离是（　　）mm 的几倍，就是几号道岔。

A. 100　　　　　B. 150　　　　　C. 200　　　　　D. 250

10. 道岔号数 $N=9$，辙叉角 $\alpha=$（　　）。

A. $9°27'44''$　　　B. $4°45'49''$　　　C. $8°07'48''$　　　D. $6°20'25''$

11. 从道岔中心至基本轨前端轨缝中心的距离，称为（　　）。

A. 道岔的全长　　　　　　　　　B. 道岔的前长
C. 道岔的后长　　　　　　　　　D. 道岔的中心

12. 普通尖轨放在滑床板的滑床台上，尖轨轨底比基本轨轨底高出（　　）mm。

A. 5　　　　　B. 6　　　　　C. 7　　　　　D. 8

13. 尖轨动程为尖轨非作用边与基本轨作用边之间的拉开距离，规定在距尖轨尖端（　　）mm 的第一连接杆中心处测量。

A. 180　　　　　B. 280　　　　　C. 380　　　　　D. 480

14. 道岔辙叉部分轨距，除个别型号道岔除外，直侧向一般均为（　　）mm。

A. 1 450　　　　　B. 1 439　　　　　C. 1 435　　　　　D. 1 445

15. 道岔尖轨前顺坡终点的轨距为（　　）mm。

A. 1 450　　　　　B. 1 439　　　　　C. 1 435　　　　　D. 1 434

16. 尖轨尖端轨距加宽，按不大于（　　）的递减率向外递减。

　　A. 6‰　　　　　B. 2‰　　　　　C. 6%　　　　　D. 1‰

17. 护背距离是辙叉翼作用面至护轨头部外侧的距离，不得大于（　　）mm。

　　A. 1 391　　　B. 1 348　　　C. 1 491　　　D. 1 448

18. 查照间隔是辙叉心作用面至护轨头部外侧的距离，不得小于（　　）mm。

　　A. 1 391　　　B. 1 348　　　C. 1 491　　　D. 1 448

19. 尖轨设计最小冲击断面一般为轨面宽（　　）mm 处。

　　A. 5～10　　　B. 10～20　　　C. 20～30　　　D. 30～40

20. 从尖轨到辙叉，在较短距离内，不仅（　　）变化多，而且水平递减率也大，列车通过时产生横向摇晃和纵向挤推。

　　A. 轨距　　　B. 轨距变化率　　　C. 水平　　　D. 高低

21. 下列各项中，（　　）不属于转辙部分的病害。

　　A. 尖轨跳动　　　　　　　　　B. 尖轨与基本轨在竖切部分不密贴

　　C. 尖轨爬行　　　　　　　　　D. 岔心裂纹

22. 下列尖轨不密贴的整治方法中，错误的是（　　）。

　　A. 校正连接杆的长度，或调整两尖轨间的距离

　　B. 调整连接转辙机上拉杆的调整螺母，达到标准要求

　　C. 更换尖轨

　　D. 整修过长或过短的顶铁

23. 道岔导曲线部分钢轨接头为（　　）布置，增加了车轮通过时的单股撞击，使列车摇晃加剧，增加了对轨道的破坏。

　　A. 对接　　　B. 错接　　　C. 交叉　　　D. 不均匀

24. 道岔导曲线病害整治办法有在外股钢轨设置具有（　　）轨底坡的铁垫板，但要做好顺坡递减。

　　A. 1/10　　　B. 1/20　　　C. 1/30　　　D. 1/40

25. 道岔导曲线病害整治办法有在直股基本轨与导曲线上股之间加设特制的短轨距杆，以便稳固地保持（　　）的正确。

　　A. 轨距和水平　　　B. 水平和高低　　　C. 水平和支距　　　D. 轨距和支距

26. 车轮通过辙叉心轨部分的次数是通过两股主轨次数的（　　）。

　　A. 总和　　　B. 2 倍　　　C. 3 倍　　　D. 4 倍

27. 由于辙叉存在着（　　），车轮从翼轨过渡到心轨时，不仅横向摇晃增大，竖

向锤击也很严重。

  A. 高差   B. 公差   C. 有害空间 D. 有害结构

28. （　　）不是辙叉常见病害。

  A. 转辙器拉杆弯曲   B. 心轨磨耗折损

  C. 辙叉下沉   D. 查照间隔和护背距离不能保持

29. 辙叉部分病害可在辙叉趾端和跟端与前后引轨处安设（　　），加强接头的相互作用的方法进行防治。

  A. 轨距拉杆 B. 冻结接头 C. 桥形垫板 D. 轨撑

30. 道岔群内道岔间（　　）和互相间的方向不正，相互影响轨距、方向、水平的不良。

  A. 水平递减不良 B. 轨距递减不良 C. 水平不良 D. 轨距不良

31. 道岔整体病害防治时，应加强道岔及其前后（　　）m 范围内的线路锁定工作。

  A. 50   B. 75   C. 100   D. 125

32. 道岔整体病害防治时，应以道岔前后各（　　）m 范围左右的直股为基准，拨正道岔的大方向，使道岔铺设位置正确。

  A. 50   B. 75   C. 100   D. 125

33. 菱形交叉中的锐角辙叉及护轨的构造与（　　）相同。

  A. 单开道岔 B. 对称道岔 C. 复式道岔 D. 渡线

34. 菱形交叉的钝角辙叉轨距，固定型为（　　）mm。

  A. 1 435   B. 1 450   C. 1 456   D. 1 440

35. 一组复式交分道岔主要由（　　）、两组双转辙器、两组钝角辙叉及岔枕等组成。

  A. 一组锐角辙叉及护轨   B. 两组护轨

  C. 一组钝角辙叉   D. 两组锐角辙叉及护轨

36. 一组复式交分道岔双转辙器共有两组，每组由两根直尖轨、两根曲尖轨、（　　）根基本轨组成。

  A. 两   B. 四   C. 六   D. 八

37. 城市轨道交通常用复式交分道岔导曲线支距容许误差为（　　）mm。

  A. ±1   B. ±2   C. ±3   D. ±4

38. 附带曲线可以设置超高，但超高值不应大于（　　）mm，且向两端外的顺坡率不得大于2‰。

A. 5　　　　　B. 10　　　　　C. 15　　　　　D. 20

39. 附带曲线连续正矢差在车场线不超过（　　）mm。

A. 2　　　　　B. 4　　　　　C. 6　　　　　D. 8

40. 对称三开道岔由一组三开转辙器、一组（　　）辙叉、两组后端辙叉及其连接钢轨组成。

A. 钝角　　　　B. 辙前　　　　C. 中间　　　　D. 菱形交叉

41. 三开道岔后端辙叉为提高安全度，将两侧翼轨平直段向咽喉方向延长（　　）mm。

A. 150　　　　B. 180　　　　C. 250　　　　D. 300

42. 三开道岔中间辙叉侧护轨轮缘槽宽度为（　　）mm。

A. 42　　　　　B. 47　　　　　C. 57　　　　　D. 52

43. 三开道岔后辙叉直股理论尖端向前（　　）m 轨距为 1 440 mm，向前 4 m 处轨距为 1 435 mm。

A. 1　　　　　B. 3　　　　　C. 2　　　　　D. 1.5

44. 转辙机应由动力、传动、（　　）和锁闭等部分构成。

A. 挤切销　　　B. 表示　　　　C. 拉杆　　　　D. 接头铁

45. （　　）一旦进入锁闭状态，当列车通过道岔产生冲击时，侧向冲击力基本传不到转换设备上，有利于延长转辙机及各类转换部件的使用寿命。

A. 电动握柄　　B. 手动握柄　　C. 外锁闭装置　D. 内锁闭装置

本章测试题答案

一、判断题

1. √　2. ×　3. ×　4. ×　5. √　6. ×　7. √　8. ×
9. √　10. ×　11. √　12. √　13. √　14. √　15. √　16. ×
17. √　18. √　19. √　20. ×　21. √　22. ×　23. √　24. √
25. ×　26. √　27. ×　28. √　29. ×　30. √　31. √　32. ×

二、单选题

1. D　2. C　3. B　4. B　5. B　6. C　7. C　8. A

9. A	10. D	11. B	12. B	13. C	14. C	15. C	16. A
17. B	18. A	19. B	20. A	21. D	22. C	23. B	24. B
25. D	26. A	27. C	28. A	29. C	30. B	31. B	32. A
33. A	34. D	35. D	36. B	37. B	38. C	39. B	40. C
41. A	42. D	43. C	44. B	45. C			

第 4 章

无缝线路

学习目标

- ☑ 掌握无缝线路温度力、温度应力、各类阻力及温度力分布规律的基本知识。
- ☑ 掌握无缝线路应力放散的原理、原因及施工作业。
- ☑ 掌握无缝线路伸缩调节器的类型、结构和相关技术规定。

4.1 无缝线路的基本原理

知识要求

4.1.1 温度力及温度应力

1. 基本概念

无缝线路，当轨温变化时，由于钢轨被锁定，无法伸缩，于是在钢轨内部产生内力，这种由于轨温变化而产生的内力，称为温度力。温度力的单位为 N、kN。

单位断面上的温度力，称为温度应力。温度应力的单位为 N/cm^2。

一根可自由伸缩的钢轨，当轨温变化时，其伸缩量为：

$$\Delta L = \alpha \cdot L \cdot \Delta t$$

式中　ΔL——伸缩量，mm；

　　　α——钢轨的线膨胀系数，取 $11.8 \cdot 10^{-8}/℃$，即每米钢轨当轨温变化1℃时钢轨伸缩 0.000 011 8 m；

　　　L——钢轨长度，m；

　　　Δt——轨温变化幅度，℃。

根据胡克定律，温度应力为：

$$\sigma_t = E \cdot \varepsilon = E \cdot \Delta L/L = E \cdot \alpha \cdot L \cdot \Delta t/L = E \cdot \alpha \cdot \Delta t$$

式中　σ_t——温度应力；

E——钢的弹性模量，$E = 20.58 \times 10^4$ MPa；

ε——钢的温度应变。

由上式不难看出，温度应力仅与轨温变化幅度有关，而与钢轨本身的长度无关，也就是说，钢轨可任意增长而不影响其内部的温度应力值，这就是铺设无缝线路的理论根据。

从理论上讲，无缝线路可以无限长，但早期的无缝线路，由于施工、管理技术水平的限制以及施工封锁时间短等因素，一般以一个自动闭塞区间长度来考虑，长度为 1 000～2 000 m。

既然无缝线路比普通线路具有行车平稳、减少接头病害、延长设备使用寿命等优点，同时又可以找到无缝线路能够无限长的理论依据，那么，积极探索无缝线路的施工技术，不断延长无缝线路的长度必然成为现代轨道交通发展的方向。

无缝线路的发展经历了三大阶段：

第一阶段为一般无缝线路，1～2 千米长度，每段无缝线路作为一个行车信号的闭塞区段，两端设置缓冲区，并装有信号设备。

第二阶段为超长无缝线路，将一般无缝线路进一步焊接相连成数千米长度，大大减少了缓冲区的短轨接头。

第三阶段为特长无缝线路，国家铁路为了提速的需要，将无缝线路与道岔直接焊接，消灭了其中的缓冲区，形成了几十千米甚至几百千米长度的无缝线路，这是近年来国家铁路无缝线路施工技术的新突破。

城市地铁，由于受市区站间距离短、小半径曲线多、运行速度低等因素的限制，目前还没有完全采取全面焊接的方案，根据城市地铁的特点，每 3 个车站左右的距离设置一处折返线，并铺设道岔和存车线，在无缝线路与道岔之间仍然采取铺设缓冲区的形式。

无论是国家铁路还是城市轨道，正线与车场线路接轨部位，仍然要设置绝缘接头和缓冲区。

高架桥梁上的轨道，在无缝线路与道岔之间，加设了伸缩调节器，来解决长轨条的伸缩。

2．温度力的计算

一根钢轨全断面所受的温度力为：

$$P_t = \sigma \cdot F = E \cdot \alpha \cdot \Delta t \cdot F$$
$$= 25 \Delta t \cdot F$$

式中 F——钢轨断面积，cm^2，可以查阅钢轨断面表。

通过计算，在轨温变化1℃时，一股钢轨要承受的拉力或压力见表4—1。

表4—1　　　　　　　　　　　轨温变化1℃时钢轨承受力

钢轨类型（kg/m^2）	每米质量	断面积（cm^2）	每变化1℃时的内部应力（kN）
50	51.51	65.80	15.98
60	60.35	77.45	18.80

既然降低钢轨内应力的关键在于控制轨温变化幅度，那么，不能在任意条件下锁定无缝线路。如轨温锁定过高，严冬季节轨温最低时，拉应力过大，容易发生断轨；反过来，轨温锁定过低，炎夏轨温最高时，压应力过大，容易发生胀轨跑道。理论上，铺设无缝线路时的锁定轨温应该取本地区的中间轨温。但由于断轨与胀轨跑道两者比较，胀轨跑道具有更大的威胁，所以一般情况下，铺设无缝线路时的锁定轨温通常略高于本地区的中间轨温。

3．钢轨温度及锁定轨温

（1）钢轨的温度。随着气温的变化，轨温也随之变化，轨温与气温的关系受当地的地形、风速、季节、天气等影响。

在夏季，由于太阳辐射热的作用，一般轨温比气温高10～20℃，在冬季，气温较低，气温与轨温大致相同。设计无缝线路时，一般规定，最高轨温等于气温加20℃，最低轨温等于最低气温。

线路上的钢轨由于背阴状况、太阳直射与否等的影响，轨顶、轨腰和轨底的温度可能都有差别，同一股钢轨不同位置也有不同，因此，在测量轨温时，要多测几个位置，然后取其平均值。

全国各地历年最高、最低及中间轨温见表4—2。

表4—2　　　　　　　　　　　各地钢轨温度　　　　　　　　　　　℃

地名	最高轨温	最低轨温	地名	最高轨温	最低轨温
北京	62.6	-22.8	呼和浩特	58.0	-36.2
天津	65.0	-22.9	郑州	63.0	-17.9
石家庄	62.7	5-26.5	武汉	61.0	-17.5
太原	61.4	-29.5	长沙	63.0	-9.5

续表

地名	最高轨温	最低轨温	地名	最高轨温	最低轨温
广州	58.7	-0.3	合肥	61.0	-20.6
昆明	52.3	-5.4	济南	62.5	-19.7
贵阳	59.5	-9.5	西安	65.2	-20.6
南宁	60.4	-2.1	兰州	59.1	-23.3
成都	60.1	-4.6	西宁	52.4	-26.6
南昌	60.6	-7.7	银川	59.5	-30.6
衡阳	61.3	-7.0	乌鲁木齐	60.7	-41.5
牡丹江	57.5	-45.2	沈阳	59.3	-33.1
嫩江	58.1	-47.3	大连	56.1	-19.9
上海	60.3	-12.1	长春	59.5	-36.5
杭州	62.1	-10.5	哈尔滨	59.1	-41.4
福州	59.8	-2.5	齐齐哈尔	57.5	-39.5
南京	63.0	-14.0	青岛	56.6	-20.0

由于大自然气候变化的影响，表4—2关于轨温的历史资料只能作为参考。

(2) 锁定轨温。在无缝线路长轨条始端至终端全部落槽的条件下，将两端钢轨接头连接零件和所有扣件全部紧固的过程称为锁定。

无缝线路长轨条在锁定的过程中所测得的轨温，称为锁定轨温。

由于长轨条全部锁定的操作有一个时间过程，所以，铺设无缝线路时，把扣件开始紧固至紧固结束，分三次测量轨温，取平均值作为锁定轨温。

当长轨条锁定时，实测轨温就基本是锁定轨温，此时钢轨完全处于自由状态，既没有受到拉力，也没有受到压力，钢轨内部的内应力为零。因此，对锁定轨温也可以这样描述：

无缝线路的锁定轨温是指长轨条温度应力状态为零时的轨温，或称零应力轨温。

无缝线路长轨条，不是在任何轨温条件下都能够锁定的，为防止长轨条在严冬季节不出现过大的拉应力，在炎夏季节不出现过大的压应力而危害设备安全，无缝线路的锁定轨温必须按照温度力的原理进行设计，通常取当地的中间轨温作为锁定轨温的设计值。

铺设无缝线路时，传统的施工方法是在一切准备工作完全就绪的情况下，等待轨温的变化，当轨温达到或接近设计锁定轨温时进行立即锁定。这种方法固然可行，但常常受到自然条件的限制。气温的变化无常，导致轨温的变化无常，锁定轨温的时机必然受到极大的影响。

现代轨道施工，一般采取拉伸锁定法。

在施工轨温低于设计锁定轨温时，可以计算其温差，然后计算本长轨条在获得此温差后的伸长量，这样，就不需要等待设计轨温时间的到来，而是通过机械手段，将长轨条强行拉伸至计划长度而进行锁定。因为等待长轨条温升后的伸长量与人为强行拉伸时的伸长量是等值，因此完全可以认为，此时钢轨的锁定轨温就是设计锁定轨温。

根据这样的施工方法，只要是在施工轨温低于设计轨温的任何季节，或一个工作日的任何时间，都可以通过拉伸法对无缝线路进行锁定，可以大大提高施工效率。

当然，当施工轨温高于设计轨温时，这种方法是不行的，必须择日进行。

拉伸锁定法应使用滚筒将全线钢轨架起，然后进行拉伸，这样，整个长轨条内部的应力完全均匀，拉伸的长度是严格按照设计轨温进行计算的，从而，锁定轨温相对比传统法施工准确。

由于胀轨的威胁远远大于断轨的威胁，所以，无缝线路必须锁定在中间轨温略高的范围。有的设计部门，把无缝线路的设计轨温确定在 20~24℃，实际上是很不安全的。各地钢轨温度见表 4—2。

超长无缝线路的锁定是一个难题，但完全可以剖析超长无缝线路形成的过程，从而制定分步锁定的办法。

第一步：根据长轨列车的条件，通过工厂焊接或基地焊接的方式，将 25 m 标准轨焊接成 100~250 m 的长轨条。

第二步：将长轨条运往长轨列车运卸现场，使用工地小型气压焊的方式，将长轨条焊接。

第三步：以每千米长度划分为一个轨节单元，按工地焊接的进度，每单元轨节进行拉伸锁定。

4.1.2 阻力

无缝线路锁定后，长轨条两端由于温度变化而引起的伸缩量受到限制，这种阻止钢轨伸缩位移的力就是轨道阻力，包括接头阻力、道床纵向阻力及扣件阻力三种。

1. 接头阻力

接头阻力由钢轨与夹板之间的摩阻力和螺栓的抗弯、抗剪力提供。为考虑安全度，接头阻力只计算摩阻力。螺栓的拧紧程度是保持接头阻力的关键。接头阻力必须达到表4—3的规定：

一级螺栓的扭矩应不低于980 N·m，二级螺栓的扭矩应不低于680 N·m，三级螺栓的扭矩应不低于440 N·m。

列车通过钢轨接头时产生的振动，会使扭矩下降，接头阻力也相应降低。所以，要定期检查扭矩，重新拧紧螺栓，以保持接头阻力值。各种螺栓的接头阻力见表4—3。

表4—3　　　　　　　　　各种螺栓的接头阻力

螺栓级别及强度		螺杆所受拉力 (kN)		六孔夹板接头阻力 R (kN)	
级别	屈服强度 (MPa)	$\phi24$ mm	$\phi22$ mm	$\phi24$ mm	$\phi22$ mm
一	686	216	186	588	—
二	490	157	137	392	—
三	274	88	78	264	234

2. 道床纵向阻力

道床抵抗轨枕纵向移动的阻力，称为道床纵向阻力。道床纵向阻力受道砟材质、颗粒大小、道床断面、密实程度、脏污程度、轨道框架结构等因素的影响。道床阻力表示方式为每根轨枕为单位或每延长厘米轨道为单位。阻力值见表4—4。

表4—4　　　　　　　　　道床阻力

线路特征	每根轨枕道床纵向阻力 R (N)	一股钢轨下道床纵向阻力 P (N/cm)	
		1 840 根 (km)	1 根 1 760 (km)
木枕	6 865	63	60
混凝土枕	9 806	90	85

道床的纵向阻力与道床的丰满程度和道床的密实程度有关，既要保证道床的几何尺寸符合设计规定，又要加强道床的密实程度，才能确保其阻力达到要求。

3. 扣件阻力

扣件阻力必须大于道床纵向阻力，否则，钢轨将沿轨枕移动。对混凝土轨枕来说，要求其中间扣件的扭矩保持在 80~120 N·m。扣件阻力也随着列车的反复碾压而逐渐下降,因此,要进行周期性的检查与回紧。

各种中间扣件和防爬设备抵抗钢轨纵向位移的阻力,称为扣件阻力。各种扣件阻力的参考值见表 4—5。

表 4—5 扣件阻力

名称	单位	阻力（kN）
混凝土轨枕扣件	每根轨枕	5.9
"K"分开式扣件	每根轨枕	14.7
普通道钉	每根轨枕	0.04

以上介绍了轨道的三种阻力,必须说明的是,无论是接头阻力、道床阻力还是扣件阻力,它们都不是主动力而是被动力,根据作用力与反作用力的原理,这些阻力随着温度力的变化而变化,它们的总和与温度力大小相等,而方向相反,当轨温与锁定轨温相等时,各种阻力也随之消失。线路构件在某一状态下的阻力大小与它能提供多大的阻力是两个概念。当温度力突破构件所能提供的最大阻力时,轨道的结构便发生位移或变形。

4.1.3 无缝线路温度力的分布规律

无缝线路通常由一根长轨条和两端 2~4 根标准短轨组成,如图 4—1 所示。两端短轨区的设置主要是为长轨条提供一定的伸缩量,称为缓冲区,长轨条的中部一般不进行伸缩,称为固定区,长轨条两端一定范围内,钢轨随轨温的变化而伸缩,称为伸缩区。

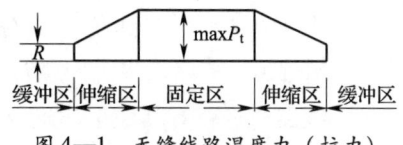

图 4—1 无缝线路温度力（拉力）

温度力沿长轨条的纵向分布,可以用温度力分布图来表示,如图 4—1 所示。其中横坐标表示钢轨长度,纵坐标表示温度力的大小（拉力为正,压力为负）。

如图 4—1 所示为长轨条在承受最大拉力时其内应力的分布状况,可以看出,固定区温度力最大,由伸缩区至缓冲区,由于轨缝的变化和轨枕的位移,温度力得到一定量的释放。这样,无缝线路的温度力图呈现出梯形的特征。

当轨温逐渐升高时,温度力图上各点位的纵坐标下移,图形趋于扁平,当轨温升高至锁定轨温时,图形为一条和横坐标轴重合的直线,当轨温继续升高时,温度力图是在横坐标轴以下的倒梯形,如图 4—1 所示。

4.2 无缝线路应力调整与应力放散

4.2.1 应力放散

在允许设计锁定轨温范围内,将无缝线路全长的扣件、防爬器全部松开,采用一定措施使钢轨伸缩,当达到预计伸缩量时,将线路重新锁定,这就是无缝线路应力放散。

1. 应力放散的原因分析

(1) 实际锁定轨温不在设计锁定轨温范围以内,或左右股长轨条的实际锁定轨温相差超过5℃。

(2) 锁定轨温不清楚或不准确。

(3) 跨区间和全区间无缝线路的两相邻单元轨条的锁定轨温差超过5℃;同一区间内单元轨条的最低、最高锁定轨温差超过10℃。

(4) 无缝线路铺设时的条件不成熟,必须在铺设后组织应力放散。

(5) 铺设或维修作业方法不当,使长轨条产生不正常的伸缩。

(6) 固定区和无缝道岔出现严重的不均匀位移。

(7) 夏季线路轨向严重不良,碎弯多。

(8) 由于养护不当,线路的三大阻力接头阻力、道床阻力、扣件阻力不能与轨道的温度力相抗衡,线路发生纵向爬行。

(9) 线路附近,有其他土建施工,使线路的路基发生扰动。

(10) 在不同的气候条件下,多次焊接处理零星伤轨,而客观条件未能及时调整。

(11) 通过测试,发现温度力分布严重不均匀。

(12) 因处理线路故障或施工改变了原锁定轨温。

(13) 低温铺设长轨条时,拉伸不到位或拉伸不均匀。

(14) 线路轨向应经常保持良好,对钢轨硬弯,应及时矫直。

(15) 钢轨长期运行疲劳而发生微量塑性变形,通常称应力损失。

无缝线路伸缩调节器要设置观测器,应用先进技术观测长轨条端部的位移。

以上原因都造成了设计锁定轨温与现场实际不符的情况,使得真正的锁定轨温不明，对于以后的养护维修作业没有准确的技术资料可以遵循，是一个极大的隐患。因此，必须进行应力放散。

还有一种情况，锁定轨温是正确的，技术资料也是齐全的，但要在特定的气候条件下，进行与轨道全断面有关的重大施工，此时，也必须先进行应力放散，重大施工结束后，还需再进行一次应力放散。

应力放散的方式很多，而其中应用最多的是拉伸法，其他如滚筒法、撞轨法等，都是拉伸法作业过程中的配套措施。

2．应力放散计算原理

（1）放散量计算：

$$\Delta L = \alpha \cdot (T_{锁} - T_{原}) \cdot L$$

（2）缓冲区预留轨缝计算：

$$\delta = 0.0118(T_{max} - T)L - C \quad （前面钢轨连接部分已介绍）$$

计算结果必须满足：$3.3 \angle \delta \angle 8.1$

（3）锯轨量计算：

$$K = \Delta L + \sum a - \sum b$$

式中 K——锯轨量，mm；

ΔL——放散量，mm；

$\sum a$——缓冲区计划预留轨缝总和，mm；

$\sum b$——放散前原有轨缝总和，mm。

以上计算可以提前通过内业完成，但当原轨温不明时，只能在现场计算，首先让钢轨自由回缩，必要时使用撞轨器回撞，当轨条回缩稳定后，实测轨温作为原始轨温，然后进行系列的计算。

3．应力放散作业

（1）线路调查。其中包括调查测量长钢轨全长，调查原锁定轨温及变化情况，调查缓冲区短轨配置及短轨长度、轨缝、接头相错量等。还要调查绝缘接头、铝热焊缝、道口、桥梁、曲线等应力放散的影响。

（2）施工前准备

1）根据调查资料绘制平面示意图，进行放散前的策划，确定放散方案，明确向一端放散，还是向两端放散，确定设计轨温或模拟锁定轨温。

2）计算总放散量：

$$总放散量 = 0.0118 \times 放散长度 \times (计划轨温 - 原锁定轨温)$$

计算观察点放散量：

$$观察点放散量 = \frac{总放散量}{观察点数} \times 观察点号数$$

3）根据放散量对缓冲区进行配轨。

4）现场准备。按每百米长度确定测点，按放散方向顺序进行测点编号，每个测点做好放散位移观测线。

根据缓冲区配轨计划锯轨、钻孔，运至工地并安放对位。确定拉轨器位置，做好醒目标记。

（3）应力放散作业

1）预备作业。其中包括固定段拧紧螺栓，散布滚筒，一隔一松拆扣件，拆除防爬设备及其他障碍物；运卸拉轨器、轨卡，松拆剩余扣件，安装滚筒；龙口作业人员拆卸接头螺栓，更换调整轨，拧紧螺栓，安装拉伸器。

2）拉伸作业。一切准备工作就绪后，由施工负责人向工地统一布置拉伸开始；各撞轨器必须密切配合拉伸器，进行撞轨；松拆扣件人员可转入第二股钢轨松拆扣件；各测点观测人员必须通过报话机向施工负责人汇报测点位移情况；各测点计划位移量到位后，由施工负责人统一发布第一股拉伸结束。

3）恢复作业。全体作业人员必须立即进行一隔一扣件安装，拧紧第一股钢轨的扣件。第一股钢轨一隔一扣件拧紧后，拆除拉伸器。按同样方法，拉伸另一股钢轨。所有作业人员，全面恢复线路，并达到规定要求。做好锁定轨温标记及爬行观测栓标记。经检查，确认线路无超限方可离开工地。

4.2.2 无缝线路应力调整

应力调整，实际上是局部性的应力放散，当长轨条两端未发生爬行，而中间出现应力不均时，可以将两端固定，将应力不均部位的扣件松拆，采用滚筒法和撞轨法相结合，振动后，使钢轨内应力在有限的范围内进行调整。

4.2.3 无缝线路有关规定

温度应力式无缝线路，固定区长度不得短于50 m。伸缩区长度根据年钢轨温差幅值、道床纵向阻力、钢轨接头阻力等参数计算确定，一般为50～100 m。缓冲区一般由2～4节标准轨（含厂制缩短轨）组成，普通绝缘接头为4节，采用胶接绝缘接头时，可将胶接绝缘钢轨插在2节或4节标准轨中间。缓冲区钢轨接头必须使用 10.9 级螺栓，扭矩应保持为 700~900 N·m，绝缘接头轨缝不得小于 6 mm。

变更无缝线路原设计结构或部分拆除时，必须有经上级有关部门批准的技术文件。

无缝线路应设置位移观测桩，两端伸缩区各三对，从长轨条头部开始每 100 m 一对，长轨条中部一对。固定区较长时，可适当增加对数。

跨区间和全区间无缝线路，单元轨条长度大于 1 200 m 时，设置七对位移观测桩（单元轨条起、讫点，距单元轨条起、讫点 100 m 及 400 m 和单元轨条中点各设置一对）；单元轨条长度不大于 1 200 m 时，设置六对位移观测桩（单元轨条起、讫点，距单元轨条起、讫点 100 m 及 400 m 各设置一对）。

位移观测桩必须预先埋设牢固，在长轨条就位后，或应力放散拉伸到位后，立即做好标记，标记应清晰、明显、可靠。

跨区间及全区间无缝线路的维修管理，以一次铺设锁定的轨条长度为管理单元，无缝道岔以单组或相邻多组一次锁定的道岔及其间线路为管理单元。

应积极采用钢轨测标测量无缝线路锁定轨温技术，钢轨测标每 50 m 或 100 m 设一处。

长轨条及道岔内的焊缝部位要保持平直，出现凸凹应打磨、焊补。用 1 m 直尺测量，工作边矢度不得大于 0.5 mm。

联合接头不得设置在道口、桥台、桥墩上及不作单独设计的桥上，距桥台边墙不小于 2 m。位于中跨度桥上的联合接头应布置在 1/4~1/2 桥跨处，并避开边跨；在大跨度桥上，应远离纵梁断开处。铝热焊缝距轨枕边不得小于 40 mm。

跨区间无缝线路内铺设的道岔必须设在固定区。跨区间和全区间无缝线路和无缝道岔上的绝缘接头必须采用胶接绝缘钢轨。

4.3 无缝线路伸缩调节器

知识要求

4.3.1 伸缩调节器概述

轨道铺设在特大型钢筋混凝土桥的桥面上，无缝线路巨大的温度应力会通过线路扣件传递给桥梁，从而对桥梁结构的稳定产生一定的影响。尤其是在高温季节，钢轨受热膨胀而不能伸缩，内部产生巨大的压应力，传递给桥梁的是反作用力——拉应力。

对于钢筋混凝土结构，威胁性最大的就是拉应力。为避免无缝线路温度力给桥梁带来毁坏性的影响，通常，特大高架桥面上铺设超长轨节无缝线路时，应在适当的部位设置伸缩调节器。

伸缩调节器由一对基本轨和一对尖轨组成，通过扣件固定，但在线路纵向的方向上，基本轨与尖轨两者之间，能够进行相对位移，当轨温发生变化时，无缝线路的伸缩区即推（或拉）动调节器伸缩，这样，钢轨位移的发生，使无缝线路的温度力得到一定量的释放，大大降低了其对桥梁的影响。

伸缩调节器有单向伸缩与双向伸缩两种。

1. 单向伸缩调节器（见图4—2）

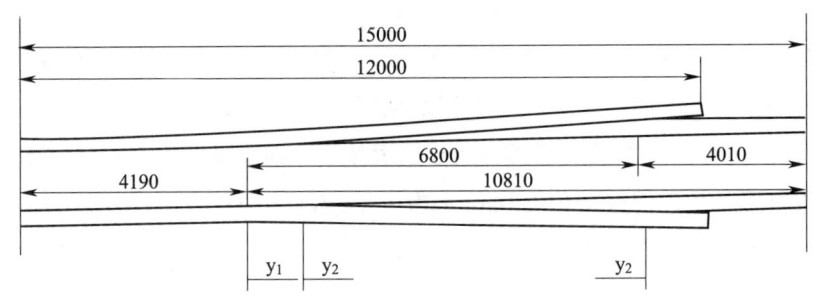

图4—2 单向伸缩调节器

2. 双向伸缩调节器（见图4—3）

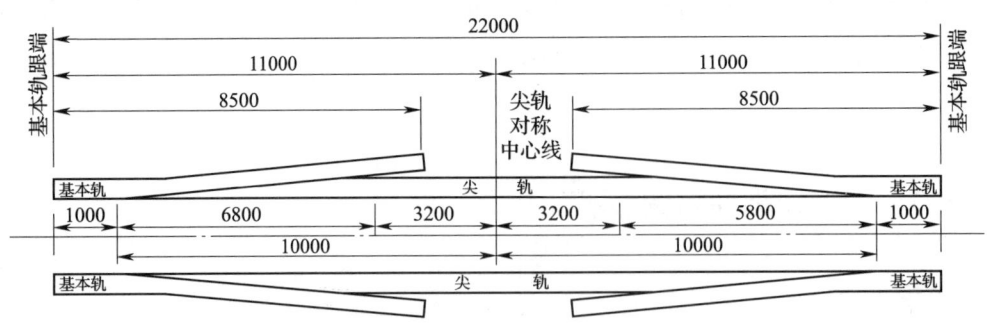

图4—3 双向伸缩调节器

4.3.2 伸缩调节器的结构

伸缩调节器设计如图4—4所示。

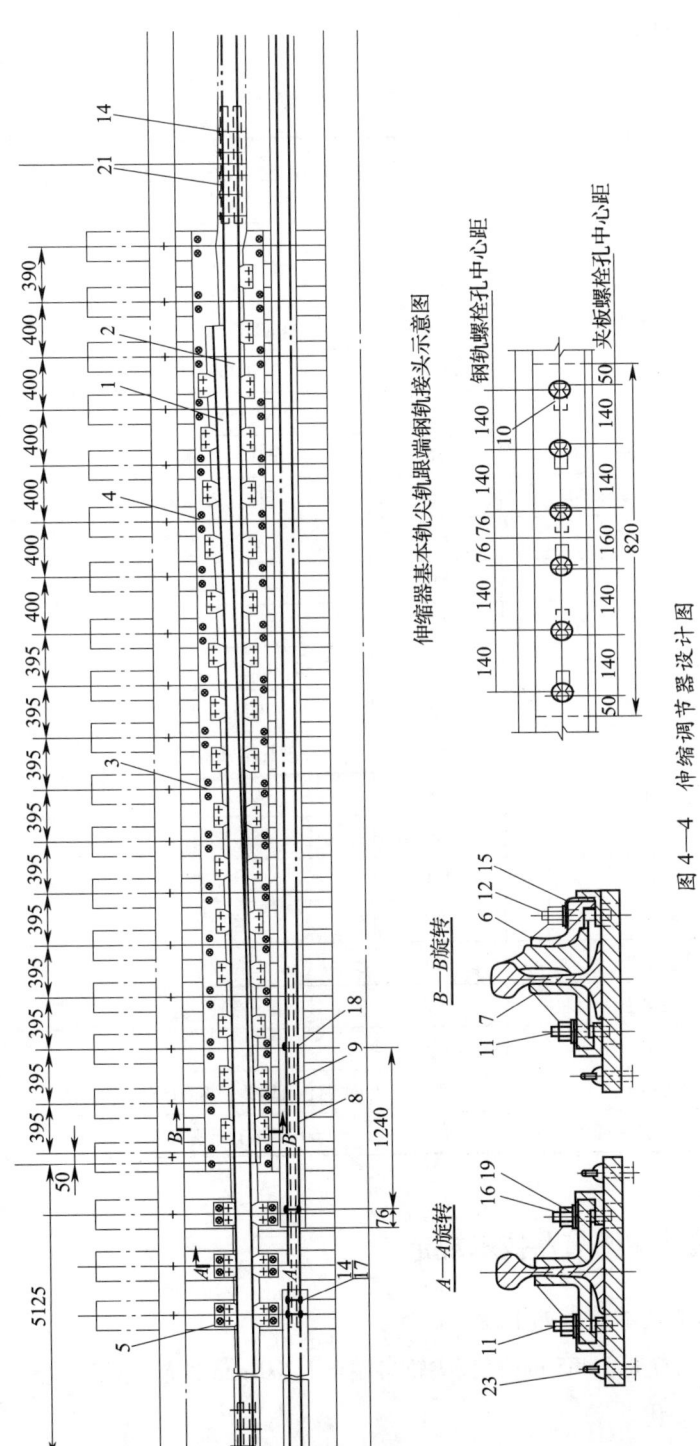

图 4—4 伸缩调节器设计图

伸缩调节器零配件见表4—6。

表4—6　　　　　　无缝线路伸缩调节器零配件

序号	名称	数量	材料	单件质量（kg）
1	基本轨	左右各一	PD3	727.7
2	尖轨	左右各一	U71Mn	886.4
3	钢垫板	28块	A3FB3F	24.7
4	尖轨轨撑（1）	2块	KTH350-10	5.3
5	尖轨轨撑（2）	26块	KTH350-10	5.3
6	基本轨轨撑	28块	KTH350-10	12.2
7	轨撑螺栓 M22×120	56	低碳马氏体钢	0.55
8	轨撑螺栓 M22×100	56	低碳马氏体钢	0.55
9	螺母 M22	112	低碳马氏体钢	0.11
10	调整片	50	尼龙6	0.0711
11	调整片	50	尼龙6	0.204
12	弹簧垫圈（双圈）	112	55 Si2 Mn 或（YB）8-59	0.097
13	锚固螺栓	56	Q235-A	1.109
14	绝缘套管	56	玻纤增强聚酰胺	0.24
15	弹簧垫圈30	56	60 Si2 Mn	0.045
16	方垫圈	56	45、35 钢	0.164
17	垫圈22	224	45、35 钢	0.039
18	绝缘缓冲垫板	28	橡胶	0.723
19	橡胶垫板	28	橡胶	1.534
20	调高垫板		橡胶	
21	WJ-2 型扣件	16组		
22	尖轨垫板	8	铁黑心可锻铸铁 KTH350-10	
23	1 WJ-2 型接头弹条	8	60 SiMn 热轧弹簧钢	0.59

4.3.3　钢轨伸缩调节器技术规定

伸缩调节器基本技术要求如下：

（1）调节器设计轨距1 435 mm（仅尖轨尖端至1 100 mm处最大构造轨距1 440 mm），伸缩时轨距不发生变化。

（2）尖轨与基本轨密贴，满足列车逆向安全运行的要求。

(3) 尖轨和基本轨无硬弯、无倾斜,轨面平齐,平、直度偏差不超过 0.3 mm。

(4) 在铁垫板上与基本轨轨底的接触面需涂润滑油。

(5) 尖轨轨撑扣压轨底并紧贴轨腰,基本轨轨撑与轨腰密贴。

(6) 用 1 m 直尺检查,尖轨尖端至 1 100 mm 内尖轨与基本轨密贴,其余在尖轨轨头非工作边的刨切范围内不得有大于 0.5 mm 的间隙。

(7) 尖轨轨顶宽 20 mm 断面低于基本轨的轨顶 1.5~2.5 mm,尖轨轨顶宽 35 mm 断面处低于基本轨的轨顶 0.4~1.4 mm。

(8) 基本轨与尖轨两轨底平行,分别紧贴底板和台板。尖轨轨头刨切范围内用弦线和专用尺测量轨向,偏差不允许超过 2 mm。

本章测试题

一、判断题(将判断结果填入括号中。正确的填"√",错误的填"×")

1. 无缝线路也称焊接长钢轨轨道,是把标准轨焊接成具有相当长度的长轨条并铺到线路上的轨道。( )

2. 无缝线路的优点是行车平稳,降低维修费用,延长设备的使用寿命,适应高速行车。( )

3. 无缝线路可根据季节特点,锁定轨温和线路状态,随意安排全年维修计划。
( )

4. 无缝线路若发生胀轨跑道,应先浇水降温,由中间向两端轻浇慢淋。待轨温下降后,再拨回原位,并补充石碴。( )

5. 为确保线路的绝对安全,使钢轨内的温度力不至于太小,要严格控制维修作业时的轨温。( )

6. 在无缝线路直线地段进行起、拨、改、捣作业时,若实际锁定轨温增减在 10℃ 以内时,其作业方法与普通线路相同。( )

7. 无缝线路养护维修作业时扣件整正及涂油:采取"隔二松一"的涂油流水工作,当日回检拧紧一遍,1~4 天内复拧一遍。( )

8. 为保证行车安全,将无缝线路长轨条全长或部分长度范围内的扣件、防爬器全部或部分松开,采取一定措施使钢轨伸缩,当达到预计的伸缩量(或轨温)时,将线路重新锁定,这就称为无缝线路的应力放散。( )

9. 锁定轨温不清楚或不准时,需进行应力放散。( )

10. 在运营后发生伤轨、断轨、磨耗轨更换时，进行原位焊复或焊接短轨改变锁定轨温时需进行应力放散。（   ）

11. 长轨不正常的过量伸缩，造成线路方向严重不良需进行应力放散。（   ）

12. 处理线路故障或施工需要，改变了原来的锁定轨温需进行应力放散。（   ）

13. 应力放散的方法有滚筒放散法、列车碾压法和撞轨放散法三种。（   ）

14. 滚筒碾压法应力放散最好在轨温较设计锁定轨温略高时进行，一般每隔 1~1.5 m 在长钢轨底垫一个滚筒，以减少钢轨自由伸缩时的阻力。（   ）

15. 根据长钢轨应力放散方向的不同，列车碾压法可分为顺向放散、逆向放散和双向放散三种。（   ）

16. 撞轨法应力放散应在轨温接近或略高于设计锁定轨温时进行。（   ）

17. 撞轨法优点是应力放散均匀，顺列车方向或逆列车方向均可放散。（   ）

18. 调整无缝线路固定区应力的作业称为应力调整。（   ）

19. 无缝线路的钢轨温度力，并不像理论分析那样均衡，而是多有波动。（   ）

20. 固定区某一观测桩附近钢轨有位移变化，而其他观测桩没有变化，说明有位移变化的钢轨附近有应力集中。（   ）

21. 应力调整作业中，为加速应力调整过程，也可以辅以撞轨与拉轨。（   ）

22. 应力放散时，长轨条的放散量，正号为伸长，负号为缩短。（   ）

23. 在按设计锁定轨温放散应力后，缓冲区即可按标准更换为标准轨或厂制缩短轨。（   ）

24. 轨温达到当地最低轨温时，轨缝应小于或等于构造轨缝，以免拉弯或拉断接头夹板螺栓。（   ）

25. 伸缩调节器的尖轨与基本轨出现飞边，不需处理。（   ）

26. 伸缩调节器需定期擦拭、涂油，保持清洁和伸缩灵活。（   ）

27. 调整轨撑与铁座间的调整片厚度，在导向卡与尖轨间加铁线卡可使伸缩调节器尖轨与基本轨密贴。（   ）

28. 伸缩调节器轨头侧面出现磨耗时，应及时更换。（   ）

29. 无缝线路常备材料及工具、器具是供日常养护维修使用，全部使用完后应要求按标准及时补充。（   ）

二、单项选择题（选择一个正确的答案，将相应的字母填入题内的括号中）

1. 在无缝线路上焊接钢轨后，放行列车不限速时，轨温应不高于（   ）℃。

A. 200　　　　　B. 300　　　　　C. 400　　　　　D. 500

2. 在无缝线路上焊接钢轨时的轨温不应低于（   ）。

   A. 0℃   B. 5℃

   C. 锁定轨温   D. 当地年平均轨温

3. 由于轨温很高，浇水不能奏效，当电气化线路时可将顺着胀轨跑道后的波形，拨成半径不小于 200 m 的反向曲线，以（   ）km/h 速度放行列车。

   A. 5   B. 10   C. 15   D. 20

4. 无缝线路发生胀轨跑道后，由于轨温很高，浇水不能奏效，当电气化线路时可将顺着胀轨跑道后的波形，拨成半径不小于（   ）m 的反向曲线，以 5 km/h 速度放行列车。

   A. 200   B. 250   C. 300   D. 350

5. 气温回升季节，在正常进行无缝线路养护维修作业时，由于（   ），钢轨内部会产生较大的温度阻力，影响线路的稳定，甚至发生胀轨跑道。

   A. 日夜温差大   B. 日夜温差小

   C. 温度升高慢   D. 温度上升快

6. 气温回升季节，在正常进行无缝线路养护维修作业时，由于日夜温差大，钢轨内部会产生（   ），影响线路的稳定，甚至发生胀轨跑道。

   A. 应力减弱   B. 应力集中

   C. 较大的温度阻力   D. 较小的温度阻力

7. 以下（   ）不是胀轨跑道的原因。

   A. 轨道原始平顺   B. 轨道框架刚度降低

   C. 线路的不均匀爬行产生附加力   D. 违章作业，不遵守轨温作业条件

8. 以下关于胀轨跑道的原因，正确的是（   ）。

   A. 轨道水平超限   B. 轨道方向良好

   C. 线路的不均匀爬行产生附加力   D. 轨道轨距超限

9. 当长钢轨内部的温度压力（   ）轨道框架的抵抗能力时，随着轨温的持续升高，温度压力达到一定程度时，钢轨薄弱处所会出现弯曲变形，随着轨温的升高，变形矢度逐渐增大，这种现象称为胀轨。

   A. 超过   B. 远低于   C. 无法抵抗   D. 平衡于

10. 在胀轨的基础上，如轨温继续升高，变形矢度在最薄弱的位置迅速增大，轨道框架突然（   ），这种现象称为跑道。

    A. 断裂   B. 沉陷   C. 抬起   D. 膨曲

11. 桥上护轨顶面不高出线路钢轨顶面，也不低于线路钢轨面（　　）mm。
   A. 15   B. 35   C. 45   D. 25

12. 桥上防脱护轨头部外侧与线路钢轨头部内侧间的宽度应为（　　）mm，容许增减 10 mm。
   A. 400   B. 300   C. 200   D. 100

13. 桥上防脱护轨头部外侧与线路钢轨头部内侧间的宽度应为 200 mm，容许增减（　　）mm。
   A. 40   B. 30   C. 20   D. 10

14. 桥上护轨梭头应置于枕木上，尖端悬空不大于（　　）mm。
   A. 5   B. 4   C. 3   D. 2

15. 伸缩调节器尖轨尖端与基本轨保持密贴，如出现（　　）mm 间隙，必须及时调整处理。
   A. 1   B. 2   C. 3   D. 4

本章测试题答案

一、判断题

1. √　2. √　3. ×　4. ×　5. ×　6. √　7. √　8. √
9. √　10. √　11. √　12. √　13. √　14. ×　15. √　16. √
17. √　18. √　19. √　20. √　21. √　22. √　23. √　24. √
25. ×　26. √　27. √　28. ×　29. ×

二、单项选择题

1. B　2. A　3. A　4. A　5. A　6. C　7. A　8. C
9. A　10. D　11. D　12. C　13. D　14. A　15. A

第 5 章

维修与管理

学习目标

- ☑ 掌握线路检查记录填写的方法和相关的规定。
- ☑ 掌握线路基本维修作业的操作、质量、安全要求及相关规定。
- ☑ 掌握道岔基本维修作业的操作、质量、安全要求及相关规定。
- ☑ 掌握无缝线路维修的特点、养护维修作业的要求及伸缩调节器接管及养护维修的标准和要求。
- ☑ 掌握线路大中修验收组织和验收程序、办法和标准。
- ☑ 掌握线路维修的安全、放行列车条件、防护条件、防护办法、行车事故分类、应急处理、轻型车辆的安全。
- ☑ 掌握线路维修计划、技术设备管理知识和定额管理知识。

5.1 线路检查

知识要求

5.1.1 线路检测的方法

在进行线路轨距、水平、三角坑检查时，一般以每 6.25 m 检查一处，即每节 12.5 m 钢轨的接头及中间各检查一处；25 m 钢轨的接头、中间及两个四分之一处共检查四处；非标准长度钢轨可比照办理。

1. 轨距测量（人工测量）

在实际测量轨距时，不论钢轨头部有无肥边和磨耗，也不论轨底有无坡度，均以标准轨距尺所测得的数据为准。

（1）检测部位。轨距在轨顶面以下 16 mm 处测量，测量轨距通常使用专业工具——轨距尺。

（2）测点设置。测量轨距每 25 m 长度线路设四个测点：接头、小腰、中间、大腰，每个测点相距 6.25 m。

注：现代化测量设备的测点间距可以通过程序进行控制和调节。

（3）任意点检测。人工检测由于测点密度不大，应根据现场情况确定临时增设测点。当线路状态处于正常情况下，一般仅对固定测点进行测量。当情况异常时，要抽查任意点，主要目的是检查几何尺寸递增或递减的变化率。

测量数据除了在现场标注外还必须收集到线路检查记录簿。

2. 水平测量

在日常或例行检查时,通常也以每 6.25 m 检查一处,与轨距的检查同步进行。在日常管理中采用的符号:在直线部分,顺计算千米方向,以左股钢轨为基准,右股钢轨高时的误差用"+"号,反之,用"-"号;在曲线部分(含直线上的顺坡地段),以里股钢轨为基准,外股钢轨顶面高度比超高值大时的误差用"+"号,反之,用"-"号。

两股钢轨轨顶面的水平误差变化不可太急,在 1 m 范围内不得超过 1 mm,否则即使两股钢轨轨顶面的水平误差没有超过容许范围,也是不容许的。因为这将引起机车车辆的剧烈振动,这种情况往往被忽视,应予以注意。

使用轨距尺测量水平,通常是与测量轨距同时进行的。每一测点同时读取轨距与水平两个读数,轨距尺气泡偏移量的读数就是左右两轨面的高程差。

有曲线超高时,以设置的超高值为基点,在此基准上的高差为水平。测量曲线范围内两股钢轨的水平时,要利用轨距尺的超高装置。曲线地段根据曲线半径的大小,设有不同的外轨超高。同一曲线在圆曲线范围内设置相同的超高曲线,超高的数值在缓和曲线范围内递减。超限数值 = 实测数值 - 曲线超高设置值。水平测量的主要事项与轨距测量相同。

3. 轨向测量

轨向是指钢轨头部内侧距钢轨轨顶面下 16 mm 处,沿钢轨作用边方向的横向凸凹不平顺处量得的值。

轨向一般通过目视法观测。目视法观测轨向有异常时,用弦线测量轨向的矢度。

在直线上以 10 m 弦量取最大矢度,在曲线上以 20 m 弦量取正矢。

首先进行看道、点撬。由看道人确定测点,持弦人将 10 m 弦线的两端分别安置于测点前后各 5 m 距离的弦位安置点。在轨头侧面的轨面以下 16 mm 处,两人将弦线拉紧,测量人员使用直尺在测点部位量取钢轨的矢度。

在检查直线轨向时,10 m 弦的两端应放在能够量出最大矢度的位置上,然后用钢板尺量取最大的矢度值,即为轨向的实际最大矢度。如轨向是向轨道内凹入的,则应在 10 m 弦的两端垫以同样高度的垫墩,使弦线两端垫离轨头内侧(一般垫墩为 20 mm × 30 mm × 40 mm 的长方体),之后再量取其最大的矢度值。该矢度值减去垫墩的高度以后,即为实际的最大矢度。

在检查曲线轨向时,一般在目视圆顺度不好的处所连续量取若干点,各点间距为 10 m,以 20 m 弦线交叉拉直后量取正矢值。曲线的轨向,是以现场正矢减去计算正矢所得的差值。

在日常检查时，对直线地段两股钢轨的轨向都应进行检查；对曲线地段，只用弦线检查外股钢轨的轨向。

在日常管理中采用的符号：直线地段，轨向向轨道外凸出时的误差用"＋"号，向轨道内凹入时的误差用"－"号；在曲线地段，以现场正矢减去计算正矢为正时，用"＋"号，为负时用"－"号。

4．高低测量

轨道在前进方向上纵断面的平顺程度称为轨面前后高低，简称高低。短距离范围内的轨面不平顺，称为小洼，长距离范围的称为漫洼。

轨面要求目视平顺，如有坑洼用 10 m 弦线在轨面测量矢度。其基本原理与测量轨向相同。

轨向测量在钢轨侧面进行，是测量钢轨的局部在平面范围内的偏离程度（俗称弯度）。高低测量在轨顶面上进行，是测量钢轨的局部在立面范围内的偏离程度（俗称低洼或隆起）。

当轨面隆起时，必须增加 20 mm 厚度的垫块，但测量的结果必须进行换算。

在检查高低时，10 m 弦的两端应放在能测出最大矢度的位置上，测得的最大矢度值即为最大高低值。如高低是向上凸起时，应在 10 m 弦的两端垫以同样高度的垫墩，使弦线的两端垫离钢轨顶面，此时测得的最大矢度值减去垫墩的高度后，即为实际的最大高低值。

在日常管理中采用的符号：钢轨顶面向上凸起时用"＋"号，向下凹时用"－"号。

在日常检查时，在直线地段，两股钢轨的高低都可进行检查；在曲线地段，只检查里股钢轨的高低。

轨向、高低的超限值及具体位置应及时记入线路检查记录簿内。一般常用"Δ"和"∇"等符号，标注在钢轨编号栏的相应轨号上方。

5．三角坑检查

三角坑即两股钢轨顶面的共面性，表现为轨道顶面的扭曲状态，也就是两股钢轨顶面不在同一平面上。三角坑以一定范围内的水平误差量的变化量来表示。在日常与例行检查时与轨距水平测量同步进行。通常也是每 6.25 m 检查一处，以前后两点的水平正负误差的代数差来计算。

三角坑的正负号与计算方向有关，它只能反映钢轨顶面的扭曲方向，与三角坑的大小无关，因为三角坑的大小是由代数差的绝对值来确定的。如果连续两处水平误差符号都为正或都为负,则最大水平误差量必然大于三角坑误差量。

在日常检查时,连续两处水平符号相同或有一处为零时,最大水平误差与三角坑误差相等,都不需要计算三角坑。只有在连续两处的水平误差符号有正有负时,才计算三角坑。

如在非标准长度钢轨地段,水平检查的前后距离不足 6.25 m 时,按此两处距离计算三角坑。所以规定三角坑是在 6.25 m 范围内的水平误差量的变化。但在超高顺坡地段的水平变化率(含超高顺坡)最大不得大于 3‰。根据这一原则,若大于 3‰,在线路检查记录簿内的水平、三角坑栏内应加以圈注。

6. 曲线正矢测量

曲线正矢测量是为了检查曲线的圆顺度。用 20 m 弦线在轨顶面以下 16 mm 处测量其正矢。

首先将曲线每 10 m 分段作为检测点,将测点进行编号。

测量正矢由四人进行。持弦二人,测量正矢一人,记录一人。

前后两持弦人分别将 20 m 弦线的两端紧按于相应测点处轨面下 16 mm 的位置,并注意拉紧弦线。

测量人在弦线中间部位的测点处,用钢直尺在轨面下 16 mm 的位置量取正矢读数,通常读 2~3 个数判断取值。

记录人根据测量读数应立即应答并及时做好记录。

一个测点测量结束随即转移到下一测点,依次进行,直至测量结束。

长大曲线在测量正矢时还要同时观测曲线的圆顺度。当发现曲线不圆顺地段时,应及时进行任意点的正矢测量。此任意点的位置由观测人根据目测决定。

7. 单开道岔的检查方法

首先要记录检查道岔的所在车站站名、道岔的编号、型号之后,再按表 5—1 检查道岔各部分的轨距和水平。

表 5—1　　　　　　道岔各部分轨距检查地点

编号	检查地点	说明
1	尖轨前顺坡终点	
2	尖轨尖端	
3	尖轨中部	
4	尖轨跟端直股	

续表

编号	检查地点	说明
5	尖轨跟端曲股	导曲线起点处
6	尖轨跟端后直股	距跟端 1.5 m
7	导曲线前部	距导曲线起点 3 m
8	导曲线中部	
9	直股中部	
10	直股后部	
11	导曲线后部	
12	辙叉曲股前	
13	辙叉曲股中	同时检查查照间隔和护背距离
14	辙叉曲股后	
15	辙叉直股后	
16	辙叉直股中	同时检查查照间隔和护背距离
17	辙叉直股前	

道岔的检查，除轨距、水平之外，还应检查高低和轨向及转辙部分：在轨距拉杆处的最小动程，直尖轨是否小于 142 mm，曲尖轨是否小于 152 mm，AT 型弹性尖轨是否小于 180 mm；尖轨尖端与基本轨是否密贴，尖轨是否有旁弯和拱腰；尖轨顶面宽 50 mm 及以上断面处，尖轨顶面是否低于基本轨 2 mm 及以上；尖轨工作边是否有伤损，轮缘是否有爬上尖轨的可能；滑床板支距板安设的位置是否正确，有无磨耗超限；基本轨与尖轨竖切部分是否全部密贴；顶铁和轨撑是否起作用；各部分螺栓是否松动、缺损或代用；连接杆是否有挠曲、变形、作用不良。

在检查基本轨时，要根据轨距及轨向，以及尖轨旁弯和耳铁与尖轨之间加垫的情况，判断基本轨弯折点的位置及弯折量是否过大或过小；基本轨垂直磨耗的情况，在正线是否超过 6 mm，其他线是否超过 10 mm。

在检查辙叉部位时，要检查辙叉心宽 40 mm 断面处辙叉心垂直磨耗（不含辙叉翼堆高部分），在正线上是否超过 4 mm，其他站线上是否超过 8 mm；辙叉顶面和侧面任何部位有无裂纹；辙叉心、辙叉翼轨面是否有剥落掉块，其长度是否超过 15 mm，深度是否超过 3 mm 的限度；道岔护轨螺栓是否齐全，作用良好；查照间隔和护背距离尺寸是否符合标准。

在检查连接部分时，导曲线目视是否圆顺，支距是否超限；设置超高的导曲线是否超限；轨道加强设备，如防爬器、防爬支承是否齐全、离缝或脱落；设置的绝缘接头、轨缝及绝缘装置是否符合标准。

以上这些以及其他异常、不合标准的状况都应记录在道岔记录簿内,并根据检查情况,及时安排临时补修或保养。

8. 特殊道岔的检查方法

(1) 双开道岔的检查:除普通单开道岔检查的内容外,其导曲线支距的检查应按标准图的要求进行。

(2) 交分道岔的检查:除普通单开道岔要求检查的内容外,还须检查前后锐角辙叉的查照间隔、护背距离,叉后端的轨距、水平,叉中心的轨距;前后双转辙器的直曲股尖轨跟轨距、水平,尖轨尖的轨距、水平,尖轨中的轨距,顺坡终点的轨距、水平;钝角辙叉的导曲线中的轨距、水平,短中轴的轨距、水平,可动心跟端轨距、水平,中间的轨距以及曲中外矢、曲中内矢距离,见表5—2。

表5—2　　　　　　　　复式交分道岔轨距检查地点

编号	检查地点		说明
1	前锐角辙叉	叉后端	同时检查查照间隔和护背距离
2		叉中心	
3	前双转辙器	顺坡终点	
4		尖轨尖	
5		尖轨中	
6		尖轨跟直股	
7		尖轨跟曲股	
8	钝角辙叉	可动心跟端	该处无轨距和水平轨距栏记载曲中外矢,水平栏记载曲中内矢
9		可动心中间	
10		短中轴	
11		导曲线中	
12		曲中外矢	
13		曲中内矢	
14		可动心中间	
		可动心跟端	
15	后双转辙器	尖轨跟直股	
16		尖轨跟曲股	
17		尖轨中	
18		尖轨尖	
19		顺坡终点	

续表

编号	检查地点		说明
20	后锐角辙叉	叉中心	同时检查查照间隔和护背距离
21		叉后端	

注：1. 曲中外矢是指曲线上股工作边与上股钝角尖端的矢距。2. 曲中内矢是指曲线下股工作边与下股钝角尖端的矢距。

（3）菱形道岔的检查：除普通单开道岔的检查内容要求外，还须检查前后锐角辙叉的叉前端、叉后端的轨距、水平以及叉心中的查照间隔，护背距离及轨距；钝角辙叉前、后半部的叉前端、叉后端的轨距、水平和叉心中的查照间隔、护背距离及轨距，见表5—3、图5—1。

表5—3　　　　　　　　菱形道岔轨距检查地点

编号	检查地点		说明
1	前锐角辙叉	叉后端	
2		叉中心	同时检查查照间隔和护背距离
3		叉前端	
4	钝角辙叉	前半部叉后端	
5		前半部叉中心	同时检查查照间隔和护背距离
6		后半部叉中心	
7		后半部叉后端	
8	后锐角辙叉	叉前端	
9		叉中心	同时检查查照间隔和护背距离
10		叉后端	

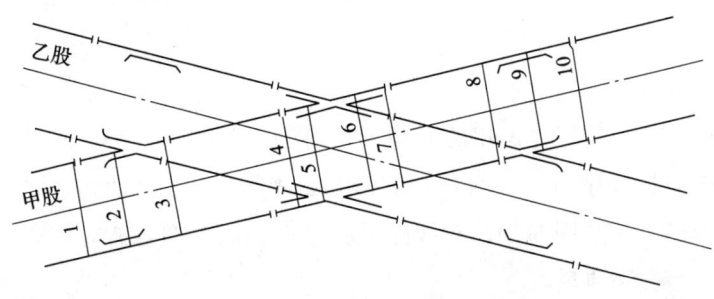

图5—1　菱形道岔的轨距检查

5.1.2 检查的规定

1. 养路工长对线路设备进行周期性检查，是掌握线路设备技术状态的主要手段。因此一般规定养路工长对管内正线线路和道岔每月要检查两次，对其他线路和道岔每月要检查一次。

检查时对轨距、水平一般每 6.25 m 检查一处，要全面检查，全面记录。对三角坑的检查，则是根据水平检查的结果，按相邻两处正负误差量的代数差来确定的。对轨向、高低等其他几何尺寸，也要全面检查，重点记录；对无缝线路伤损焊缝，也要同时检查。但对线路严重病害地段和薄弱处所，因其状态变化较快，应该经常检查，在周期性检查之间，根据实际情况，适当地增加检查次数。

2. 养路工长对管内曲线正矢，每季要结合线路检查全面检查一次，并填写记录。对线路高低和直线轨向，重点检查并做记录。对普通线路爬行情况，每季也至少要检查一次。

3. 车间主任对管内线路、道岔和无缝线路、长钢轨的位移，每季至少要全面检查一次。对线路严重病害地段和薄弱处所，要加强检查。并且每月至少要添乘检查线路两次。

车间主任通过检查，可以掌握管内线路设备的基本状态，以指导各工区线路养护维修工作。

4. 春季设备检查

轨道线路经过一个冬季的列车运行以后，线路设备会发生变化。进入春融季节，路基、道床中的冰雪开始融解，冻害开始回落，线路质量会发生很大的变化，即所谓"春融乱道"。因而必须对重点地段的线路设备进行一次全面的安全检查。

由于我国地域辽阔，各地气候条件、地理环境、设备情况和列车运行情况不同，需要检查的内容、侧重和要求也不尽相同。因此，春检的具体内容由各地根据实际情况自行确定。

5. 秋季设备检查

秋季设备检查，一般都在每年的九月末之前进行，主要是由于此时雨季已基本结束，即将进入冬前找细季节，线路综合维修和各项重点工作也已大部分结束。此时，工务部门组织养路工区共同参加，对线路设备进行一次全面检查，以了解、掌握和考核当年线路维修情况和质量。

秋季设备检查，是做好当年冬季防寒工作，安排明年线路维修和管理工作计划，线路大中修及重点病害整治计划的主要依据。

线路秋季设备检查是分别对路基、轨道进行一次比较全面细致的检查。对轨道的检查内容主要有钢轨、道岔、轨枕和主要配件以及轨道加强设备缺损情况，道岔脏污和缺碴情况以及轨道加强设备，线路排水设备及道口状况等。

5.1.3 检查记录簿的填写

1. 线路检查记录

线路检查记录簿是线路设备进行周期性检查，反映线路设备技术状态的重要记录，是工（班）长组织和安排保养和临时补修的重要依据。还可作为对综合维修、保养、临时补修质量评定的依据。

线路检查记录簿，还应记载如伤损钢轨、夹板变化情况；连续瞎缝和大轨缝情况；线路爬行情况；侧沟淤塞和冲刷情况；道口设备情况；线路标志情况以及其他设备不良或需要记载的情况等。

填写说明：

（1）单位：mm。

（2）轨距、水平、三角坑栏的数据是现场检查的实际数据与标准数据允许误差数，大于标准的填正数，一般习惯"＋"号省去不写；小于标准的填负数。误差超过容许范围的，要用红色标出作为紧急补修工作量。修复后，由带班人填写消灭日期。

（3）正线检查每月不少于两次，站线及其他线路每月不得少于一次，25 m 轨每节须检查 4 处及以上。

（4）项目内容应按规定要求填写齐全，并须真实。

（5）线路检查记录簿必须保存两年以上。

2. 曲线检查记录

由于机车车辆的运行对曲线轨道的冲击和挤压，曲线轨道的轨向往往会发生变化。当曲线轨向变化到一定程度时，将影响列车平稳、安全运行，因此，必须对曲线的圆顺程度进行定期或不定期的检查。

曲线圆顺程度往往用测量正矢的方法来检查。测量曲线正矢成为检查曲线圆顺程度的依据。测量曲线正矢的质量，不仅关系到能否正确反映曲线圆顺的程度，而且也关系到是否需要进行拨正和拨正计算的精度，因此，一定要认真仔细检查。

在检查曲线时，除了检查曲线正矢之外，还应检查曲线轨道的高低、水平、轨距、超高及顺坡，轨距加宽及递减，以及轨缝、钢轨的偏磨和压溃情况，并记录在记录簿相应的记事栏内，作为临时补修和经常保养的依据，也作为考核和评价曲线轨道质量的依据。

曲线检查记录簿的填写是对曲线圆顺程度进行周期性的检查，反映曲线技术状态的重要资料。由工长每季结合线路检查，组织对曲线正矢变化程度的检查。对正矢超限处所数量及程度的记录是安排曲线是否需要全面拨正或只对个别点进行改道的依据。

3. 道岔检查记录（包括单开、交分、菱形等）

道岔检查记录是对道岔设备进行周期性检查，反映道岔设备技术状态的重要记录，是工长按道岔设备各种变化的不同程度组织和安排经常保养和临时补修的重要依据。

道岔检查一般情况与线路检查同时进行。道岔是线路的薄弱环节，构造也比较复杂，零配件也比较多，检查时务必全面、仔细。道岔检查时，除按记录簿格式要求内容检查轨距、水平、轨向、高低外，还应检查尖轨、辙叉、护轨等的技术状态，尖轨动程、螺栓、防爬设备、轨撑等的松动、缺损、离缝情况，特别是绝缘接头处的轨缝情况等，将异常情况记录在记事栏内。

填写说明：

1. 轨距、水平栏的数据是现场检查实际数据与经批准的标准图规定的数据之差。大于标准的填正数，"+"号省去不写，小于标准的填负数。误差超过容许范围的，要用红色标出紧急补修工作量，恢复正常后，由带班人填写消灭日期。

2. 检查几何尺寸时的位置应按道岔检查记录簿要求填写的位置进行填写。对另有要求的可记录在其他栏内。

技能要求

检验钢轨锯轨作业质量

操作准备

1. 工具、器具的准备。
2. 办理施工登记手续。

操作内容

检验锯轨作业质量，将检查结果做好书面记录，分析检查结果数据。

操作步骤

步骤 1　检验锯轨作业质量。

步骤 2　将检查结果做好书面记录。

步骤 3　分析检查结果数据。

步骤 4　书面写出锯轨作业质量检查的各项数据，并注明各项质量缺陷。

注意事项

1．质量事项

（1）会正确使用量具。

（2）检验项目齐全。

（3）检验方法正确（锯后长度误差不超过 2 mm，上下、左右偏斜不超过 4 mm）。

（4）记录锯轨作业质量缺陷正确。

（5）检验标准正确。

2．安全事项

（1）办理施工登记手续，设置施工防护。

（2）上道检查防护服穿戴整齐。

（3）工具、量具无损坏。

（4）无其他不安全因素。

（5）施工完毕撤除防护，销点。

鉴定失效轨枕（木枕和混凝土枕）

操作准备

1．工具、器具的准备。

2．办理施工登记手续。

操作内容

对 400 m 长线路的枕木（木枕和混凝土枕）进行鉴定，书面记录鉴定结果，对检查结果进行分析。

操作步骤

步骤 1　明确木枕及混凝土枕失效标准。

步骤2　徒步对轨枕进行鉴定。

步骤3　做好现场标记。

步骤4　做好失效轨枕类型和数量记录。

步骤5　提出处理意见。

注意事项

1．质量事项

（1）准确说明失效标准。

（2）无漏判、错判。

（3）标记、记录正确。

（4）处理意见正确。

（5）作业无返工。

2．安全事项

（1）办理施工登记手续，设置施工防护。

（2）来车时及时下道避车。

（3）防护服穿戴整齐。

（4）无危及行车及人身安全的其他行为。

（5）施工完毕撤除防护，销点。

判定需要削平的木枕并进行木枕一面削平

操作准备

1．工具、器具的准备。

2．办理施工登记手续。

操作内容

判断需进行削平的木枕，进行木枕一面削平。

操作步骤

步骤1　检查需削平的木枕数量，并记录。

步骤2　判定木枕中需要削平的每一个面（木枕扭曲或翘头；铁垫板压陷木枕切入木枕面5 mm以上时）。

步骤3　削平指定的一面。

注意事项

1. 质量事项

（1）需削平的木枕根数应正确。

（2）判定木枕中需要削平的每一个面正确。

（3）工具使用正确、规范。

（4）木枕削平质量符合标准。

（5）工完料清。

2. 安全事项

（1）办理施工登记手续，设置施工防护。

（2）无违章作业。

（3）防护服穿戴整齐。

（4）无危及行车及人身安全的其他行为。

（5）施工完毕撤除防护，销点。

检查单开道岔零配件

操作准备

1. 工具、器具的准备。

2. 办理施工登记手续。

操作内容

检查普通单开道岔零配件，书面记录检查情况，对检查结果进行分析。

操作步骤

步骤1　对使用的工具、器具进行核查核对。

步骤2　检查道岔各部垫板及道钉、扣件情况，并将病害记录下来。

步骤3　检查整组道岔各部螺栓及轨缝和夹板情况，并将病害记录下来。

步骤4　检查整组道岔各部轨撑和轨距杆情况，并将病害记录下来。

步骤5　检查防爬设备及道岔爬行，将病害及超限值记录下来。

步骤6　全面回检。

注意事项

1. 质量事项

（1）必须逐项检查，不得漏查。

(2）检查出的病害必须准确地记录下来。

(3）能准确地发现病害。

(4）对发现的病害能提出整改措施。

(5）工完料清。

2．安全事项

(1）办理施工登记手续，设置施工防护。

(2）上道检查防护服穿戴整齐。

(3）无违章作业。

(4）无其他不安全因素。

(5）施工完毕后撤除防护，销点。

检查道岔岔枕情况

操作准备

1．工具、器具的准备。

2．办理施工登记手续。

操作内容

按站线线路道岔综合维修标准，检查岔枕的间隔和偏斜情况，并将需方正的岔枕所在部位、根数、偏斜量记录下来。检查需修理的（包括削平、捆扎）的岔枕情况，并将需削平的岔枕根数和需捆扎的岔枕根数（削平按面计算，捆扎按头计算）记录下来。按木枕失效标准检查岔枕的失效情况，并估测失效岔枕长度，将失效岔枕所在部位、根数、长度记录下来。

操作步骤

步骤1　检查岔枕的间隔和偏斜情况，并记录。

步骤2　检查需修理的（包括削平、捆扎）的岔枕情况，并记录。

步骤3　估测失效岔枕长度，将失效岔枕所在部位、根数、长度记录下来。

注意事项

1．质量事项

(1）需方正的枕木根数应正确。

(2）岔枕偏斜量测量准确，允许误差±3 mm。

（3）需捆扎和削平的数量及失效岔枕的根数应正确。

（4）失效岔枕的长度，应按岔枕的级数估算。

（5）工完料清。

2. 安全事项

（1）办理施工登记手续，设置施工防护。

（2）无违章作业。

（3）防护服穿戴整齐。

（4）无其他不安全因素。

（5）施工完毕后撤除防护，销点。

画出单开道岔直股基本轨孔眼位置

操作准备

1. 工具、器具的准备。
2. 办理施工登记手续。

操作内容

画出单开道岔直股基本轨孔眼位置。

操作步骤

步骤1 对使用的工具、器具进行核查核对。

步骤2 将钢轨摆平、放稳、复核钢轨长度。

步骤3 画出鱼尾螺孔、轨撑横穿螺孔及尖轨跟横穿螺孔，用圆冲冲印。

步骤4 标出螺孔孔径。

步骤5 标出螺栓名称及规格。

注意事项

1. 质量事项

（1）测量钢轨长度要准确，允许误差 ±1 mm。

（2）螺孔水平方向间隔允许误差为 ±0.5 mm。

（3）螺孔竖向允许误差为 ±0.5 mm。

（4）螺栓孔径、名称、规格书写全部正确。

（5）工完料清。

2. 安全事项

（1）钢轨应放稳、牢固。

（2）作业过程中无损坏工具。

（3）无其他不安全因素。

（4）防护服穿戴整齐。

（5）作业中无碰伤手脚。

5.2 线路维修作业

知识要求

线路维修是由许多单项作业组成的，只有认真做好各单项作业，才能提高线路综合维修质量。

5.2.1 垫板作业

1. 作业程序

（1）准备作业：调查工作量。

选择标准股：曲线以下股为基准，直线视线路情况决定。

测量标准股垫高量，用目视找出坑洼起讫点，用弦线测量或目视估测每根轨枕的钢轨低洼量并估计轨枕空吊板量值。

实际垫高量 = 低洼量 + 轨枕空吊板量 + 弦线下垂量。

（2）基本作业：一般由 5~6 人按流水作业方法进行。

先垫标准股，后垫对面股。决定对面股的垫高量，一般采用两种方法：

一种方法是标准股垫好后，用道尺测量对面股的水平误差，加上空吊板量，即为对面股垫高量。

另一种方法是先测量标准股的垫高量，然后测量水平，根据标准股的垫高量与对面股的水平差决定对面股的垫高量。即

对面股垫高量 = 标准股垫高量 + 对面股空吊板量 ± 对面股的水平差（水平加时用"+"号，减时用"-"号）。

松开轨枕螺栓，用起道机抬起钢轨，用小铁铲铲松胶垫，将木垫板垫在胶垫上。

如发现胶垫损坏时，予以更换。

起道时，起道机要放平，做到轻起慢落。曲线垫板时，应先垫上股后垫下股，以防止反超高影响安全。

移正胶垫，按计算垫高量垫入木垫板。垫入垫板一般不宜超过两层，其高度可按 2 mm、3 mm、4 mm、7 mm、10 mm、15 mm 6 种不同厚度的垫片组合解决，再松起道机，落下钢轨。

测量轨距，整理扣件，拧紧轨枕螺栓。当轨距小时，应先紧里口螺栓；反之，则先紧外口螺栓。为不影响轨距顺坡，最好由中间轨枕开始向两侧拧紧轨枕螺栓。

2．作业要求

调整垫板的总厚度不得超过铁路部门发布的《铁路线路维修规则》的规定。垫板位置应正确，无偏斜、无窜动。轨枕扣件、轨枕螺栓扭矩符合《铁路线路维修规则》的规定。

一次连续松开轨枕螺栓及来车时来不及全部拧紧扣件时符合《铁路线路维修规则》的规定。

收工前，应对当天垫板处所的轨枕螺栓，全面拧紧一遍。

使用垫板调整轨距和水平时，注意做到"三垫、三不垫"：

（1）已稳定的混凝土枕及混凝土宽枕线路可垫，木枕线路不垫。

（2）高低、水平误差小于 6 mm（宽枕为 8 mm）可垫，超过误差不垫。

（3）低接头可垫，长漫洼和下沉地段不垫。

垫板作业时要做到"三结合"：一结合更换和整正大小胶垫；二结合改正轨距；三结合矫正轨枕螺栓扭矩。

使用垫板作业整治接头病害时，对接头处两根轨枕尽可能垫两层新胶垫，以增加弹性，减小振动。整治低接头时，应注意做好两端顺坡，以防止产生高小腰。

每千米垫入的垫板，不宜超过全数的 1/4；否则应抽板进行捣固。

3．作业安全

一次连续松卸轨枕螺栓，不超过规定标准。

安放、整正垫板和胶垫时，不得将手伸入轨底。

穿防护服上道。

连续松开扣件不超过规定标准。

5.2.2 线路起道

1. 作业范围

整正线路两股钢轨水平、三角坑及轨道纵向高低超限。整治线路坑洼、线路爬底、增加道床厚度。调整线路纵断面，局部或全面起道。

2. 作业条件

电气化轨道线路单股起道不得超过 30 mm，若需大于 30 mm 起道，应联合机电部门共同调查研究后确定具体起道高度。

混凝土轨枕无缝线路与轨温有关的起道作业，应按实际锁定轨温计算轨温范围，按规定的起道作业轨温条件办理。混凝土枕地段的伸缩区，半径为 600~800 m 曲线的起道作业，应按一般规定轨温上下限各缩小5℃，半径小于 600 m 地段，按规定各缩小10℃；普通线路 25 m 钢轨地段，如在轨温超过 30℃ 条件下起道作业，应事先在轨温25℃左右时，松动接头螺栓，适当放散钢轨温度应力，或将接头螺栓扭矩调整为 300~400 N·m。

起道地段要有足够的道砟。全面起道，起道量普遍超过 40 mm 时，一般应用仪器测量并设置起道标桩，按标桩起道。

3. 作业程序

(1) 核对量具。起道作业前，由起道负责人对当日使用的各种量具进行检查核对，保证测量准确。由起道机手检查起道机状态是否完好。

(2) 调查划撬。调查和确定标准股，直线以左股为标准股，曲线以下股为标准股，每隔 20 m 或 25 m 为一点，将计划起道量标记在钢轨上。

(3) 压打道钉。先撤除找平用的垫板，若重点起道作业，对捣垫结合处所，应按计划撤除或保留垫板，然后压打道钉，调整胶垫及拧紧扣件。

(4) 指挥起道。全面起道时，由看道指挥人按各点标记的起道量，先将标准股上各点起够，各点之间用目测找平。将标准股起出一段后，返回起好对面股水平。根据封锁时间掌握起道长度，当日无法完成整个起道任务的应做好顺坡。

(5) 起标准股。起道机手要按照看道指挥人的手势扒好起道机窝，垂直放置起道机于适当位置，直线和曲线下股放在钢轨里口，曲线上股放在外口，木枕地段可放在接缝下，混凝土枕地段和无缝线路应放在接缝、焊缝以外的轨枕孔内。

(6) 起对面股。由起道人掌握，当标准股起出一段线路，应返回找对面股水平，两股钢轨同时推进。

4．作业要求

起道时除经测量设计调整纵断面外，应保持既有坡度、坡度变更点位置和竖曲线半径，不侵入建筑接近限界，不超过规定的与相邻线最大高度差。

当全面起道时，要准确划好每撬的撬头、撬尾、坑底的位置，同时将钢轨低接头、拱腰、死坑、吊板等划上增减镐标记。用标桩全面起道时，量取记录轨面与标桩的高度差，标记各点起道量。如重点起道时，直线以水平高的一股为标准股，曲线以下股为标准股，划好坑洼头尾和钢轨低接头、拱腰、空吊板等轻、重捣符号。

指挥起道，重点起道时，先起标准股，看道指挥人俯身在标准股钢轨上，一般距起道机不少于 20 m 看道，目测钢轨外侧下颚高低情况，用手势指挥起道。起对面股时水平板靠近起道机放在已起完的一端，起完一段水平后，视高低不平情况，先在标准股目测补撬，后找对面股水平高低。

起标准股，当全面起道时，在接头处起一次，混凝土枕每隔 6 根，木枕每隔 6~8 根起一次。重点起道时，一般在坑底起一次，漫坑按长度增加次数。打塞时用道镐在钢轨外口枕下窜实，接缝处在接缝两侧轨枕下打塞，如起道过量时，应用镐尖透塞。使用液压起道器时，成对向前交替起道不必打塞，直接进行捣固；当捣固机接近时，取下一对起道器向前转移至下一起道位置。

起对面股，找准水平后，看道人要俯在钢轨上回看轨道纵平，根据高低不平情况进行补撬，把对面股前后轨平找好。

起道组对打塞处不方正的轨枕应同时予以方正。起道负责人要与捣固组保持密切联系，对加重或减轻捣固处所要随时监督指导，防止由于捣固不良影响起道质量，造成反撬。

5．技术要求

（1）水平状态良好，无明显小坑。轨道纵向水平目视平顺，无漫坑漫包。检查水平、高低误差，符合容许误差规定。

（2）起道后捣固前水平误差不超过 1 mm，捣固后过车前水平误差不超过 2 mm，起道预留下沉量不超过 4 mm。捣垫结合用垫板找平时，每处垫板不超过两块，总厚度不超过 8 mm。

（3）由线路起道引起的有关项目的变动，应做到符合各单项技术作业标准。

6．作业安全

施工单位应按规定办理施工手续。起道机不得放在绝缘接头处，不得在绝缘接头轨面上滑行。

起道机手应十分熟悉起道机性能和操作方法，经考试合格后担任，严格执行相关安全操作规定。从事起道作业时不得兼做其他工作，作业中遇车下道时，应做到人不离机，手不离把。

天气炎热时，事先要检查轨缝，必要时均匀轨缝，控制起道高度。如道床不足或连续瞎缝时，则不能起道，防止胀轨跑道的发生。

5.2.3 局部调整轨缝

1. 作业范围

适用于轨缝不均匀，连续三个以上瞎缝，绝缘接头轨缝超过 5～15 mm 范围，大轨缝超过 5% 容许限度，个别接头错牙，用不拆开接头的方法进行调整。

2. 作业条件

成段调整轨缝时的轨温，12.5 m 钢轨不得高于 35 ℃，25 m 钢轨不得高于 25 ℃，不得低于零下 10 ℃。个别几根钢轨轨缝的调整，根据具体情况作业，可不受轨温限制。

3. 作业程序

（1）调查轨缝。

（2）用楔形轨缝尺由轨头侧面横向插入，测量轨缝尺寸，做好记录。

（3）安排计划。

（4）用调整轨缝计算表计算，计算出每根钢轨窜动量和窜动方向；根据作业量及作业时间，做出分段作业安排；检查轨缝调整器。

（5）松开配件。

（6）打松影响钢轨窜动的防爬器，松开轨距拉杆，冒起道钉和松动扣件，拧松接头螺栓和松动夹板。

（7）窜动钢轨。

（8）按计划窜动钢轨。使用液压轨缝调整器时，25 m 钢轨每次窜动一根，12.5 m 钢轨每次窜动不超过两根。

（9）紧固配件。

（10）拧紧接头螺栓，压打道钉和拧紧扣件螺栓，安装防爬器，拧紧轨距拉杆。

（11）回检整修。

（12）按作业标准检查，对不合格处所进行整修。第二天应对作业地段进行复拧螺栓并找细整修。

4. 作业要求

（1）不得用撞击夹板的方法调整轨缝。

（2）25 m 钢轨地段，在正常条件下成段调整轨缝，每年应进行两次。春末夏初时作业轨温应高一些，一般以15℃左右为宜；秋末冬初时作业轨温应低一些，一般以0℃左右为宜。

（3）若影响电务设备，应有电务人员参加。

（4）用轨缝调整器，逐个接头窜动钢轨，将预制的硬木片，从外口侧面塞入缝内。

（5）调整轨缝可流水作业，按工作前进方向，第一组在前边松动零件，第二组在中间窜动钢轨，第三组在后边拧紧各部零件。

5. 技术要求

（1）轨缝均匀，无瞎缝，无大轨缝。

（2）接头应相对，正线直线误差不超过 40 mm，曲线不超过 40 mm 加缩短量的一半；站线直线误差不超过 60 mm，曲线不超过 60 mm 加缩短量的一半。相错式曲线接头相错不少于 3 m。

（3）接头螺栓扭矩按相关规定执行。

（4）由调整轨缝引起的有关项目的变动，做到符合各单项技术作业标准。

6. 作业安全

使用液压轨缝调整器时，必须先使油缸活塞伸出 30 mm 的预留量，然后再卡紧轨头窜动钢轨，便于随时撤下。

前后工序要衔接紧凑，保证作业质量及工时利用率。

5.2.4 成段整正轨缝

1. 作业范围

适用于线路发生爬行、接头错牙超限、轨缝设置不当、每千米总误差 12.5 m 轨超过 160 mm、25 m 轨超过 80 mm 的情况，用拆开接头的方法整正轨缝。

2. 作业条件

两股钢轨长度的配置，应符合成段更换钢轨技术作业标准。否则应事先用单根更换钢轨的方法调配钢轨或先做出调配钢轨计划，在整正轨缝时单根更换调配的钢轨。

整正轨缝作业时的轨温，12.5 m 钢轨不得高于35℃，25 m 钢轨不得高于25℃，不得低于零下 10℃。

如原成段轨缝设置不符合标准，应通过调整线路上钢轨的长度，按标准设置轨缝。

3. 作业程序

（1）调查准备。如需调配钢轨时，用钢尺逐根测量钢轨长度，记录公差数。用楔形轨缝尺由轨头侧面横向插入，测量轨缝尺寸，做好记录。

（2）安排计划。如需调配钢轨时，用调配钢轨计算表计算，做出调配钢轨计划，准备钢轨。如需锯短时事先锯好并钻好孔，用整正轨缝计算表计算，做出整正轨缝计划。根据作业地段长度、钢轨窜动量，利用封锁施工条件做出分段作业安排。

（3）松开配件。打松影响钢轨窜动的防爬器，松开轨距拉杆，冒起道钉或松动扣件拧紧接头螺栓。

（4）窜动钢轨。检查轨缝调整器，按计划的窜动量窜动钢轨使用液压轨缝调整器时，25 m 钢轨每次窜动一根，12.5 m 钢轨每次窜动不超过两根。

（5）紧固配件。拧紧接头螺栓，压打道钉和拧紧扣件螺栓，安装防爬器，拧紧轨距拉杆。

（6）回检整修。按作业标准检查，对不合格处所进行整修。作业第二天进行复紧螺栓及其他找细整修。

4. 作业要求

一个区间内插入的短轨原则上应设在道岔引轨的外侧，如区间内已有插入的短轨，则可调整已有短轨的长度。涉及电务设备时应有电务人员参加。

原轨缝设置标准不清时，可根据记录作业时的轨温和钢轨已基本自由伸缩整正时的轨缝尺寸进行计算分析。

用轨缝调整器，逐个接头窜动钢轨，将预制的硬木片从外口侧面塞入缝内。

整正轨缝可流水作业，按工作前进方向，第一组在前边松动零件，第二组在中间窜动钢轨，第三组在后边拧紧各部零件。

5. 技术要求

（1）轨缝均匀，无瞎缝，无大轨缝。

（2）接头相对正线直线误差不超过 40 mm，曲线不超过 40 mm 加缩短量的一半；站线直线误差不超过 60 mm，曲线不超过 60 mm 加缩短量的一半。相错式曲线接头相错不少于 3 m。

（3）接头螺栓扭矩按相关具体规定执行。

（4）由调整轨缝引起的有关项目的变动，做到符合各单项技术作业标准。

6. 作业安全

（1）使用液压轨缝调整器时，必须先使油缸活塞伸出 30 mm 的预留量，然后再卡紧轨头窜动钢轨，以便及时撤下。

（2）前后工序要衔接紧凑，距离要短，保证作业质量及工时利用率。

5.2.5 曲线改道作业

1. 木枕地段改道作业

（1）确定曲线外股为标准股，改正里股。标准股确定后进行调查，将须改动处所划好撬。

（2）清扫与削平。凡轨底或垫板切入枕木 3 mm 以上，应清除枕木面及裂纹内的沙石泥土，进行削平并清除木屑。

（3）起拔道钉。使用撬棍垫三起三垫将道钉垂直拔出。先起铁垫板与枕木连接道钉，后起钢轨里外口道钉。拔出道钉平放在枕木面上。改正方向时应使用改道器先改正标准股。

（4）插入道钉孔木片。轨距要改小时木片插在钉孔的外侧，轨距需改大时木片插在钉孔的内侧。钢轨不移动时木片插在钉孔的旁侧。道钉孔木片需用良好材质木料并经防腐处理。木片尺寸为 110 mm×150 mm×（5~10）mm。

1）用道钉打入器打下折断的钉梗。

2）用改眼器改正歪斜的钉孔。

3）整正钉孔时应根据钉孔歪斜情况决定改眼器刀刃方向，钉孔后仰时刀刃靠钉孔外侧，前趴时刀刃靠钢轨底部。改眼深度约 100 mm。

（5）钻道钉孔。更换新木枕或旧枕改眼时必须先钻好道钉孔再打入道钉。一般木钻直径为 12~12.5 mm，深度为 100~130 mm。位置需与道钉位置一致。

（6）用直钉器整直弯曲的道钉。直钉器应顺着轨枕盒放在平整的道床上，将弯钉凸面向上，钉帽卡入槽内对着直钉打，用打闷锤的方法整直。

（7）栽钉。钉尖要离开轨底边缘 8 mm，并保持垂直。按钢轨移动方向把木片推向反面。栽钉前要用改道器或撬棍拨动钢轨量好轨距。栽钉时两脚跨在钢轨两侧，前脚站在轨枕盒中，脚尖距前一根轨枕边约 50 mm，后脚站在后面的轨枕上，两脚跟距轨底各 70~100 mm，脚尖分开，前脚与钢轨约成 15°角。后脚与钢轨约成 30°角。栽钢轨左侧钉为正手持钉，左手拇指、中指及无名指紧握道钉两侧面，食指顶住道钉后面；栽钢轨右侧钉为反手持钉，左手拇指、食指夹住道钉两侧面，后面以手掌撑住，如图

5—2 所示。栽钉时持锤的方法：右手持锤把手距锤头约 50 mm，用胳膊的力量将锤上下活动，打击道钉顶部到栽稳为止。

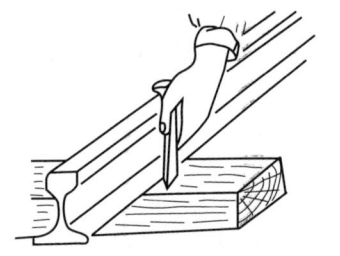 

图 5—2　栽钉

（8）打钉。打道钉有两种站法：一种是道钉栽好后两脚跨在钢轨两侧，前脚从栽钉时位置向后撤一步，站在第二个轨枕盒中，轻打一下道钉，使道钉保持垂直和稳固；然后另一脚再后撤一步，站在与前脚同一轨枕盒中，两脚跟部距道钉 800~900 mm。这样不用移动位置即可打钢轨两侧的道钉，而且能随时观察道钉打入情况。另一种是根据习惯站在钢轨内侧或外侧打钉。但是无论采用哪种方法都必须抓住稳、准、狠、轻的打钉要领。

（9）改正轨距。两人为一组，一人拨动钢轨，一人用道尺量好轨距并打好里外口道钉。然后复查轨距，补钉铁垫板与枕木的连接道钉。

2. 木枕地段改道作业注意事项

（1）严禁用道钉挤动钢轨，改道禁止以道钉为支点拨动钢轨和用撬棍扭转道钉。

（2）不得在钢轨上直钉和使用弯曲或磨耗的道钉。

（3）改道作业前须检查道尺的精度及锤安装是否牢固。

（4）在有轨道电路区段作业改道器要有绝缘装置，撬棍要有绝缘套。

3. 混凝土枕线路、整体道床弹条扣件的改道作业

（1）调查与划撬：曲线以上股为标准股，若轨枕中心位置不对（表现为钢轨一侧扣板上，另一侧扣板离缝），应先松开扣板窜动轨枕。凡需要调整的扣板应划撬标记。

（2）卸下改道范围内里、外口扣件螺母，拆下改动方向的扣板（挡板或轨距垫）。

（3）调换标准股扣板：对方向良好处所采用加轨距调整片、翻转与更换扣板的方法消灭"三不密"扣板或挡板，并注意防止挤动钢轨引起方向不良。若遇胶垫破损歪斜与窜出，应先进行调换整正。若方向不良时应同时改正方向。

（4）改正对面股轨距：根据计划改道量，采用加轨距调整片翻转与更换扣板方法

（或更换轨距挡板、轨距垫），按先外口后里口顺序将轨距改好。同时要整正不良胶垫和"三不密"扣件。

（5）拧紧螺母：可先用扭力扳手试拧，保证用力在 80~140 N·m 以内，然后适当拧紧。在高架桥上则要按设计要求适当拧紧。

（6）回检与复拧：收工前须回检轨距扣板状态，返修失效扣件，并复拧一遍，保证扭矩在规定的范围内，对弹条扣件只复拧中部前端下颚没接触轨距挡板部分。

4. 混凝土枕线路、整体道床弹条扣件的改道作业注意事项

（1）各种型号的扣件不得混杂使用；接头、中间和曲线加宽的扣件应正确使用。

（2）轨道电路地段改道器、撬棍应有绝缘设施，扣板不得顶靠绝缘夹板以防短路。

（3）计算的扣板或轨距挡板号码由于钢轨磨耗、轨枕及扣件制造公差以及螺纹道钉位置不正等原因都可能与实际不符，需要适当调整。不得已时，可在扣板与铁座间或扣板与轨底间加垫三角铁片，但不能过厚。

（4）改道时如轨距过小，则加大内侧扣板号码并相应减小外侧扣板号码；如轨距过大，则减小内侧扣板号码并相应加大外侧扣板号码。地铁系列扣件要求调换好轨距垫。

5.2.6 曲线拨道

1. 绳正法拨正曲线的基本要求

（1）保持好曲线两端直线方向和位置，能够使曲线头尾位置正确控制住曲线变化的范围，便于进行曲线整正。如曲线两端直线的轨向不良，在一定条件下应事先拨正。但对较短夹直线的方向和位置不易控制，因其短而难以正确拨正，其变化时对两个曲线的圆顺程度都有很大影响。因此可与两曲线同时计算，拨正兼顾三者的线路方向。

（2）现场曲线是按规定标准设置的，缓和曲线长度多采用 10 m 整倍数而圆曲线长度一般不是 10 m 整倍数。但在整正时通常采用的测点间距为 10 m，因而两缓和曲线的头尾不可能都在测点上，实际可使一个缓和曲线的头尾在测点上，也可使两个缓和曲线的头尾都不在测点上，需要按实设测点位置量取和计算正矢。

（3）为减少测量误差需要认真细致地量取正矢，一般要量取三次取平均值。通常的算法是三次各不相同者采用量取的中间值，有两次相同者采用量取的相同值。

（4）按曲线绳正法基本原理，曲线始终点的拨道量应为零。但实际整正计算时往往不为零，需要经过调整才能使其为零，这主要是量取正矢误差的影响，有的是曲线位置不对，这是绳正法不可避免的。拨道量的大小除与正矢误差有关系外，主要与曲线原有的圆顺程度有关。为使拨后曲线圆顺，延长曲线整正周期，不宜为减少拨道量而对计划正矢作大量的调整。

（5）设置拨道桩，按桩拨道，保证拨道效果与计算一致。

2. 绳正法计算步骤

利用绳正法拨道要确定曲线头尾位置是否正确，如果曲线头尾位置正确，其计算步骤如下：

首先计算圆曲线计划正矢，缓和曲线计划正矢，再用调整计划正矢修正法确定拨道量；如果曲线头尾位置不能确定则要先确定曲线始终点位置，再计算出各点的计划正矢，最后再用调整计划正矢修正法确定拨道量。

（1）求曲线中央点位置

$$中央点 = \frac{现场正矢倒累计合计}{现场正矢合计}$$

现场正矢倒累计合计是将现场正矢按箭头方向用"斜加平写"的方法由下往上累计，其累计数的合计即为现场正矢倒累计合计，见表5—4。

表5—4　　　　曲线绳正法计算表

测点	现场正矢	现场正矢倒累计	计划正矢	正矢差	正矢差累计	修正量	半拨量	拨量	拨后正矢	附注
1	2	3	4	5	6	7	8	9	10	11
1	0	1 207	0	0→	0		→0	0	0	
2	3	1 207	3	0↙	→0	+1	↓0	0	2	ZH
3	22	1 204	20	+2	+2	+1	+1	+2	20	
4	35	1 182	40	−5	−3		+4	+8	41	
5	66	1 147	60	+6	+3		+1	+2	60	
6	75	1 081	80	−5	−2		+4	+8	80	
7	105	1 006	98	+7	+5		+2	+4	98	HY
8	90	901	101	−11	−6		+7	+14	101	
9	110	811	101	+9	+3		+1	+2	101	
10	95	701	101	−6	−3		+4	+8	101	

续表

测点	现场正矢	现场正矢倒累计	计划正矢	正矢差	正矢差累计	修正量	半拨量	拨量	拨后正矢	附注
11	105	606	101	+4	+1		+1	+2	101	
12	100	501	101	−1	0		+2	+4	101	
13	100	401	101	−1	−1		+2	+4	101	
14	96	301	98	−2	−3		+1	+2	98	YH
15	85	205	80	+5	+2		−2	−4	80	
16	58	120	60	−2	0		0	0	60	
17	40	62	40	0	0		0	0	40	
18	20	22	20	0	0		0	0	20	
19	2→	2	2	0	0		0	0	2	HZ
20	0→	0	0	0	0		0	0	0	
合计	1 207	12 667		±33	$\begin{array}{r}+16\\-18\\\hline-2\end{array}$	+2				

$$\text{中央点} = \frac{12\ 667}{1\ 207} = 10.495$$

10.495 是表示曲线中央点在第 10 测点加 4.95 m 的位置上。

（2）求圆曲线平均正矢

$$\text{圆曲线平均正矢} = \frac{\text{圆曲线正矢合计}}{\text{圆曲线测点}}$$

在曲线头、尾没有算出以前，用大致上相同的那部分正矢，在本例中用第 8~13 测点。

$$\text{平均正矢} = \frac{90+110+95+105+100+100}{6} = 100 \text{ mm}$$

如果已知曲线半径也可以用下式计算：

$$\text{圆曲线平均正矢} = \frac{50\ 000}{\text{半径}}$$

（3）求曲线长

$$\text{曲线长} = \frac{\text{现场正矢合计}}{\text{平均正矢}} \times 10$$

因为两测点间距离是 10 m，所以：

$$曲线长 = \frac{1\,207}{100} \times 10 = 120.7 \text{ m}$$

$$曲线长分段数 = \frac{120.7}{10} = 12.07$$

(4) 曲线头、尾的位置

$$曲线头 = 中央点 - \frac{曲线长分段数}{2}$$

$$曲线尾 = 中央点 + \frac{曲线长分段数}{2}$$

则实例中：

$$曲线头 = 10.495 - \frac{12.07}{2} = 4.46$$

$$曲线尾 = 10.495 + \frac{12.07}{2} = 16.53$$

算出的曲线头、尾位置如果有缓和曲线时，实际不是真正的曲线头尾位置，而是曲线两端缓和曲线的中点，目的是用来求解直缓、圆缓等点的位置。

(5) 求直缓点、缓圆点、圆缓点、缓直点位置

$$直缓点 = 曲线头 - \frac{缓和曲线分段数}{2}$$

$$缓圆点 = 曲线头 + \frac{缓和曲线分段数}{2}$$

$$圆缓点 = 曲线尾 - \frac{缓和曲线分段数}{2}$$

$$缓直点 = 曲线尾 + \frac{缓和曲线分段数}{2}$$

计算各点位置：

$$直缓点 = 4.46 - \frac{5}{2} = 1.96$$

$$缓圆点 = 4.46 + \frac{5}{2} = 6.96$$

$$圆缓点 = 16.53 - \frac{5}{2} = 14.03$$

$$缓直点 = 16.53 + \frac{5}{2} = 19.03$$

定出曲线各标桩的位置后,若标桩不在测点上,为将来计算方便,也可由直缓点开始重新排点,测量现场正矢然后再进行计算。这样直缓点、缓圆点、圆缓点、缓直点就都可能在测点上,计算比较方便但现场测量工作量大。

(6) 圆曲线计划正矢

$$圆曲线计划正矢 = \frac{现场正矢合计}{圆曲线点数 + 缓和曲线总点数的一半}$$

其中缓和曲线总点数,应包括直缓点、缓圆点、圆缓点、缓直点等。以表 5—4 为例:

$$圆曲线计划正矢 = \frac{1\ 207}{6+6} \approx 101 \text{ mm}$$

(7) 缓和曲线计划正矢

以表 5—4 为例:

$$缓和曲线正矢递增量 = \frac{圆曲线计划正矢}{一端缓和曲线分段数} = 101/5 \approx 20 \text{ mm}$$

$$直缓点、缓直点计划正矢 = \frac{缓和曲线正矢递增量}{6} = 20/6 \approx 3 \text{ mm}$$

$$缓圆点、圆缓点计划正矢 = 圆曲线计划正矢 - \frac{缓和曲线正矢递增量}{6} = 101 - 3 = 98 \text{ mm}$$

直缓、缓直等点往往不一定在测点上,需要查纵距率表找出上述各点前后测点计划正矢。缓和曲线上其他各点计划正矢可按本点计划正矢等于前点计划正矢加缓和曲线正矢递增量的规律求出。

为简化计算手续,也可以把直缓点、缓圆点、圆缓点、缓直点附近的测点当成曲线标桩点进行计算。这样可能增加拨道量,但当测点距算出的曲线标桩点较近时,拨量不会增加很多。

本例中直缓、缓圆等点离测点很近,所以把 2、7、14、19 等点当成曲线四个标桩点。

(8) 正矢差

$$正矢差 = 现场正矢 - 计划正矢$$

当现场正矢大于计划正矢时,正矢差为" + ";当现场正矢小于计划正矢时,正矢差为" - "。除非正矢差等于零,否则就要在适当的测点调整计划正矢。调整时要考虑曲线的圆顺性,每个测点计划正矢的调整数不要太大,一般为 1~2 mm。

(9) 正矢差累计。按表 5—4 中第 5、6 的箭头方向用"斜加平写"的方法进行累计。

$$\text{任一点差累计} = \text{前点差累计} + \text{该点正矢差}$$

为了保证曲线头、尾拨量为零,即保证曲线两端直线位置不变,要求正矢差累计的合计必须等于零,即各点差累计的正值合计数和负值合计数应相等。否则就要调整计划正矢。

（10）修正量。正矢差累计的合计正数大时上加下减；负数大时上减下加。加数和减数必须相等。

$$\text{消去量} = \text{计划正矢调整量} \times \text{两测点号数差}$$

在表5—4中差累计的正数合计为 +16，负数合计为 −18，所以差累计合计为 −2，即消去量为 −2。把测点2的计划正矢减1，把测点4的计划正矢加1，满足了正矢差累计合计等于零的要求。

计算后就可以将其变换成梯形形式，即从2点开始在连续两个测点上都各修正 +1，合计为 +2，正好与正矢差累计的代数和 −2 的绝对值相等，符号相反，即可消去曲线始点或终点的拨量。

（11）半拨量和拨量

按表5—4第8、9栏箭头所指方向用"平加下写"方法进行计算。

$$\text{任一点半拨量} = \text{前点半拨量} + \text{前点差累计}$$

$$\text{任一点拨量} = 2 \times \text{该点半拨量}$$

（12）拨后正矢

$$\text{拨后正矢} = \text{该点现场正矢} + \text{该点拨道量} - \text{前后两点半拨量和}$$

计算拨后正矢实际上就是在纸上拨道。各点的拨后正矢应等于各点计划正矢。

在表5—4中代入上式后，测点9拨后正矢 = 110 + 2 − (7 + 4) = 101，与计划正矢相同。

3. 曲线拨道作业

（1）曲线拨道作业条件

1）地面线路拨道时应由工长负责办理封锁要点手续，设置停车信号防护。车场线放行列车时，限速15 km/h，限速列车的时间、次数、速度由施工负责人根据具体情况决定。

2）混凝土轨枕无缝线路与轨温有关的拨道作业应按实际锁定轨温计算，轨温范围根据《铁路线路修理规则》（2006）规定的拨道作业轨温条件办理。混凝土轨枕地段的伸缩区，当曲线半径满足 600 m < R ≤ 800 m 进行拨道作业时，按规定轨温上下限各缩

小 5℃，半径小于 600 m 地段按规定各缩小 10℃。

3）普通线路 25 m 钢轨地段，在轨温超过 30℃ 条件下拨道作业时，应事先在轨温 25℃ 左右时松动接头螺栓，适当放散钢轨温度应力。轨温超过 40℃ 时禁止拨道。

4）拨道量较大时应事先检算轨缝。轨温较高时道床应饱满。

（2）曲线拨道作业程序

1）调查前准备。将两端直线方向先行拨正，压除曲线头尾的反弯或鹅头。目视曲线方向明显不良时应进行粗拨道，由曲线头尾往圆曲线挑压，达到目视基本圆顺。明确测点位置，以直缓点、缓直点或直圆点、圆直点为起点，沿外股钢轨用钢尺测量或校核，每 10 m 为一个测点。直缓点前直线上的邻点定为测点 0 号起点，测点 1 号以后按顺序编号。曲线头尾位置不清时，可以任意点为起点设置测点。

2）量取现场正矢。在无风天或风力很小时，用小钢板尺在钢轨端面下 16 mm 处、有肥边时为肥边处量取各测点现场正矢。每个曲线一般要测量三次，取三次中相同的值，无相同值时取中间值。

3）拨道计算。对头尾位置不清的曲线先进行调整中央点与头尾位置的计算，再根据调整后的头尾位置用已测得的现场正矢进行拨道计算，算出各测点的拨道量。

拨道前准备：先在曲线外侧打临时拨道桩。确定拨道量和拨道长度。拨道量大于 20 mm 时应先粗拨，捣固后再细拨。根据需要将枕端道床扒开或刨松，拆除影响拨道的防爬设备、压打道钉和拧紧扣件。

4）拨道。设专人在拨道桩处用尺控制拨道量。拨道指挥人员站在 40～50 m 以外曲线外侧道床上，目测各测点及各测点间方向，用手势指挥拨道。使用撬棍时两股钢轨人力大致相等，使用拨道器时前股不少于两台，后股不少于一台，呈三角形排列。

5）整平夯实。拨道后进行重点捣固，安装防爬设备，将扒出的石碴整平，拨后离缝一侧的枕头石碴埋实夯好，整平支承附近石碴。由于拨道引起的其他作业应整修到标准。

6）回检验收。拨道作业完成后进行回检，及时整修，按各项作业技术标准要求进行验收。

（3）曲线拨道作业要求

1）看道时曲线上股为基本股，看道人可站在上股外侧指挥，指定专人用尺测量拨道桩，以拨道桩处拨道量为控制点进行顺撬。拨道量大时应分次拨道，先粗拨，后细拨，并据经验预留回弹量。指挥手势一般如下：

远离去：右臂屈举于右肩，前手掌向前，然后右臂平伸向前推去。

靠近来：右臂向前平伸，手掌向上，然后屈臂向后招来。

拨接头：屈举两臂两手，握拳于头上相碰。

拨大腰：两臂弯曲两手张开在头上比成大圆形。

拨小腰：两臂弯曲两手张开在胸前比成小圆形。

向左拨：左臂向左平伸。

向右拨：右臂向右平伸。

交叉拨：两臂在身体前交叉。

用力拨：两臂下垂在身体前向拨动方向快速摆动。

停止拨道：两臂左右平伸。

拨道结束：右臂画大圆圈。

2）持撬棍作业。小组每人拿一根撬棍，分为两组，分别在两股钢轨上进行拨道。人员分配上，将力气大的人分配到看道人所在钢轨中间，把反应快、动作熟练的分配到两头。握撬棍准备插入道床时，上手握在撬棍嘴端，下手握在邻近重心处。

3）插撬棍。插入撬棍时上身稍向前倾，将撬棍斜插到钢轨底下，道床内插入深度不少于 20 cm，撬棍插好后要轻试一下看是否插牢。撬棍插入位置应根据钢轨的弯曲情况而定，一般可间隔 3~4 个轨枕孔。遇接头必须插撬，遇钢轨有特殊病害时要采取撬棍拧紧的方法进行拨正。

4）拨动线路时，拨道人员一手握住撬棍的一端，另一手在相距 200~300 mm 处握住撬棍腰部，挺直前膝弯曲身体略向拨道方向倾斜，眼看指挥者，听口号按照指示方向拨动。在看道人所在钢轨最前面拿撬棍人员要负责在钢轨上点撬，当往回倒撬时前面第一人将撬棍搭在钢轨上轻轻拖着走，代替点撬。拨动时指定一人负责喊口号，大家接号，以求用力一致。易拨时喊短号，难拨时喊长号，防止拨多反撬。拨正大方向时，应利用阴天或晴天的早晚时间，背向阳光指挥拨道。

5）现场正矢与计划正矢的闭合差很大，达不到技术要求的规定时，一般应按头尾位置不清的曲线进行调整计算。拨道计算时可用调整计划正矢法，调整正矢差累计法或调整半拨量法，三种方法原理一致、计算结果相同，最后可算出拨道量和拨后正矢。计算时现场正矢合计应与曲线履历表上正矢合计基本相等，两者之差一般应不超过 $2\sqrt{N}$（N 为测点数）。

6）曲线局部方向不良时，可利用拉绳简易计算法进行个别调整，但调整时一定要复查拨动点与相邻点的正矢。

7）用液压拨道器拨道时拨道器不少于三台，前二后一，呈三角形排列。

（4）曲线拨道技术要求

1）用20 m弦测量正矢，其误差不得超过表5—4规定的限度。

2）为保证拨后曲线圆顺，在进行拨道计算时计划的拨后正矢一般不得超过拨后正矢误差限度的三分之一。

3）在复曲线大小半径连接处，现场正矢与计算正矢的容许差按大半径曲线的规定办理。缓和曲线与直线连接处不得有反弯或鹅头。

4）由于拨道引起的有关项目变化必须及时整修，达到各单项技术作业标准的要求。

（5）曲线拨道作业安全

1）拨道量大时，在每次列车通过前应作好顺撬（在车场线拨道时）。

2）注意拨道量，拨后线路不得侵入建筑接近限界。

3）在轨道电路地段拨道时，应注意防止短路。与通信信号有关时，应有电务人员参加。撬棍或拨道器不得插在绝缘接缝或焊缝下。

4）拨道人员不得骑着撬棍，向后仰着拨道，不得用肩膀扛着撬棍拨道。

技能要求

混凝土枕线路拨道

操作准备

1. 工具、器具的准备。

2. 办理施工登记手续。

操作内容

进行拨道作业。

操作步骤

步骤1　调查拨道量及轨缝。

步骤2　轨枕头扒碴，松拆防爬器。

步骤3　布置、指挥拨道：扒拨道机窝，用3台，每台相距2~3个轨枕孔，拨正一侧放置2台，另一侧放置1台，布置成V形。

步骤4　每撬位相隔5~7个轨枕孔。

步骤5　预留回弹量，达不到拨道量要求重新拨。

步骤6　拧紧防爬器，回填道碴、夯实道碴。

步骤7　回检线路。

注意事项

1. 质量事项

（1）目视直顺。

（2）轨向：直线，10 m 范围不超过 4 mm。

（3）拨道机撬位正确。

（4）拨道量准确。

（5）工完料清。

2. 安全事项

（1）办理施工登记手续，设置施工防护。

（2）设置作业标。

（3）不侵入邻线限界。

（4）拨道机具使用安全。

（5）施工完毕撤除防护，销点。

木枕线路改道

操作准备

1. 工具、器具的准备。

2. 办理施工登记手续。

操作内容

对木枕线路进行改道。

操作步骤

步骤1　确定标准股及划撬：以方向好的一股为标准股，需要改动处所划撬。

步骤2　起拔道钉：使用起钉器，垂直起钉。先起连接钉，再起钢轨里外口道钉。

步骤3　插入道钉孔木片：根据现场情况在钉孔内插入道钉孔木片。

步骤4　栽钉：量好轨距后，使铁垫板外肩紧靠钢轨底部，配合人员撬棍拨持住钢轨，栽钉。

步骤5　打钉：先打好里外口道钉，第一锤要轻、稳、准，第二锤要重和准，垂直打入道钉。在改动大地段先打入方向钉，再打入里外口道钉。

步骤6　复查轨距。

步骤7　补打连接道钉。

步骤8　回检线路。

注意事项

1．质量事项

（1）标准股确定正确。

（2）轨距无超限。

（3）轨距变化率小于2‰。

（4）方向小于4 mm。

（5）道钉垂直靠贴轨底，不浮离，不仰，不歪斜。

（6）无空吊板。

2．安全事项

（1）办理施工登记手续，设置施工防护。

（2）起钉不超限。

（3）无飞钉伤人。

（4）开通线路前按规定补齐道钉。

（5）施工完毕撤除防护，销点。

混凝土枕线路改道

操作准备

1．工具、器具的准备。

2．办理施工登记手续。

操作内容

对混凝土枕线路进行改道。

操作步骤

步骤1　确定标准股及划撬：以方向好的一股为标准股，需要改动处所划撬。

步骤2　调整标准股扣件，改好方向。

步骤3　量轨距，确定对面股调整量。

步骤4　调整对面股扣件，改好对面股轨距及方向。

步骤5　恢复扣件，回检扣件并进行复紧。

注意事项

1. 质量事项

（1）轨距及其变化率不超过2‰。

（2）扣件符合标准规定：靠贴轨底，无三不密。

（3）扭矩达到标准：扣板式扣件80～140 N·m，弹条式120～150 N·m。

（4）轨道几何尺寸符合线路作业验收标准。

（5）胶垫歪斜不超过5 mm，无空吊。

2. 安全事项

（1）办理施工登记手续，设置施工防护。

（2）设置作业标。

（3）松拆扣件数量符合规定。

（4）道尺及机具无损坏。

（5）施工完毕撤除防护，销点。

使用垫板找平线路小坑

操作准备

1. 工具、器具的准备。

2. 办理施工登记手续。

操作内容

用垫板找平线路小坑。

操作步骤

步骤1　调查工作量，确定标准股：看道找出高点，在高点量出水平，以水平高的一股为标准股。

步骤2　先垫好标准股轨面：目测找出坑洼始终点，再用弦线测量每根轨枕的钢轨低洼值，考虑轨枕空吊值，算出垫高量，起道，松扣件，垫垫板（片），做好标准股轨面。

步骤3　再垫对面股轨面：用道尺测量对面股水平，考虑吊板暗坑，算出垫高量，松扣件，起道，垫垫板（片）。

步骤4　紧扣件。

步骤5　回检线路。

注意事项

1. 质量事项

（1）轨距不超限：+6，-2 mm。

（2）水平不超限：4 mm。

（3）高低不超限：4 mm。

（4）垫板总厚度不超过 20 mm。

（5）接头螺栓扭矩达到相关类型接头标准。

2. 安全事项

（1）办理施工登记手续，设置施工防护。

（2）设置作业标。

（3）一次连续松开扣件不超过规定。

（4）整正胶垫时，不得将手伸入轨底。

（5）施工完毕撤除防护，销点。

混凝土枕线路起道

操作准备

1. 工具、器具的准备。

2. 办理施工登记手续。

操作内容

进行混凝土枕线路起道作业。

操作步骤

步骤1　消灭空吊板，确定标准股。

步骤2　看道、点撬、放置起道机。

步骤3　指挥起道并进行打塞。

步骤4　找平对面股。

步骤5　复查长平，按要求捣固。

步骤6　做好道床整理。

注意事项

1. 质量事项

（1）水平不超限。

（2）高低不超限。

（3）三角坑不超限。

（4）预留下沉量不超过 20 mm。

（5）电气化线路起道高度应符合规定。

2. 安全事项

（1）办理施工登记手续，设置施工防护。

（2）设置作业标。

（3）严格控制作业轨温。

（4）人员及机具无损坏。

（5）施工完毕撤除防护，销点。

方正轨枕（木枕）

操作准备

1. 工具、器具的准备。

2. 办理施工登记手续。

操作内容

对偏斜的木枕进行方正。

操作步骤

步骤1　检查、确定木枕偏斜、间隔不均匀地点。

步骤2　松防爬器、扣件。

步骤3　扒开需移动一侧枕边的道碴。

步骤4　放置方枕器。

步骤5　进行方枕：先试拨，再用方枕器方枕。

步骤6　回检间隔尺寸。

步骤7　拧紧防爬器，拧紧扣件。

步骤8　整理夯实道床。

注意事项

1．质量事项

（1）轨道几何尺寸不超限。

（2）轨枕间距误差或偏斜不得超过 50 mm。

（3）扒后道碴回填符合标准，方枕量大于 100 mm 时，应进行捣固。

（4）轨枕两头的道碴尽可能不动。

（5）工完料清。

2．安全事项

（1）办理施工登记手续，设置施工防护。

（2）无作业机具伤人。

（3）无飞碴现象。

（4）无其他不安全行为。

（5）施工完毕撤除防护，销点。

更换钢轨接头夹板（混凝土轨枕）

操作准备

1．工具、器具的准备。

2．办理施工登记手续。

操作内容

更换钢轨接头夹板（混凝土轨枕）。

操作步骤

步骤1　卸螺栓：事先卸掉影响接头螺栓拆卸的扣件，按规定顺序拆卸螺栓。先卸第一、三、五孔螺栓，再卸第二、四、六孔螺栓。

步骤2　铲除钢轨铁锈。

步骤3　上夹板，对正螺孔孔位，夹板上下沿靠贴钢轨。

步骤4　上螺栓：直线上先上第一、六孔，再上第三、四孔，最后上第二、五孔；曲线上先上第一、六孔，再上第二、五孔，最后上第三、四孔。

步骤5　铁锤敲击夹板，密靠钢轨，拧紧螺栓。

注意事项

1. 质量事项

(1) 接头垫圈应开口向下。

(2) 接头螺栓扭矩不低于 500 N·m。

(3) 扣件扭矩不低于 120 N·m。

(4) 接头轨缝和错牙符合标准,不得大于 1 mm。

(5) 工完料清。

2. 安全事项

(1) 办理施工登记手续,设置施工防护。

(2) 穿螺栓时不得用手指探孔。

(3) 防护服穿戴整齐。

(4) 无违章作业。

(5) 施工完毕撤除防护,销点。

锯轨机锯钢轨

操作准备

1. 工具、器具的准备。

2. 办理施工登记手续。

操作内容

锯轨机锯钢轨。

操作步骤

步骤 1　检查锯轨机状态。

步骤 2　垫平钢轨。

步骤 3　用钢尺按要求量好长度,并画好锯轨线(从轨面到轨底)。

步骤 4　安装锯轨机。

步骤 5　锯轨。

步骤 6　卸除锯轨机,整理机具。

步骤 7　检查、修整钢轨断面,复核钢轨长度。

注意事项

1．质量事项

（1）锯后钢轨长度误差小于 ±2 mm。

（2）锯口上下偏差不超过 2 mm。

（3）锯口左右偏差不超过 2 mm。

（4）锯口无毛刺。

（5）工完料清。

2．安全事项

（1）防护用具穿戴整齐。

（2）钢轨垫平。

（3）锯片不飞出伤人。

（4）无其他不安全因素。

（5）机具无损坏。

矫直钢轨硬弯

操作准备

1．工具、器具的准备。

2．办理施工登记手续。

操作内容

矫直钢轨硬弯。

操作步骤

步骤1　对钢轨弯轨器进行检查、调试。

步骤2　调查钢轨的硬弯状态：确定硬弯点位置（轨枕上还是轨枕中间），作出矫直硬弯计划调整量。

步骤3　松卸扣件：根据硬弯起止点松卸扣件。

步骤4　安装弯轨器矫直钢轨：支点处垫平放稳、安装好弯轨器，加力矫直。

步骤5　卸弯轨器。

步骤6　检查轨距、轨向，拧紧扣件。

注意事项

1．质量事项

（1）硬弯范围判断准确，支点位置正确。

（2）用 1 m 直尺量矢度不大于 0.5 mm。

（3）目视无不直，用 5 m 弦量不超过 2 mm。

（4）无方向不良，轨距符合线路作业验收标准。

（5）工完料清。

2．安全事项

（1）办理施工登记手续，设置施工防护。

（2）防护服穿戴整齐。

（3）无工具侵入限界或其他不安全因素。

（4）无违章作业。

（5）完工后撤除防护，销点。

使用 GWJ 型钢轨接头无孔夹紧装置处理线路断轨

操作准备

1．工具、器具的准备。

2．办理施工登记手续。

操作内容

无缝线路钢轨折断（含焊缝）进行紧急处理。

操作步骤

步骤 1　检查长钢轨断裂情况：裂缝长度，钢轨腰部纵向裂缝发展方向，焊缝断裂处两端钢轨横截面状态。

步骤 2　确定使用方式：使用 GWJ 型钢轨接头无孔夹紧装置处理断轨。

步骤 3　准备工作：应设置停车信号防护，在裂缝前后各 50 m 范围内拧紧扣件。

步骤 4　移动轨枕：留出作业空间，保证裂缝到两边轨枕的距离 360 mm，扒开钢轨下少量石碴。

步骤 5　上鱼尾板，靠贴钢轨。

步骤 6　安装一副或三副夹紧装置：夹头凹槽斜面搁置在钢轨底部的斜面上。当安装三副夹紧装置时：中间夹紧装置中心与裂缝目测对齐，左右夹紧装置与中间夹紧装置间距约 100 mm。

步骤 7　穿入螺栓，反复拧紧两端螺母至规定扭矩，放下防松板。

步骤 8　复紧夹紧装置两端线路扣件，处理后线路回检，打紧一侧防爬器，模拟正常速度放行列车。

步骤 9　拆除夹紧装置，恢复轨枕间距。

注意事项

1．质量事项

（1）断裂情况判断正确。

（2）正确使用工具。

（3）夹头凹槽斜面一定要搁置在钢轨底部的斜面上。

（4）两端螺母同时接近达到规定扭矩，三副组合使用时，最后再次复紧中间夹紧装置两端螺母同时达到规定扭矩。

（5）如防松板卡不住螺母，可稍微转动螺母以调整六角螺母的角度，再放下防松板。

（6）拆夹紧装置时，放松两端螺母，但螺母不得直接与螺栓脱离，避免鱼尾板与夹紧装置弹出击伤人体。

2．安全事项

（1）办理施工登记手续，设置施工防护。

（2）说明放行列车条件。

（3）防护服穿戴整齐。

（4）无鱼尾板与夹紧装置弹出击伤人体。

（5）施工完毕后撤除防护，销点。

5.3　道岔维修作业

知识要求

道岔因其构造特点和行车条件都比较复杂，零配件也比较多，是线路的薄弱环节之一。提高道岔的维修质量是保证列车安全、平稳通过的必要条件。

在道岔上进行检修或作业，与一般线路上的检修或作业不同，当影响使用或涉电务设备时，应联合电务共同作业。检修作业完毕后，检修作业人员还应会同车站使用人员检查试验，试验良好，三方确认后方可撤离。

本节只对道岔起道及捣固、道岔拨道、道岔改道和调整附带曲线等主要作业做重点介绍，在实际作业中可按照各单项作业标准有关规定执行，以保证道岔养护维修质量。

5.3.1 道岔起道及捣固

1. 作业范围

（1）在对道岔进行综合维修、保养、临时补修时，对道岔范围内的水平、高低、三角坑进行调整。

（2）整治坑洼、爬底，增加道床厚度，调整纵断面而进行的局部或全面起道捣固。

2. 作业条件

电气化轨道线路单股起道不得超过 30 mm，若需大于 30 mm 起道，应联合机电部门共同调查研究后确定具体起道高度。

起道地段要有足够的道碴。全面起道，起道量普遍超过 40 mm 时，一般应用仪器测量并设置起道标桩，按标桩起道。

3. 作业程序

调查道岔技术状态，安排作业计划。全面起道时，将转辙、连接、辙叉各部的计划起道量，以及道岔前后线路起道量标记在轨腰上。重点起道时，标好坑洼头尾及钢轨低接头、拱腰、空吊板等捣固标记。

作业负责人检查道尺、水平板、高度板。起道机操作人员检查起道机的状态。

取出影响作业的防爬支撑。

对个别位置不正的岔枕，按方正岔枕作业标准方正岔枕。

撤除多余垫板，调整好胶垫或铁垫板位置，用撬棍压起轨枕，打紧道钉，拧紧扣件。

（1）起道。全面起道时，按计划标好起道量。起道可分为转辙部分，连接部分，辙叉部分和叉后长轨部分。先将道岔直股外轨作为标准股，起足起道量，做好长平，然后做好水平起道后同时方正轨枕，再做好对应的另一股水平，逐段进行。重点起道时，一般在距起道机不少于 20 m 处，目测基本股钢轨外侧轨头下颚线高低情况，指挥起道，做好对应的另一股钢轨水平。

（2）捣固。全面捣固时，尖轨尖端及其前后各 3 根轨枕和辙叉部分，适当增加捣固力和镐数，尖轨跟端和钢轨接头加强捣固。对辙叉部分个别空吊板，可用起道机吊起岔枕进行捣固。重点捣固时，从坑头、坑尾向中间，逐渐增加捣固力和镐数。

回检找细，检查水平、高低和空吊板情况，进行整修。

（3）安装防爬支撑。回填整理道床，夯拍密实。

全面检查，确认符合技术要求，通知车站开通道岔，注销登记，清理现场，转移。

4．作业要求

进行全组道岔起道，以岔首和辙叉的高程为基点高程，整治道岔各部位的坑洼、鼓包、不平顺，做好转辙部、连接部和辙叉间的前后高低平顺。

放置起道机前，应先挖好起道机窝。起标准股的尖轨部分、导曲线前部和护轮轨部分时，起道机应放在钢轨外口；起其他股时，比照起标准股的做法，起道机放在最外一股钢轨的外口；混凝土岔枕道岔，起道机应放在接缝以外的轨枕孔内。

尖轨跟端起道应以下股为准，一般取其直股、曲股两线水平值和的一半作为该点的起道量。

导曲线起道，起下股时，导曲线长平要与尖轨跟平顺；导曲线上股较下股稍抬高 2~3 mm，起道机起道后，三股轨要同时打镐塞，以减少起道次数。起道时四股钢轨应保持在同一水平面上，导曲线后端直、曲股接头中间处，抬到养护标准，做好顺坡。如遇四股钢轨无法做到同一水平面，翻转个别导曲线岔枕，然后再进行起道捣固。

辙叉部分起道，把起道机放在下股钢轨外侧，同时用道尺量上股，抬起后迅速捣固辙叉。从辙叉趾端起，或从辙叉跟端起，按前进方向，依顺序打四面交叉镐，对辙叉心及前后接头增加镐数。大号辙叉可用两台起道机同时起道。

捣固时，每根岔枕打八面锚，捣固轨底两侧各不少于 400 mm。单开道岔的尖轨尖端、转辙器拉杆处的 3 个轨枕孔，交分道岔钝角辙叉、可动心轨处的 3 个轨枕孔，均受转辙器拉杆的影响，此处捣固采用斜向捣固或斜向杆的方法慢捣细捣。尖轨跟部和辙叉，以及菱形钝角辙叉部位，均为列车振动冲击严重部位，捣固要细致，采用四面交叉捣固。辙叉单侧行车影响形成偏载，应增加镐数。

一般小坑在坑底放置起道机，漫坑除坑底外适当增加放置起道机处数。打塞时，用捣固镐在钢轨外侧枕下适当捣实。在铺设木岔枕的道岔上，起道机放在钢轨接头时，在接缝前后轨枕盒内向接缝两侧轨下捣实。

起道时应考虑岔群长平的一致性，以及建筑物、管道、电缆等不受干扰，使线路与道岔、道岔与道岔之间衔接平顺以及转辙机拉杆处于水平位置。

5．技术要求

水平不超限，正线误差不超过 4 mm，其他线不超过 6 mm。

道岔前后的线路与道岔接续良好，用 10 m 弦绳检查高低，正线道岔不超过 4 mm，

其他线道岔不超过 6 mm，曲线无反超高。

除变更设计外，保持原有的坡度、坡度变更点和竖曲线半径。

道床石碴饱满，捣固密实，正线道岔空吊板率不超过 8%；其他线道岔不超过 12%。

由于起道捣固引起的有关项目的变动，应做到符合各单项作业标准。

6. 作业安全

起道作业，使用液压起道机或装有速降装置的齿条式起道机操作时，做到人不离机，手不离把。多机起道，必须同时起落。

作业时气温过高，作业前应先调查轨缝，窜好轨缝。捣固作业时，一根岔枕两头同时捣固。同时捣固两根以上岔枕时，至少相隔三根以上岔枕。

涉及电务设备时，应有电务部门配合作业，并防止轨道电路的短路或断路。

5.3.2 道岔拨道

1. 作业范围

（1）道岔方向发生显著变化，通过综合维修拨正方向。

（2）道岔铺设位置不合适，需进行改移。

2. 作业条件

线路中心位移不得超过 ±30 mm；一侧拨道量年度累计不得大于 120 mm；不得侵入限界。

3. 作业程序

（1）调查工作量，安排作业计划。

（2）根据作业计划，准备材料工具。

（3）办理施工封锁登记。

（4）扒松岔枕头石碴，拨道量较大或道床较坚实时扒开岔枕头石碴。撤除防爬设备。

（5）按计划先拨正道岔直股方向，然后以直股为准，做好曲股的支距和各部间隔。

（6）拨道量较大时，拨道结束后进行捣固。

（7）回填石碴，并整平夯实。

（8）安装防爬设备。

（9）作业结束，会同有关人员共同检验，确认符合技术要求，通知车站，开通道岔，注销登记，清理现场，转移。

4. 作业要求

（1）调查工作量时，发现拨道影响其他设备，或其他设备影响拨道时，与有关部门协商解决。

（2）拨道人员可分两组，分别在两股钢轨相对位置上作业。

（3）拨道量较大时，拨道指挥人以道岔直向外股钢轨为基本股，跨站在距拨道地点30 m位置，背向阳光，目视两端线路及道岔，根据预先埋设好的测桩指挥拨道。如果拨道量不大，拨道指挥人站在适当位置，以直向外股钢轨为基准，目视两端和道岔，判定拨道量，进行拨道。

（4）拨道人要注意指挥人的动作，根据手势拨道。在基本股最前面，持撬棍的人要负责在钢轨点撬，往回倒撬时，也要点撬。大弯需一撬倒一撬地向前拨，每拨到中间可隔3～4个轨枕孔，遇到接头时必须插撬。遇到钢轨有硬弯时，可用起道机加顶调直的方法配合拨道，局部小方向可用几根撬棍集中插入轨底拨正，防止插偏或撬位过长拨成反弯。在混凝土岔枕道岔上拨道，用液压拨道器或起道机拨道，先扒好窝，或在起道机下垫上铁板。起道机与地面夹角为20°左右，拨道应预留回弹量。

（5）拨道时要注意邻线间距，以及线路、道岔与信号机、站台等建筑物的距离。

5．技术要求

（1）方向直顺，用10 m弦绳测量正线道岔方向误差不超过4 mm，其他线道岔不超过6 mm。

（2）附带曲线正矢连续差，正线道岔不超过3 mm，其他线道岔不超过4 mm。

（3）由于拨道引起的有关项目的变动，应做到符合各单项作业标准。

6．作业安全

（1）使用撬棍拨道时，必须插牢，防止脱撬伤人。

（2）作业过程中要防止轨道电路的短路或断路。

5.3.3 道岔改道

1．作业范围

（1）改正超限及变化率不合标准的轨距。

（2）整修道岔支距以及护轮轨与辙叉心的查照间隔。

2．作业条件

封锁条件下进行。

3．作业程序

（1）办理封锁登记。

（2）调查道岔技术状态，安排作业计划。用道尺由道岔的前部向后检查轨距，每隔 2~3 根岔枕量一次，轨距变化处必须测量，做好改道标记。改支距时，用支距尺测量各点支距或量出导曲线正矢，做好改道标记。

（3）在改道范围内，将有铁垫板压陷或四周有毛刺的岔枕削平，清理干净。

（4）按作业要求起拔道钉或松卸扣件。

（5）对需要改变的旧钉孔塞入经防腐的木片，在新钉孔位置用直径 12~12.5 mm 的钻头钻孔。

（6）用直钉器校直弯曲道钉，如旧钉不能使用，更换新道钉。

（7）用撬棍或改道器将钢轨拨正到正确位置，然后钉好道钉或拧紧扣件。

（8）全面检查，对不良处所进行整修。

（9）作业结束后会同有关人员进行检验，确认符合技术要求，注销登记，清理现场，转移。

4．作业要求

（1）改道作业可以按转辙部分、连接部分、辙叉部分分段进行。

转辙部分：先改好直向外股基本轨，使道岔与前后线路或道岔连接良好，对于尖轨跟端至护轮轨前端，可在两端与钢轨等距离的岔枕上钉钉拉线，改好方向。

连接部分：用支距尺按标准图改好导曲线上股，用长钢尺在直向外股钢轨上标上支距点，用支距尺改好导曲线上股，用道尺改好导曲线下股。根据直向外股，用道尺改好直向内股、尖轨跟端后做好轨距递减。

辙叉部分：辙叉趾端、跟端轨距，限制在 2 mm 内，改好查照间隔。

（2）影响电务设备时，应有电务部门配合作业。

（3）直钉时使用直钉器，不准在钢轨或轨缝处直钉。

5．技术要求

（1）道岔各部尺寸符合相关规定。

（2）目视线路，直股直顺，导曲线、附带曲线圆顺。实际支距与设计支距误差不超过 2 mm，或用 5 m 弦绳量导曲线正矢，连续误差不超过 2 mm。

（3）改道范围内的其他各种零件均应达到标准，与改道有关的项目，符合各项标准。

6．作业安全

（1）使用撬棍必须插牢，防止脱撬伤人，不得骑跨或仰靠撬棍。

（2）作业过程中，要防止轨道电路的断路或短路。

（3）打道钉时防止锤头脱出伤人。

5.3.4 调整附带曲线

1. 作业范围

对位置不正、方向不好及变更半径的附带曲线进行调整。

2. 作业条件

（1）封锁条件下进行。

（2）拨动量较大时，先调整轨缝或更换钢轨。

3. 作业程序

（1）按设计图，调查附带曲线实际状态，安排作业计划。

（2）根据作业计划，准备材料、工具。

（3）根据作业内容，到车站办理封锁登记。

（4）拨正道岔后直向直线方向和附带曲线两端直线方向。

（5）检查附带曲线及其前后轨缝，必要时进行调整，并根据需要调整钢轨长度。

（6）测量两线路实际线间距和平均正矢。

（7）根据平均正矢，试算附带曲线半径。如有设计图，取用设计半径。

（8）计算附带曲线始、终点横距。

（9）标记各支距点位置。

（10）计算拨动量。

（11）按计算出的拨动量，调整附带曲线。

（12）作业结束后，全面检查。整修不良处所，确认符合技术要求，注销登记，清理现场，转移。

4. 作业要求

（1）与电务有关时，应有电务部门配合作业。

（2）试算附带曲线半径，用 10 m 弦绳测量正矢，至少测量 3 点，取其平均值，按下式计算半径。

$$R = \frac{12\ 500}{f_\mathrm{p}}$$

式中　f_p——平均正矢，mm；

　　　R——半径，m。

（3）标记附带曲线始、终点横距，先从叉尖或叉跟量出始、终点横距，由始点起，每 5 m 量一点，直至终点，用方尺或钢尺将各点引到附带曲线外股钢轨上，划好标记。

（4）检查时，用 10 m 弦检查连续正矢情况，仔细拨正，将附带曲线拨到符合技术要求，并做好由拨道引起的其他作业。

（5）无设计图时，道岔附带曲线半径根据计算值确定，选用以 10 m 为单位的整数。

5．技术要求

（1）附带曲线两端直线方向顺直，曲线起、终点位置正确。

（2）连接曲线半径应大于或等于导曲线半径，超高不大于 15 mm，顺坡不超过 2‰。

（3）道岔与连接曲线之间的夹直线长度不小于 6 m。

6．作业安全

（1）如用撬棍拨道，防止滑撬伤人，不得跨骑或仰靠撬棍。

（2）作业中应防止短路或断路。

5.3.5 复杂道岔的整修

复杂道岔往往铺设在岔群或咽喉处，在整修时，除与单开道岔有着相同的规律和要求外，由于其结构上的复杂性和铺设位置的特殊性，整修时还具有自身的特点和规律。如交叉渡线和复式交分道岔中间的交叉部分，钢轨相互交叉布置，同一根岔枕上铺有 8 股钢轨、两组辙叉、轨距、水平、高低、方向相互牵连、制约，起、拨作业还有可能影响前后道岔的衔接。因此，在整修时必须统筹兼顾，反复斟酌，合理地决定先后程序，否则会事倍功半，甚至可能造成事故隐患，发生行车事故。

1．交叉渡线道岔的整修

（1）起道作业。当道岔处于大平高处时，一般做法的程序是先起平中间，后顺好四角。起中间时，应根据高低或水平情况，确定控制点，并以此为基准，或起或落，起平中间部分各股钢轨的水平，然后分别将四角依此起平并顺坡，这样做容易将整个道岔起平。

当道岔处于大平低洼处时，则应根据其四角连接线路的高低情况，统筹兼顾，选定一角引进大平，然后仍先起平中间，再起其余三角。

当道岔处在站场大平高低相差较大，不易把握时，宜用水平仪加标桩起道的办法起平道岔。

（2）拨道作业。交叉渡线道岔轨距、轨向相互制约大，一定要整体考虑。一般做法是，选择同侧的两单开道岔直股方向较顺直的先进行拨顺、拨直，尤其是岔尾接头护轨部分，一定要拨顺、拨直。中间部分轨道相互牵制，拨一股牵动另一股，必要时可以改、拨结合，一并进行。然后以此股为基准，拨另一侧的两组单开道岔。先检查岔尾直、曲股接头处的轨距，以确定是否需要（往外或往里）拨动，必要时也可以改、拨结合进行。

拨中间交叉部分时主要看中间叉心位置是否正确，交叉是否顺直，轨距是否符合要求。交叉部分拨量尽量要小，由于各股轨道相互牵制，交叉部分拨道难度比较大。若中间部分交叉方向不好，有可能由于转角辙叉的存在，自护长度不足而造成"撞尖"等问题，影响行车安全。

若整组道岔的轨向、轨距都有较大的超限时，应校核线间距，用经纬仪按设计图要求重新定出中心线、交叉点、长短轴距离等，使其回到正确位置。

（3）钝角辙叉"碰尖"的防治。"碰尖"一方面是设计和构造上的原因，另一方面是铺设和养护维修不当造成的。铺设与养护维修不当的原因一般有：

1）铺设时钝角辙叉位置不正和前后错位，造成一股轨距偏大，而另一股轨距偏小，这相当于有害空间的延长而可能发生"碰尖"或脱轨。

2）养护时，线路发生爬行，致使两侧钝角辙叉发生错位。轨距和轮缘槽宽度超限不能及时整修，影响查照间隔和护背距离超限而发生"碰尖"或脱轨。

3）护轨弯折处因磨耗出现圆弧而不能及时焊修，这样也相当于延长了有害空间的长度而发生"碰尖"或脱轨。

一般的防治做法，除了采取针对性的措施，如纠正钝角辙叉位置的前后错位，及时整修轨距和轮缘槽宽度的超限，焊修护轨弯折处因磨耗而出现的圆弧处，还可采取：

适当提高护轨顶面高度。这样不仅可以增长自护长度，而且还可以增强车轮通过时的自护能力。一般在护轨弯折点到正对叉心理论尖端的范围内，焊接一块铜板或采用堆焊的方法提高护轨顶面的高度。提高数值一般不大于 25 mm，两端顺坡长为 100~300 mm。

更换钝角辙叉时，事先必须检查护轨轨线与心轨轨线是否在一条直线上，若不在一条直线上时，应整修调直后才能换上线路。已在线路上铺设时，则应调整轮缘槽和心轨间隔铁等办法使其成一直线。严重时，应下道进行调整和整修。

2. 复式交分道岔的整修

复式交分道岔的整修，既具有与交叉渡线道岔相同的规律和做法，还具有其本身构造上的特点及要求。

钝角辙叉基本轨弯折量过大或过小，导曲线支距偏大或偏小，基本轨弯折点处钢轨磨耗等原因，都能造成钝角辙叉理论尖端至导曲线中点工作边的距离难以保持。

活动心轨的钝角辙叉虽然消除了有害空间，但由于基本轨磨耗后，车轮可能撞击翼轨，挤大轨距，增大通过列车的摇晃，从而有可能撞击心轨尖端。

活动心轨型钝角辙叉的心轨是对向安装的，两心轨的理论尖端应在钝角辙叉理论尖端处重合，由于两心轨的爬行往往造成相互抵触，从而导致与基本轨的不密贴，轨距发生变化，列车通过时加大摇晃，也可能撞击心轨尖端。

由于以上这些构造上的特点，要求在维修保养时，经常检查钝角辙叉基本轨弯折点处的磨耗、导曲线支距以及活动心轨的爬行等情况。及时采取焊修、整正支距（必要时可在导曲线上股外侧增设轨撑等）和制止爬行等针对性防治措施，如图5—3所示。

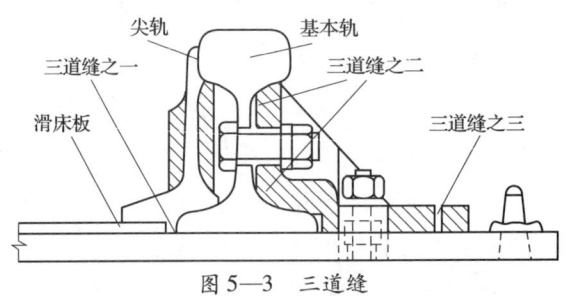

图5—3 三道缝

3. 道岔病害的防治——尖轨跳动的原因与防治

由于尖轨跟部各连接零件磨损，套管失效，桥形垫板损坏、尖轨跟端凸台压溃或因列车通过时振动而脱焊，脱落窜出，使尖轨跟端悬空；尖轨拱腰，捣固不实（尤其是尖轨跟端轨枕捣固不实），转辙器拉杆弯曲等都能使列车通过时产生尖轨跳动。

针对尖轨跳动原因的预防和整治措施一般有：

（1）更换跟部磨损的连接零件，包括凸台磨损的桥形垫板和异径螺栓或套管的磨损。

（2）加强转辙部分轨枕下的捣固，尤其是加强接头和尖轨跟端的捣固。

（3）调直拱腰的尖轨。

（4）采取尖轨防跳措施，如在基本轨轨底增设尖轨防跳器，如图5—4所示。或将尖轨连接杆两端安设防跳补强板，如图5—5所示，使其长出部分卡在基本轨轨底，以防尖轨跳动。

尖轨防跳器是以支承板组合，由4个道钉钉固在相邻的两根岔枕上，加上尖轨防跳器的自重等外力作用使拱腰消失，使之与滑床板密贴。也就是利用螺母10的拧紧力，迫使尖轨拱腰处的滑轮组合6以与滑道拉杆1的接触点为支点下移，从而使尖轨底与滑床板密贴。

（5）调直弯曲的转辙拉杆和尖轨连接杆。

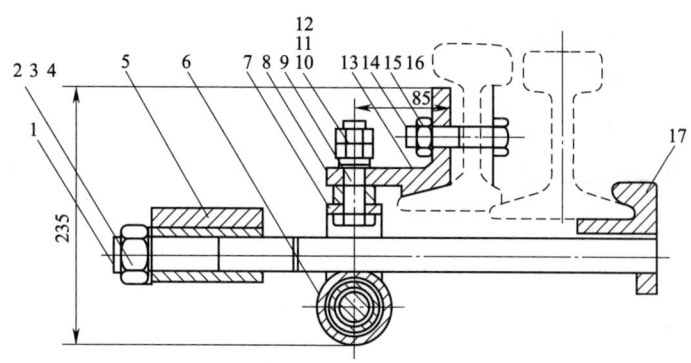

图 5—4 尖轨防跳器

1—拉杆 2—拉杆螺母 3—弹簧垫圈 4—平垫圈 5—支承板组合 6—滑轮组合
7—滑轮座 8—调整套 9—螺栓 10—螺母 11—弹簧垫圈 12—平垫圈
13—L形铁 14—螺杆 15—螺母 16—弹簧垫圈 17—铁卡

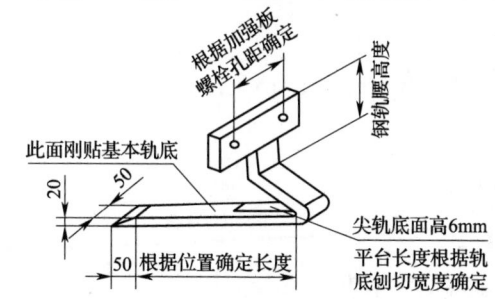

图 5—5 防跳补强板

技能要求

道 岔 起 道

操作准备

1．工具、器具的准备。

2．办理施工登记手续。

操作内容

进行道岔起道。

操作步骤

步骤1 调查起道高度及工作量。

步骤2 确定标准股并做好标记。

步骤3　指挥起道，起平标准股。

步骤4　找平对面股。

步骤5　全面捣固。

步骤6　整理道床，恢复线路。

注意事项

1．质量事项

（1）水平不超限。

（2）高低不超限。

（3）三角坑不超限。

（4）导曲线无反超高。

（5）道床外观整洁。

2．安全事项

（1）办理施工登记手续，设置施工防护。

（2）设置作业标。

（3）防止影响轨道电路。

（4）起道机具使用安全。

（5）施工完毕后撤除防护，销点。

道 岔 拨 道

操作准备

1．工具、器具的准备。

2．办理施工登记手续。

操作内容

进行道岔拨道。

操作步骤

步骤1　调查道岔及岔群方向。

步骤2　扒开道碴，松开防爬器。

步骤3　指挥拨道。

步骤4　回检，整理道床。

步骤 5　工完料清。

注意事项

1．质量事项

（1）轨向目视直顺。

（2）最大矢度正线道岔不超过 4 mm，站线道岔不超过 5 mm。

（3）其他指标均不超限。

（4）因拨道引起的轨面水平应及时处理。

（5）道床外观符合要求。

2．安全事项

（1）办理施工登记手续，设置施工防护。

（2）设置作业标。

（3）不侵入邻线限界。

（4）拨道机具使用安全。

（5）施工完毕后撤除防护，销点。

确定道岔后连接曲线三要素

操作准备

1．工具、器具的准备。

2．办理施工登记手续。

操作内容

现场确定道岔后连接曲线三要素，并记录下来。

操作步骤

步骤 1　工具、器具准备齐全。

步骤 2　按照现场检查方法，确定辙叉号码。

步骤 3　确定道岔后两平行线的线间距。

步骤 4　确定道岔后连接曲线的半径。

步骤 5　总结测量结果，写明三要素。

注意事项

1．质量事项

（1）道岔号码测定要准确。

（2）道岔后两平行线的线间距测定要准确。

（3）道岔后连接曲线的半径要准确。

（4）曲线半径计算要精确到毫米。

（5）计算半径取整要合理。

2．安全事项

（1）办理施工登记手续，设置防护。

（2）不发生短路或断路及其他不安全因素。

（3）上道检查防护服穿戴整齐。

（4）工完料清。

（5）施工完毕后撤除防护，销点。

捆 扎 岔 枕

操作准备

1．工具、器具的准备。

2．办理施工登记手续。

操作内容

进行岔枕捆扎。

操作步骤

步骤1　扒开木枕头两侧道碴。

步骤2　用镐尖穿透木枕下道床。

步骤3　清理出裂缝内碎石和沙土。

步骤4　用夹枕器夹紧木枕。

步骤5　用铁丝捆扎木枕。

步骤6　恢复破坏的道床。

注意事项

1．质量事项

（1）捆扎位置正确，距枕端 100 mm ± 10 mm。

（2）捆扎铁丝要摆平、垂直、靠紧。

（3）裂缝内无碎石和沙土。

(4）钉入的扒钉要牢固。

(5）捆扎时铁丝不得拧麻花。

2．安全事项

(1）办理施工登记手续，设置施工防护。

(2）无违章作业。

(3）防止影响轨道电路。

(4）工完料清。

(5）施工完毕后撤除防护，销点。

连接道岔叉趾部位接头

操作准备

1．工具、器具的准备。

2．办理施工登记手续。

操作内容

连接道岔叉趾部位接头。

操作步骤

步骤 1　对使用的工具进行检查。

步骤 2　连接第一股。

步骤 3　连接第二股。

步骤 4　拧紧接头螺栓。

步骤 5　清理现场。

注意事项

1．质量事项

(1）轨缝不超过 6~10 mm。

(2）螺栓扭矩符合规定。

(3）接头错牙不超过 1 mm。

(4）螺栓全部就位。

(5）作业无返工。

2．安全事项

(1）办理施工登记手续，设置防护。

（2）无其他不安全因素。

（3）上道检查防护服穿戴整齐。

（4）无工具损坏。

（5）施工完毕后撤除防护，销点。

更换道岔滑床板

操作准备

1．工具、器具的准备。

2．办理施工登记手续。

操作内容

更换道岔滑床板。

操作步骤

步骤1　检查滑床板的长度、厚度及螺栓孔径是否符合需要。

步骤2　散发布置滑床板及要补充的螺栓等材料。

步骤3　松开滑床板轨撑螺栓，起道钉。

步骤4　抽出滑床板（不能同时抽出两块）。

步骤5　安装轨撑、滑床板。

步骤6　检查轨距及轨撑是否影响尖轨密贴。

步骤7　捣固空吊板。

注意事项

1．质量事项

（1）尖轨轨距误差范围为 +3 mm，−2 mm。

（2）尖轨与基本轨必须密贴。

（3）尖轨与滑床板密贴。

（4）无空吊板。

（5）工完料清。

2．安全事项

（1）办理登记手续，设置防护。

（2）邻线来车避让，料具不得侵入限界。

(3) 搬运料具时不损坏线路及信号标志。

(4) 扣件不飞起。

(5) 机具不伤人。

(6) 施工完毕后撤除防护,销点。

按图布置单开道岔岔枕

操作准备

1. 工具、器具的准备。
2. 办理施工登记手续。

操作内容

按图布置单开道岔岔枕。

操作步骤

步骤1　对使用的工具、器具进行核查核对。

步骤2　计算扭转过渡段和各岔枕的间隔累计值。

步骤3　按计算量出各岔枕中心位置。

步骤4　划出岔枕在直上股钢轨的中心位置。

步骤5　注明岔枕的长度和编号。

步骤6　清理现场。

注意事项

1. 质量事项

(1) 扭转过渡段总扭转量及过渡段各岔枕扭转量计算要正确。

(2) 各岔枕间隔累计值计算要正确。

(3) 各岔枕间隔的测量和划线要准确,每个间隔尺寸允许误差 ±1 mm。

(4) 正确对岔枕进行编号并且注明其尺寸。

(5) 工完料清。

2. 安全事项

(1) 办理施工登记手续,设置防护。

(2) 无其他不安全因素。

(3) 上道检查防护服穿戴整齐。

(4) 工具无损坏。
(5) 施工完毕后撤除防护，销点。

5.4 无缝线路养护维修

知识要求

5.4.1 无缝线路养护维修的特点

无缝线路养护维修工作的关键在于保持足够的线路阻力，使其远远大于温度力的作用。无缝线路上的钢轨常年处于温度力作用下，高温季节承受巨大的温度压力，低温季节承受巨大的温度拉力。而维修作业是在钢轨承受温度力作用条件下进行的，因此维修作业应选择在合适的温度环境下进行，即维修应根据季节特点、锁定轨温情况及线路状态合理安排全年计划，使维修作业与轨温条件相适应。

无缝线路养护维修不仅要遵守普通线路的有关规定，还必须针对无缝线路的特点进行养护维修。

1. 加强线路锁定

为保证无缝线路具有足够的强度与稳定条件，除按结构设计所需具备的条件之外，还必须加强线路的锁定工作，即加强扣件及道床作业，保证扣件及道床有足够的阻力。

2. 按轨温进行作业

无缝线路在进行维修作业过程中，线路要受到一定程度的破坏，线路各种阻力、轨道框架刚度要相应降低。即使作业后恢复了线路阻力，也不能达到作业前的数值。所以为了保证线路在维修作业过程中不致发生胀轨跑道或断轨事故，要对线路维修作业项目和范围进行适当控制。为确保线路的绝对安全，使钢轨内的温度力不至于太大，要严格控制维修作业时的轨温。

3. 合理安排作业程序确保线路稳定

无缝线路作业本身是一个先破坏再恢复的过程，不合理的作业程序使得无缝线路各种阻力在遭到破坏的同时得不到及时的恢复，从而导致胀轨或断轨的发生。所以，在安排作业时应充分考虑不同作业程序对线路稳定性影响，并加入及时恢复线路阻力的程序。

4. 小半径曲线无缝线路

（1）保持曲线圆顺、正矢良好，对焊缝支嘴、接头错牙等应及时维修。

（2）保持曲线外侧道床肩部道碴符合规定，在捣固、拨道作业后必须及时回填和夯拍道床。

（3）小半径曲线地段的无缝线路扒碴、起道、拨道等严重影响线路稳定性的维修作业，其作业轨温条件更应严格控制，而且在作业前后要测量正矢变化，严格监视。

（4）线路磨耗地段，要定期进行磨耗涂油并定期测量磨耗值，同时根据磨耗发展及时增加测量频率，分析磨耗情况。当磨耗值超过规定数值时，应及时更换曲线钢轨。

5. 长大坡道上的无缝线路

（1）应特别注意轨道的爬行，做好防爬观测桩记录，同时拧紧扣件保持足够扭矩，碎石道床还应保持轨枕盒内道床饱满和密实。

（2）保持变坡点竖曲线的圆顺。

（3）复紧接头螺栓扣件，保持标准轨缝，防止缓冲区钢轨轨缝挤严或超过构造轨缝。

6. 隧道内无缝线路

（1）加强隧道洞口附近伸缩区、缓冲区线路的防爬锁定，以保持中间扣件、接头扣件足够的扭矩，防止不正常的伸缩，以免造成钢轨轨缝挤严或超过构造轨缝。

（2）加强隧道内钢轨焊接接头的保养，对不平顺轨面应及时焊补。

7. 桥上无缝线路

（1）遵照设计文件规定的扣件布置方式，按规定的扭矩紧固扣件。

（2）加强桥上钢轨焊接接头的探伤检查，发现伤损或不平顺时应及时处理。

（3）设有伸缩调节器的桥上无缝线路，在冬、夏季节应加强测量其伸缩量，其他季节应定期测量伸缩量，分析是否存在异常爬行现象，若存在应及时处理。

（4）伸缩调节器的尖轨与基本轨若出现飞边应及时打磨，以防轨头掉块。

5.4.2 无缝线路养护维修作业要求

无缝线路养护维修作业要满足特定的作业要求，具体如下：

（1）作业前要测量钢轨爬行位移情况，分析锁定轨温变化，根据变化后的锁定轨温安排作业，对硬弯严重地段应先拨直或改道后再进行作业。

（2）各项作业应遵照规定的作业轨温、作业量及作业范围进行。

（3）作业中应严格执行以下制度：

一准：要准确掌握实际锁定轨温。

二清：综合维修、成段保养的作业，半日清；零星保养、临时补修，一撬一清。

三测：作业前、作业中、作业后测量轨温。

四不超：作业不超温、扒碴不超长、起道不超高、拨道不超量。

五不走：扒开道床未回填不走，作业后道床未夯拍不走，未组织回检不走，线路质量未达到作业标准不走，发生异常情况未处理不走。

（4）作业时要注意线路状态变化，发现起道、拨道省力，高低、方向不良，碎弯增加，连续空吊，枕端道碴离缝等胀轨预兆，应立即停止作业，设置停车信号，及时通知车站并采取钢轨降温、补充道碴等紧急防胀措施，消除故障后放行列车。

（5）在无缝线路上进行维修作业时，为保证作业中和作业后轨道的稳定，必须根据作业项目和作业范围将温度力的影响控制在一定的容许限度内，为此规定了无缝线路作业轨温条件，见表5—5。

表5—5　　　　　　　混凝土枕无缝线路维修作业轨温条件

编号	作业项目	按实际锁定轨温计算				
		-20℃以下	-10~20℃	-10~10℃	10~20℃	20℃以上
1	扒道床	连续扒开不超过25 m	连续扒开不超过50 m	与普通线路相同	连续扒开不超过50 m，但不得扒开枕头道床	禁止
2	起道	高度不超过80 mm，长度不超过25 m	高度不超过40 mm，长度不超过50 m	与普通线路相同	高度不超过30 mm，长度不超过50 m	禁止
3	拨道：直线及R≥800 m的曲线	拨道量不超过10 mm	拨道量不超过20 mm	与普通线路相同	拨道量不超过10 mm	禁止
4	改道	与普通线路相同	同左	同左	同左	禁止
5	松动防爬设备	同时松动不超过25 m	同左	与普通线路相同	同时松动不超过12.5 m	禁止
6	更换扣件或涂油	隔二松一流水作业	同左	同左	同左	禁止
7	方正轨枕	当日连续方正不超过2根	隔二方一，方后捣固恢复道床，逐根进行（配合起道除外）	与普通线路相同	隔二方一，方后捣固恢复道床，逐根进行（配合起道除外）	禁止

续表

编号	作业项目	按实际锁定轨温计算					
		-20℃以下	-10~20℃	-10~10℃	10~20℃	20℃以上
8	更换轨枕	当日不连续更换	当日连续更换不超过两根（配合起道除外）	与普通线路相同	当日连续更换不超过两根（配合起道除外）	禁止
9	更换接头螺栓或涂油	禁止	逐根进行	同左	同左	禁止
10	更换钢轨或夹板破底清筛道床	禁止	禁止	与普通线路相同	禁止	禁止
11	不破底清筛道床	逐孔倒筛夯实	同左	同左	同左	同左
12	矫直硬弯钢轨	禁止	禁止	禁止	与普通线路相同	同左

注：作业轨温按实际锁定轨温计算。

（6）单项作业维修要求

1）起道。要迎着列车运行方向进行，起道机要垂直放置。

2）拨道。先回填后拨道，避免高抬道曲线，拨道要尽量使上挑下压量相等。

3）夯拍道床。拨道后及时夯拍轨枕端道床，全部作业后全部夯拍道床。

4）换轨枕。扒出枕底道碴后穿入新轨枕，换一根，恢复一根，捣固一根。

5）扣件整正及涂油。采取隔二松一的顺序进行涂油，作业要求当日回检拧紧一遍，1~4天内复紧一遍。

6）整平线路。垫调高垫片作业不得连续松开7个以上的扣件，作业后及时拧紧扣件。宽枕地段垫碴作业一次垫碴量不得超过20 mm。

7）伤轨永久处理。当焊接钢轨的条件具备时，应利用夜间非运营时间进行永久性处理——焊接处理。在原设计锁定轨温±5℃范围内焊接修复无缝线路。

拆除插入的短轨。适当松开扣件和防爬器，按需要放散应力，使前后钢轨恢复应有位置。锯掉带有螺孔部分的钢轨，插入不短于6 m的焊接短轨，其长度规定如下：

①采用铝热焊时，插入短轨长度应等于切除钢轨长度减去2倍预留焊缝值。

②采用小型气压焊或移动式接触焊时，插入短轨长度应等于切除钢轨长度加上2倍顶锻量。

要注意焊接短轨的材质应与长钢轨相同。

有条件时可将垂直断缝直接采取宽焊缝铝热焊原位焊复。

在线路上焊接时,气温应不低于0℃;焊缝不得凹下;用 1 m 直尺测量焊缝中间拱度不得大于 0.5 mm,工作边矢度不得大于 0.5 mm;放行列车不限速时,焊缝处轨温应低于 300℃。

8)无缝线路常备材料和备用工具。无缝线路常备材料和备用工具是为处理故障应急使用的,一经动用,要求按标准及时补充。无缝线路常备材料和备用工具见表 5—6。

表 5—6　　　　　　　　无缝线路常备材料及备用工具

项目	名称	常备数量
常备材料	钢轨	每个缓冲区一根(有缩短轨时另备一根)
	接头夹板	每工区 4 块,钢轨不良适当增加
	急救器	每千米 2 副
	臌包夹板	每千米 1 对
	螺栓及垫圈	每工区 12 套,钢轨不良适当增加
	4.5 m 带孔短轨	每工区 1 根,钢轨不良适当增加
	6 m 及以上无孔短轨	每工区 1 根,钢轨不良适当增加
	轨枕	每千米 2 根
	扣件及胶垫	每千米 5 套(钢轨例外为 1 套)
	防爬器	每千米 5 套(采用弹条扣件不备)
备用工具	锯轨工具	每工区 2 套
	锯条	每工区 12 根
	钻孔工具	每工区 2 套
	钻头	每工区 8 个
	钢轨温度计	每工区 3 个
	1.5 m 长螺栓扳手	每工区 2 把
	焊接设备	适当配备
	乙炔切割工具	适当配备
	锯轨机和钻孔机	适当配备

5.4.3　伸缩调节器维修

1. 铺设与接管标准

(1)铺设位置和伸缩预留量符合设计。

(2)尖轨尖端至 1 100 mm 范围内,尖轨与基本轨密贴,间隙小于 0.5 mm。

(3)尖轨与基本轨轨底、台板和底板密贴。

（4）尖轨与基本轨高低差符合要求。

（5）垫板、轨撑及螺栓安装齐全，螺母达到规定扭矩。

（6）轨向符合标准：单向调节器用 13.5 m 弦、双向调节器用 26 m 弦和专用方向测量尺，每隔 1 m 检查一处，尖轨尖端至 1 100 mm 处轨向偏差不允许超过 4 mm，其余范围内不超过 2 mm。

（7）轨距符合标准：由基本轨接头至尖轨接头每隔 1 m 检查 1 处，尖轨尖端至 1 100 mm 处轨距允许偏差为 +6 mm、-2 mm，其余范围内不超过 +3 mm、-2 mm。

（8）水平符合标准：误差不超过 4 mm。

（9）基本轨、尖轨接头的轨缝挤严，螺母扭矩符合标准。

（10）基本轨伸缩无障碍，尖轨锁定不爬行。

2. 伸缩调节器养护维修

（1）在养护维修中必须防止调节器异常伸缩及尖轨爬行，避免导致调节器的轨距变化。

（2）尖轨尖端与基本轨应按要求保持密贴。

（3）调节器的轨距、轨向和水平偏差不得超过规定的验收标准。

（4）调整轨距前必须同时测量调节器的轨向、轨距，根据测量结果决定调整方法和调整量。

（5）如尖轨或基本轨顶面出现压溃飞边现象，必须及时铲除打磨，防止轨头掉块剥落，以免影响调节器的正常工作。加强保养、清扫灰沙，每年将各部件及螺栓清除污垢并涂油至少一遍，保持不脏不锈。

（6）高温及严冬季节每日测量一次气温、轨温和伸缩量。当气温最高及最低时应适当增加观测次数，发现异常应及时查明原因进行调整。

（7）调节器有下列缺陷之一者应报废：

1) 基本轨垂直磨耗量超过 6 mm 或在尖轨轨头顶面宽度 50 mm 以上的断面处，尖轨顶面低于基本轨顶面 2 mm。

2) 基本轨或尖轨轨头剥落掉块长度超过 30 mm，深度超过 8 mm，影响行车的平稳。

3) 尖轨尖端轧伤长度超过 200 mm。

4) 轨头侧面磨耗影响调节器范围的轨距调整，轨距偏差经常超出允许限度。

5) 尖轨或基本轨达到《铁路线路维修规则》规定重伤钢轨的标准。

6) 钢轨伸缩调节器维修验收表见表 5—7。

表 5—7　　　　　　　钢轨伸缩调节器维修验收表

车站　　　　　　　　　　　　　　　　　　　　　　伸缩调节器编号

项目	评分标准编号	缺点扣分内容	缺点情况及数量	扣分（分）		
				自验	初验	终验
尖轨尖端至 1 100 mm	1~5	尖轨与基本轨密贴				
		轨距误差及变化率				
		水平误差				
		轨向误差				
		高低				
其余范围	6~10	尖轨与基本轨密贴				
		轨距误差及变化率				
		水平误差				
		轨向误差				
		高低				
钢轨	11~12	钢轨错牙				
岔枕	13~15	失效				
连接零件	16	尖轨与滑床板缝隙				
	17	螺栓松动缺少，扭矩不合规定				
	18	其他各种螺栓缺少、松动				
	19	铁垫板或胶垫板、胶垫片缺少				
	20	胶垫板、胶垫片失效超8%				

续表

项目	评分标准编号	缺点扣分内容	缺点情况及数量	扣分（分）		
				自验	初验	终验
道床	21	有明显脏污				
	22	不符合设计尺寸				
	23	水沟排水不顺畅				
标志	24	缺损、歪斜、字迹不清				
标记	25	标记不齐全位置不对、字迹不清				
备注			扣分合计			
			评定质量			
			评定人			
			日　期			

5.5　线路大中修验收

知识要求

5.5.1　验收组织和验收程序

线路设备大中修每完成一个或几个单位工作量，经施工单位自验合格后，提出自验记录，向工务主管部门验收员提请验收，由验收员确定验收日期，组织施工单位及接管单位，按照设计文件及有关验收标准，共同进行交验。施工单位在办理工程交验时，应备齐下列竣工资料。

1. 线路大、中修

（1）主要材料使用数量表。

（2）竣工后的线路纵断面图。

（3）钢轨编号及配轨表（钢轨的钢号、生产厂、出厂年月、熔炼炉号资料）。

(4) 既有无缝线路的纵向位移观察记录、锁定轨温及放散应力资料。

(5) 隐蔽工程记录。

(6) 其他有关技术资料。

2．铺设无缝线路

(1) 无缝线路技术资料（无缝线路铺设位置配轨图表、实际锁定轨温等）。

(2) 无缝线路纵向位移观察记录。

(3) 焊接记录和焊缝探伤记录。

(4) 铺设后放散应力记录。

(5) 焊缝编号和钢轨编号的对照表。

(6) 其他有关技术资料。

3．其他各项线路设备大修

(1) 主要工程数量表。

(2) 其他有关技术资料。

5.5.2 验收办法

线路设备大修工程按下列计算单位进行验收。

1. 线路大中修正线为千米（始终点不是整千米时，可按实际长度合并验收），站线为一股道。

2. 铺设无缝线路为一段（包括相衔接的普通线路），同时计算千米数。

3. 其他各项线路设备大修自定。

5.5.3 验收标准

线路大中修按照设计文件及表5—8验收标准进行验收，主要项目（大方向、大高低、线路锁定、道床清筛、捣固质量、路基排水）一次达到标准，可评为优良，如有主要项目不符合标准，次要项目漏填或不合格，经整修后复验达到标准，评为合格。成组更换新道岔按表5—9验收标准进行验收。

表5—8　　　　　　　　线路大中修验收标准

编号	项目	质量标准
1	轨距	1. 误差 ±4 mm 2. 变化率不大于2‰

续表

编号	项目	质 量 标 准
2	水平	1. 误差不超过 5 mm 2. 在延长 6.25 m 的距离内无超过 5 mm 的三角坑
3	轨向	1. 直线远视直顺,用 10 m 弦测量误差不超过 5 mm 2. 曲线方向圆顺,用 20 m 弦测量现场正矢与计划正矢之差不超过 5 mm 3. 曲线始终端不得有反弯或"鹅头"
4	高低	1. 目视平顺,前后高低差用 10 m 弦测量不超过 5 mm 2. 轨顶符合设计标高,误差不大于 ±20 mm
5	捣固	空吊板:普通线路不超过 12%;无缝线路不超过 8%
6	路基及排水	1. 路肩平整无杂草或向外流水横坡 2. 侧沟排水畅通 3. 符合设计要求
7	道床	1. 清筛洁净道碴中粒径小于 10 mm 的颗粒质量不大于 5% 2. 清筛厚度达到设计要求,个别厚度不足在 30 mm 以内 3. 符合设计断面要求,边坡整齐
8	轨枕	1. 位置方正,间距和偏斜误差不超过 40 mm,无缝线路地段轨枕位置方正均匀 2. 无失效、失修轨枕 3. 混凝土宽枕间距和偏斜误差不超过 30 mm
9	轨枕扣件	混凝土枕及宽枕: 1. 螺旋道钉无损坏,丝口涂油 2. 轨枕扣件:扣板扭矩为 80~140 N·m;弹条中点压靠,不靠者扭矩不小于 120 N·m 3. 扣件位置正确平贴,轨底顶紧挡肩扣板,歪斜不密贴大于 2 mm 者不超过 6% 4. 垫板、垫片及衬垫无缺少损坏,歪斜者不超过 8% 木枕: 1. 垫板歪斜及不密贴不超过 6% 2. 道钉浮离不超过 8%
10	新钢轨及其配件	1. 钢轨无硬弯,接头轨面及内侧错牙不超过 1 mm 2. 接头相错:直线不超过 20 mm;曲线不超过 20 mm 加规定缩短轨缩短量的一半

续表

编号	项目	质量标准
10	新钢轨及其配件	3. 轨缝每千米总误差：25 m 钢轨不超过 ±80 mm；12.5 m 钢轨不超过 ±160 mm 4. 夹板、螺栓涂油拧紧，扭矩达到标准
	旧钢轨及其配件	1. 接头相错：直线不超过 40 mm，曲线不超过 40 mm 加规定缩短轨缩短量的一半，如设计采用接头相错式时两股相错不小于 3 m 2. 钢轨无硬弯，接头轨面及内侧错牙不超过 1 mm 3. 轨缝每千米总误差：25 m 钢轨不超过 ±80 mm；12.5 m 钢轨不超过 ±160 mm 4. 夹板、螺栓涂油拧紧，扭矩达到标准
	无缝线路钢轨及其配件	1. 长轨轨端位移不大于 20 mm 2. 缓冲区接头相错不大于 40 mm 3. 焊缝质量符合规定标准 4. 缓冲区接头实际轨缝与设计轨缝误差在 ±2 mm 以内，但超过作业轨温上下限时除外 5. 长轨锁定轨温应符合设计锁定轨温范围（超温季节施工除外） 6. 缓冲区接头夹板涂油采用高强度螺栓、平垫圈，扭矩符合标准
11	防爬设备	1. 安装齐全无失效 2. 线路爬行量不超过 20 mm
12	道口	1. 木枕地段铺面下应为新枕 2. 铺面平整牢固，轮缘槽符合标准 3. 两侧平台平整
13	线路外观	1. 标志完整，位置正确，字迹清晰、工整、美观 2. 钢轨上的标记齐全，正确清晰 3. 弃土清除干净 4. 散失道碴回收
14	旧料回收	旧料如数收回，运至指定地点堆码整齐，并按规定移交

表 5—9　　　　　　　　　　更换新道岔验收标准

编号	项目	质量标准
1	轨距	1. 误差不超过 +3 mm，-2 mm 2. 变化率不大于 2‰
2	水平	误差不超过 4 mm，导曲线里股不高于外股
3	轨向	1. 直线远视直顺，用 10 m 弦测量误差不超过 4 mm 2. 导曲线支距误差不超过 2 mm 3. 连接曲线现场正矢与计划正矢之差用 20 m 弦测量不超过 6 mm
4	高低	前后高低差用 10 m 弦测量不超过 4 mm
5	道床	道床洁净饱满，夯实拍平，边坡整齐
6	岔枕	1. 间距误差不超过 30 mm，配置符合要求 2. 无失效、失修 3. 无连续空吊板，单根空吊板不超过 12% 4. 混凝土岔枕符合设计图及其技术要求
7	基本轨导轨	无硬弯，无倾斜，接头轨面及内侧平齐
8	尖轨	1. 尖轨竖切部分与基本轨密贴 2. 尖轨第一连接杆处动程：直尖轨不小于 142 mm，曲尖轨不小于 152 mm，AT 型弹性可弯尖轨不小于 180 mm
9	轨缝	按平均轨缝计算误差不大于 3 mm，绝缘接头不小于 6 mm
10	转辙连接零件	1. 连接杆不脱节，不松动，销子上好 2. 滑床板平直不密贴的，每侧不超过 1 块基本轨落槽 3. 轨撑与钢轨不密贴的，每侧不超过 1 个
11	辙叉与护轮轨	1. 查照间隔不小于 1 391 mm 2. 护背距离不大于 1 348 mm
12	其他连接零件	1. 螺栓无松动，无缺少，已涂油 2. 道钉浮离不超过 8% 3. 铁垫板及大小胶垫齐全，歪斜不超过 6% 4. 扣件齐全密靠，离缝不超过 6%
13	防爬设备	按设计图安装齐全，无失效，支承顶紧枕木
14	外观	1. 道岔钢轨编号、各部尺寸用油漆标记正确，字迹清晰 2. 旧料收集干净

5.6 安全

知识要求

安全生产是保证完成城轨运输生产任务的前提和基础。保证安全生产是工务部门的基本职责,在从事生产和作业时,必须认真贯彻执行"安全第一、预防为主"的方针,严格执行各项安全规章制度,遵守作业纪律、劳动纪律,以实现行车和人身安全的良性循环。

5.6.1 维修安全

城轨交通线路与国家铁路在线路养护维修方面有着许多相似之处,但由于城轨交通通常采用超长无缝线路并实现了线路的电气化,同时由于其运量大、速度快、全封闭、列车间隔短等特点,决定了城轨交通在国家铁路养护维修作业要求的基础上有其特殊的一面,特别是养护维修的作业安全方面。

1. 一般规定

(1) 由于轨道交通线路白天运营期间列车速度快、时间间隔短,所以白天严禁一切上道养护维修作业。只有晚间停运期间,按封锁计划在作业地段管辖车站登记确认后,方可进入施工地点作业。

(2) 城轨交通养护维修作业应严格遵守普通线路、无缝线路和电气化线路各单项养护维修作业安全要求。

(3) 严禁人车同区间从事不同作业项目。若有人车从事不同作业项目,必须遵守人车间隔"两站(车站)一区间"原则。

(4) 人车同区间从事同一作业项目的车辆应加强瞭望,并根据具体情况进行限速行驶;车下作业人员应按要求设防护。

(5) 影响列车运行安全的各类养护维修作业应尽量在当晚封锁时间段内,做到工完料清及时恢复线路状态。若必须跨日才能完成的,应做好临时性措施,以确保白天运营期间线路状态和轨道交通运营安全。

(6) 城轨交通因其特点和广泛的社会影响,为确保运营安全,线路养护维修作业应建立对维修质量的定期回检制度。

2. 巡检作业

线路巡检人员应执行汇报制度。发现影响行车安全的故障和其他重要情况时，应立即进行处理和设置防护，并及时向工长、车间主任报告。经常向工长汇报行车及人身安全情况，线路设备病害变化情况，零星的线路经常保养工作情况等。

巡检作业应包括以下内容及要求：

（1）巡道工应认真按照巡回图巡查线、桥设备，以 3 km/h 左右的速度全面查看，重点检查项目如下：

1）钢轨、道岔及主要连接零件有无伤损，已做出标记的伤损有无变化。

2）有无侵入限界、胀轨跑道及其他线路故障。

3）有无路基沉陷、塌方落石、水害、冻害及桥头护锥、河岸冲刷等情况。

（2）根据巡回图的时间安排，适时进行小补修工作，具体项目如下：

1）打紧浮起道钉，拧紧松动的接头螺栓和扣件，整修失效的防爬设备，清扫道口轮缘槽。

2）疏通侧沟、除草、整平路肩、整理道床边坡及其他零星的线路经常保养工作。

5.6.2 放行列车条件

城轨交通运营期间严禁一切施工作业（临时抢险作业及站线部分不影响车辆运行的作业除外），施工作业应于线路停运状态下进行封锁施工。施工作业完成后、线路恢复运营前，线路状态要求见表5—10。

表5—10　　　　　　　　　　放行列车条件

项　目	放行条件
轨枕盒内及枕头道碴	填满（大修整理作业及维修捣固作业不在此限）。在炎热天气应严格控制扒道床长度。无缝线路应严格按作业轨温条件办理
轨枕间隔	均置不缺
枕底道碴	捣固密实
道钉或扣件	木枕道钉应齐全，混凝土枕扣件应上齐
接头螺栓	无缺损
钩螺栓	无缺损
护轨及道钉	应将护轨、梭头全面恢复，并打齐道钉
起道顺坡	临时不小于 200 倍，收工时不小于 400 倍
垫冻害垫板时平台两端的顺坡	应符合冻害垫板作业的规定

5.6.3 防护条件

正线因突发故障影响行车（无法行车除外）时应设置移动减速信号，限速应视故障具体情况而定。

站线不影响车辆运行的作业应在施工地点设专人防护，必要时在站场车辆调度室设驻站防护，用对讲机联系，掌握列车运行情况。设停车手信号防护，放行车辆不限速。此类作业包括：

（1）线路巡检作业。
（2）个别方正轨枕。
（3）个别更换失效扣件及接头螺栓。
（4）道床整理、边坡整修及水沟清理作业。
（5）线路标志、标记的刷新。
（6）起道量为 41～100 mm。
（7）一次拨道量为 41～100 mm。
（8）其他不影响车辆运行的作业。

除以上作业外，站场影响行车的作业应封锁线路，使用停车信号防护。

5.6.4 防护办法

凡妨碍行车的故障地点线路，应设置防护。防护人员应指定专人，应由经过考试合格的职工担任。未设好防护禁止开工。线路状态未恢复到准许放行列车的条件，禁止撤除防护。施工防护信号的设置与撤除，由施工领导人决定。

1. 在正线区间线路上发现故障，使用移动减速信号的防护办法

（1）双线区间一条线路发生故障时，如图 5—6 所示。

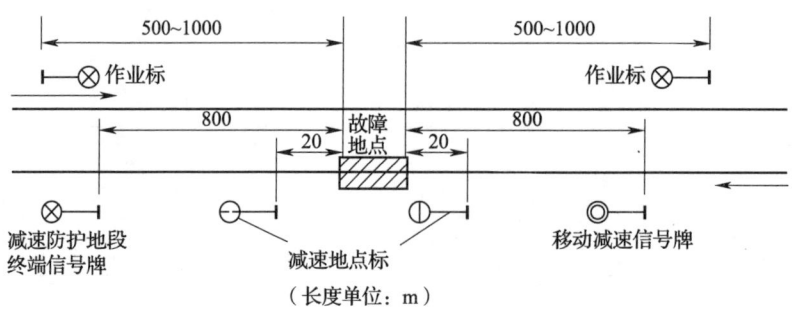

图 5—6　移动减速信号防护办法（双线区间一条线路发生故障）

(2) 双线区间两条线路同时发生故障时，如图 5—7 所示。

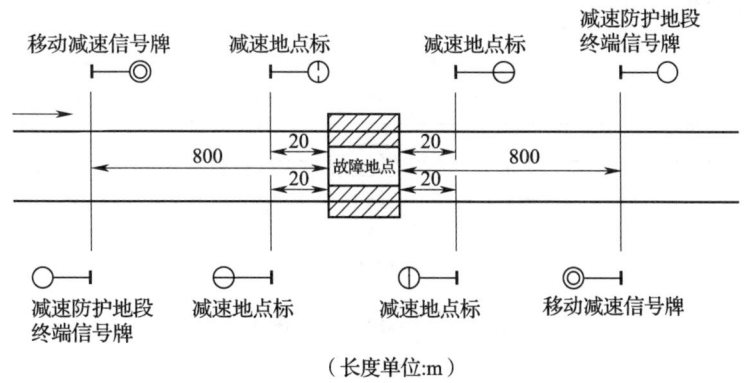

图 5—7　移动减速信号防护办法（双线区间两条线路发生故障）

(3) 故障地点在站外，距离进站信号机（或站界标）小于 800 m 时，如图 5—8 所示。

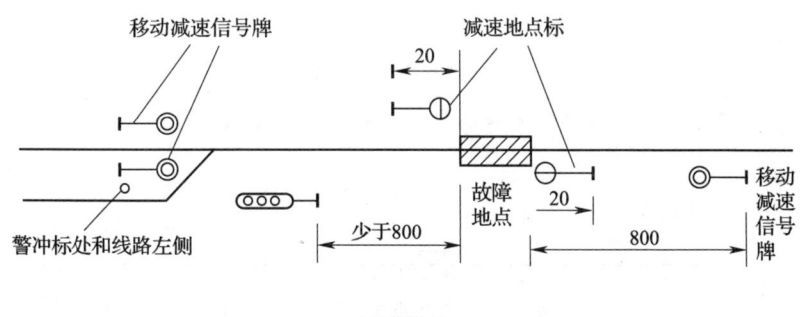

图 5—8　移动减速信号防护办法（故障地点在站外）

2. 在站内线路或道岔上施工，使用移动停车信号的防护办法

(1) 在站内线路上施工

1) 将施工线路两端道岔扳向不能通往施工地点的位置，并加锁和钉固，可不设置移动停车信号牌。如不能将道岔加锁或钉固时，在施工地点两端各 50 m 处线路中心，设置移动停车信号牌防护，如图 5—9 所示。

2) 如施工地点距离道岔少于 50 m 时，将该道岔扳向不能通往施工地点的位置，并加锁和钉固。如不能将道岔加锁或钉固时，在警冲标相对处线路中心，设置移动停车信号牌防护，如图 5—10 所示。

3) 在进站场道岔外方线路上施工，对正线区间方面，以关闭的进站信号机防护；

对站场方面，在进站道岔基本轨接头处（顺向道岔在警冲标相对处）线路中心设置移动停车信号牌防护，如图5—11所示。

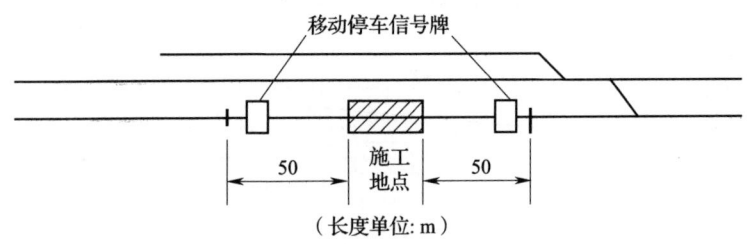

图5—9　移动停车信号牌防护

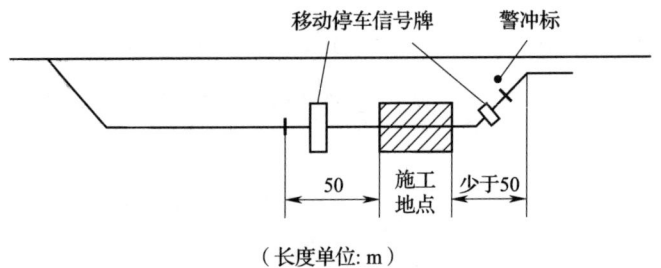

图5—10　移动停车信号牌防护（施工地点距离道岔少于50 m）

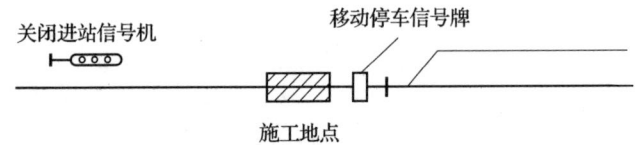

图5—11　移动停车信号牌防护（在进站场道岔外方线路上施工）

4）双线区段，在站界标至出站场道岔的线路上施工，对正线区间方面，分别在站界标及相对处线路中心设置移动停车信号牌防护；对站场方面用同上的办法防护，如图5—12所示。

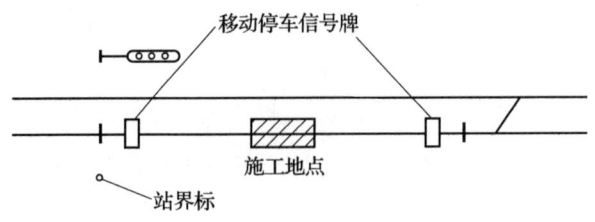

图5—12　移动停车信号牌防护（双线区段）

(2) 在道岔上施工

1) 在站场内道岔上施工，一端距离施工地点 50 m，另一端两条线路距离施工地点 50 m，应分别在线路中心设置移动停车信号牌防护，如图 5—13 所示。如一端距离外方道岔少于 50 m 时，应将道岔扳向不能通往施工地点的位置，并加锁和钉固。

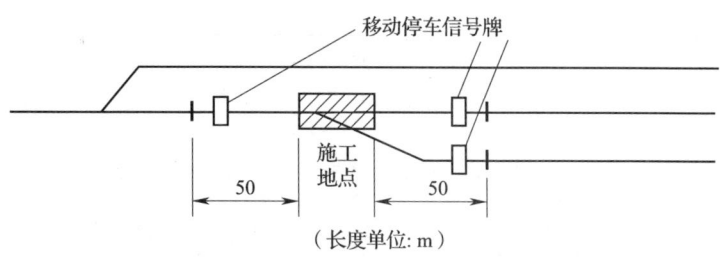

图 5—13　移动停车信号牌防护（在站场内道岔上施工）

2) 在进站场道岔上施工，对正线区间方面，以关闭的进站信号机防护；对站场方面，在距离施工地点 50 m 线路中心设置移动停车信号牌防护，将有关道岔扳向不能通往施工地点的位置，并加锁和钉固，如图 5—14 所示。

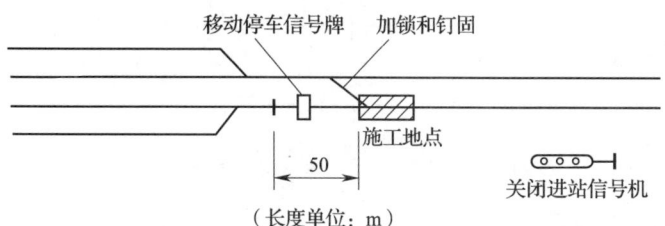

图 5—14　移动停车信号牌防护（在进站场道岔上施工）

3) 在出站场道岔上施工，对正线区间方面，分别在站界标及相对处线路中心设置移动停车信号牌防护，如图 5—15 所示，对站场方面用同上的办法防护。

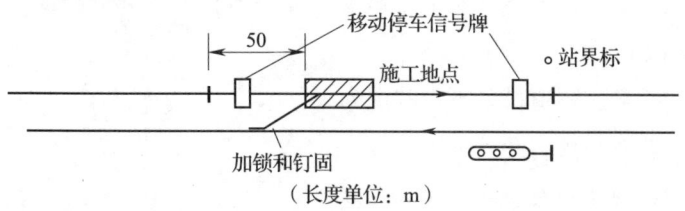

图 5—15　移动停车信号牌防护（在出站场道岔上施工）

4) 在交分道岔上施工，将有关道岔扳向不能通往施工地点的位置，并加锁和钉固，在施工地点两端 50 m 处线路中心设置移动停车信号牌防护，如图 5—16 所示。

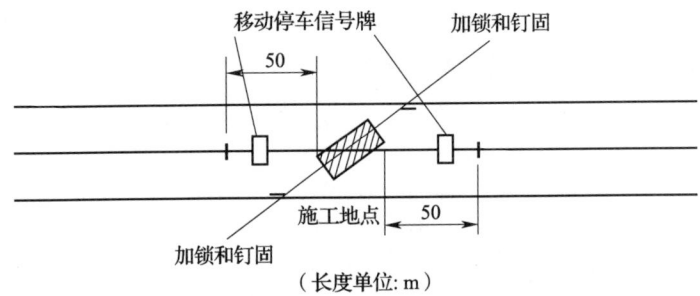

图5—16 移动停车信号牌防护（在交分道岔上施工）

5）在交叉渡线的一组道岔上施工，一端在菱形中轴相对处线路中心，另一端在距离施工地点50 m处线路中心，分别设置移动停车信号牌防护，将有关道岔扳向不能通往施工地点的位置，并加锁和钉固，如图5—17所示。

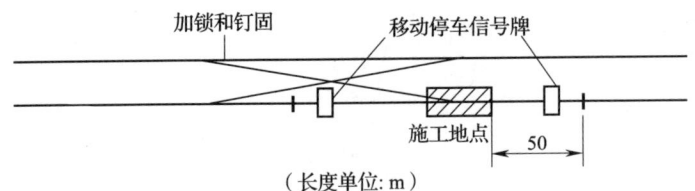

图5—17 移动停车信号牌防护（在交叉渡线的一组道岔上施工）

5.6.5 行车事故分类

根据事故的性质、损失及对行车造成的影响，行车事故分为重大事故、大事故、险性事故和一般事故。

凡事故性质及损害后果不够重大事故、大事故及险性事故的，为一般事故。与工务有关的一般事故有：

(1) 线路、桥梁、隧道设备不良耽误列车。

(2) 水害、塌方、落石耽误列车。

(3) 动车、重型轨道车故障耽误列车。

(4) 使用轻型车辆、小车及施工机械耽误列车。

(5) 施工、检修、清扫设备耽误列车。

(6) 未及时关闭道口栏杆或栏门耽误列车。

5.6.6 应急处理

当发生事故或发现线路设备故障危及行车安全时,应立即按规定及时进行防护,并向开来列车发出限速或停车信号。

发生行车事故,应采取积极措施迅速抢救,尽量减少损失。发现线路设备故障,应采取紧急措施设法修复。钢轨折断时,首先做好防护,及时通知车站和养路工区,严禁冒险放行列车。无缝线路断轨,应在断缝处使用臌包夹板和急救器加固,并拧紧前后各 50 m 范围的扣件。经过临时加固处理的断轨,无上下左右错牙,可使列车限速 5 km/h 通过故障地点,并要求及时进行更换或焊接处理。

1. 线路抢修

抢修线路可采用改道和修复的抢修方法。

2. 改道抢修

改道抢修是在发生严重列车颠覆事故时,避开妨碍行车的部分线路或道岔,用拨道或铺设临时便线的方法,与相邻线路或颠覆事故两端未遭破坏的线路相连接,尽快使线路开通。

3. 修复抢修

修复抢修是整正事故造成的轨道鼓起、线路横移,调整拉大的轨缝,临时加固或拆除更换损伤的钢轨等,尽快开通线路。

5.6.7 轻型车辆的安全

轻型车辆及小车,是指随乘人员能将其随时撤出线路的轻型轨道车(包括发电走行车)及其他非机动轻型车辆以及各种小车(轨道检查小车、单轨小车及单轨吊轨小车)。

1. 使用原则

(1) 轻型车辆一般只准在施工作业时使用,不按列车处理。在长大上坡道区间,禁止尾随运行及续发轻型车辆。

(2) 轻型车辆及小车在长大隧道、桥梁及线路平面、纵断面复杂的区间使用办法按相关规定办理。

(3) 轻型车辆及小车应停放在固定的安置地点并加锁,使用前应进行检查,确认状态良好时才能使用。

2. 使用条件

使用轻型车辆或小车时，必须具备下列条件：

（1）须有指定的使用负责人。

（2）必须有足够的随车人员同行，能随时将轻型车辆或小车撤出线路以外。

（3）轻型车辆应有制动装置，并持有技术状态合格证。牵引拖车时，连挂处应使用自锁插销，拖车必须有专人制动。

（4）在有轨道电路的线路或道岔上运行时，车轴应绝缘。

5.7 生产与技术管理

知识要求

养路工区是工务生产与技术管理的最基层单位。四级线路工不仅是养路工区生产技术的骨干，而且也是生产管理的骨干。因此，四级线路工需要掌握轨道的结构特点、主要作用、技术标准、养护方法，同时还应掌握一般的管理知识，包括生产技术管理、计划管理、定额管理、质量管理、设备管理、轨道检查车图表的判读以及养路机具的使用与保养等。这对不断提高线路维修工作水平、指导与合理安排线路维修、及时消除各种病害和隐患、保障行车安全、实现科学养路具有十分重要的作用。

对养路工区来说，生产计划主要是线路维修计划，它是线路维修管理的重要组成部分，也是加强维修工作的重要手段。线路维修计划的编制是否科学合理，直接关系到技术和经济效益。

5.7.1 线路维修计划

1. 计划的编制

工务部门根据城轨交通运营公司下达的年度计划，结合本部门线路设备的具体状况，编制年度分季（月）维修计划，分批下达各车间。其主要内容有：

（1）线路、道岔综合维修工作数量和进度。

（2）保养工作的重点和安排。

（3）各项技术指标。

（4）劳力和主要材料的消耗计划等。

车间根据工务部门下达的年度分季（月）维修计划，编制车间分月生产计划。对维修、重点整治的年度分季（月）计划，按照综合维修作业项目及重点整治项目，落实到各工区组织实施。

2. 计划的季节性因素

（1）春融时期。春融时期气温回升，路基和道床冻结开始融解，冻害开始回落，线路状态变化较快较大，所以要特别考虑做好以整治春融引起的线路病害为重点的各项工作，防止春融乱道，危及行车安全。例如：

1）根据冻害回落情况，及时更换和撤除冻害垫板，重点捣固补修，改正和拨正线路方向，消灭线路不平顺。

2）及时疏通排水设备，排除路基积水，整治路基翻浆冒泥，保持路基土体稳定。

3）重点抽换轨枕，消灭失效木枕群，特别是接头处所的失效木枕。

此外，还要为夏季维修做好必要的准备，要安排调整轨缝、方正轨枕、整正钢轨直角错差、夹板及螺栓涂油、整正和更换失效的大小胶垫、回收路基及其边坡上的零散道碴、拆除防雪栅栏和防寒设施等工作。

（2）夏秋季节。夏秋季节是线路维修的黄金季节，要合理安排好综合维修和其他季节无法进行的各项病害整治工作。同时，夏秋季节天气炎热，也是预防线路胀轨跑道和雨季预防洪水断道的季节。因此，除安排严、全、细地做好线路维修工作外，还要考虑因季节特点可能发生的各项事故的预防和抢修工作。

（3）入冬季节

1）入冬初期，土壤尚未冻结，为巩固夏修质量成果，减少冬季垫板和改道作业，要考虑安排以下工作：

①全面整正线路方向、高低、水平、三角坑等。

②全面整修低接头，消灭空吊板。对钢轨接头、桥头、桥尾、道岔前后、曲线头尾等线路，要加强捣固。

③整正轨缝，全面补充和整修防爬设备，曲线、道岔的加强设备，并做好地下排水设备的防寒工作。

2）入冬之后，土壤开始或已经冻结，线路出现不均匀冻胀，线路弹性逐渐降低，轨件容易折损，威胁行车安全，因此要考虑安排：

①整治线路冻害作业。

②清除线路上的冰雪，保持线路状态良好。

③加强线路钢轨和配件的检查，做好防止钢轨（包括无缝线路的焊缝）、夹板、辙

叉的折损和处理、更换工作。

无缝线路区段，在春、秋季节，根据需要，还应考虑安排应力放散作业。

在编制年度分季（月）计划时，除考虑按不同气候、季节特点安排不同的作业项目外，还要考虑劳动用工计划和材料消耗计划等。

3．劳动用工计划的编制

劳动用工计划编制的一般步骤和要点是：

（1）根据工务部门下达的年度分季（月）生产任务和车间、工区补充的工作项目和任务数量，按制定的工时定额计算所需的人工数量。

（2）按轨道养护基层部门和养路工区现员数，核定年度分季（月）实际能上道作业的总工日数。如每月按 30 天计算，扣除该月的节假日数，乘以本工区现员数再减去历年来各月的职工病、事假数，即为各月的出勤总工日数。实际能上道作业的总工日数，等于各月职工出勤总天数减去历年来无法上道作业遇雨、风、雪天及其他原因损失天数的平均天数，再乘以历年来实际上道率的平均数。

（3）根据各季（月）总的出勤工日数和上道作业工日数，历年来各季（月）线路维修、保养、临时补修及重点工作项目占用的工时比例，确定维修千米数、重点工作项目计划数以及保养计划和临时补修工时。

在确定年度各季（月）计划时，不仅要根据季节和气候特点、职工出勤、上道作业工日数合理安排作业任务和项目，同时还要安排工作进度。

要注意各季（月）计划工作任务和项目数量，及所需工日数与各季（月）能够出勤和上道作业的工日数大致相等，并尽量做到全年四季生产任务均衡、合理，避免前紧后松或前松后紧现象的发生。

此外，还应考虑材料供应情况、机具状况和意外因素的发生。计划的编制要留有一定余地。

在编制年度各季（月）计划时还要编制增产节约、材料消耗、技术革新、设备改善等计划及措施。

增产节约计划主要是指回收并整修旧轨件、旧枕木、复活旧道钉、螺栓以及采用合理化建议延长线路主配件使用寿命等计划。

材料消耗计划主要是指根据年度分配的生产财务计划，结合各季（月）的生产任务，编制各季（月）需要的线路配件、道岔零件、轨枕及扣件、沙石、工具、燃料以及其他一般材料等计划。

全年各季（月）计划的编制必须发动群众，组织讨论、修改，编制完成后报工务部门审查批准。

4. 养路工区月度计划

养路工区月度计划,由养路工区工长根据车间计划,经工务部门批准后进行细化和具体化后组织逐月落实。每月在实施之前,还要编制月份作业计划,其主要内容为:

(1) 综合维修作业计划。正线、站线、专用线的延长米数及其道岔的组数要有具体位置编号及作业进度。

(2) 不能结合综合维修做的重点整治计划。包括清筛道床,综合整治低扣接头,整修道口,换填路基土壤,整治冻害或翻浆冒泥,成段调整轨缝,矫直硬弯钢轨,无缝线路应力放散,成段进行扣件和接头螺栓、夹板涂油以及其他各项重点工作项目,要有具体位置、数量、需用的劳力和材料数量、工作进度等。

(3) 经常保养和临时补修计划。根据养路工长日常的线路检查,确定经常保养的重点和工作数量,超过临时补修容许误差限度的轨道几何尺寸,须及时垫入或撤出的冻害垫板,整修严重不良的轨缝,整修严重不良的道口设备等需要临时或紧急处理的工作、项目、数量、具体位置。

(4) 由巡检人员负责经常保养的项目、数量、具体位置及其工作进度。在安排经常保养与临时补修工作时,一定要处理好两者之间的关系。如迟迟不去做经常保养,必然要做大量的临时补修工作,轨道技术状态会越来越差;如为了不做或少做临时补修,就需要超前去做经常保养,过早地投入人力物力,且不恰当地扰动轨道的稳定性,技术经济效益不好。因此,要在生产实践中不断总结、探索,求得规律,做到适时地进行保养,以减少临时补修。

月作业计划不必要编制得很细和非常准确,要留有一定余地。在月作业计划中,可只列入一些主要作业项目和内容,某些少量的、零星的作业项目和内容,可只列入一定的人工数量,计入总人工数中即可,避免作业计划过分烦琐。

5. 养路工区的日作业计划

养路工区的日作业计划由养路工长或班长负责调查和编制。日作业计划是实施和完成月作业计划的具体化和保证。一般情况下是在月计划指标的控制下进行。

在当日作业完成收工前,由工长或班长根据每个作业工人的特长,组织工人分项调查次日作业工作项目内容、数量,需用的材料名称、规格、数量,由工长或班长抽查核实后汇总,根据劳动定额确定次日作业计划,填入养路工区日计划、完成情况表。

日作业计划虽然比月作业计划细一些,但无须烦琐的计算,以能指导作业为原则。日作业计划要记载实际完成的项目、数量、位置及当日出工人数、材料消耗情况。至于细化到什么程度，要根据各工务部门的具体要求来确定。但应力求简洁明了。

养路工区日作业计划完成情况表，是养路工区日计划及完成工作量、材料消耗等的原始记录，由工长或班长按实际发生填写。它能比较真实地反映养路工区线路维修生产活动的实际情况，对分析每个工区乃至整个工务部门各季生产经济活动情况有重要作用，不仅可指导今后的生产计划编制，提高计划编制的水平，而且对经济合理地实施科学养路也有重要意义。

6. 工区月报的填报

工务部门为了按月了解和掌握各养路工区生产经济活动情况，要求各养路工区按月填报有关报表。一是为了便于掌握、分析、平衡生产情况；二是可从中发现问题，及时采取措施，妥善解决。

5.7.2 技术设备管理知识

技术设备管理，是生产技术管理的重要组成部分，它对运输生产有着直接的影响。因此，反映实际情况的技术设备状态及对技术资料的掌握与管理，有利于综合分析现有设备的状况。

工务技术设备的技术资料很多。由养路工区负责调查、编制、保管的有钢轨登记簿、轨枕登记簿。此外，还有线路检查记录簿、道岔检查记录簿、曲线正矢检查记录簿等。由工务主管部门负责调查、编制，由养路工区负责保管和使用的还有本工区管辖的曲线登记簿、道岔登记簿、道口登记簿、路基病害登记簿、工务设备综合图、工务设备车站配线图表等。这些技术资料应随设备的变化而及时进行修改或更正，使其能真实反映实际情况。

1. 钢轨登记簿

钢轨和轨枕登记簿的填写格式、要求、规定的主要内容如下：

钢轨登记簿是反映本工区管内正线、站线、段管线、岔线及特别用途线等钢轨配置的类型、每根的长度、每千米的数量等的技术资料。

钢轨登记簿及填写说明：

封面填写正线时不填写站名；填写站线时，不填里程。站名后，按正线、站线、岔线、特别用途线等分别填写线别及其股道编号。渡线一般按其他站线统计。

正线以千米，站线以股道为单位，按钢轨类型和左右股逐根登记。正线单独装订，站特线按计算单位装订。

个别钢轨更换后，要及时修改。线路大修或成段更换再用轨后，要另换新页。每年秋检时进行复查。

钢轨编号办法：以左股钢轨为准顺序编号。正线和两端有道岔的站线，按里程方向分左右股，只有一端有道岔的站特线，按面向终端或车挡分左右股。

正线以千米为计算单位，自第一根钢轨开始至本千米最末一根止。遇一根钢轨跨及两个计算里程，如钢轨长度在前一计算里程内有 1 m 及以上时，该轨编入前一计算里程内，否则应为下一计算里程的第一号。遇有道岔，不编号，留一空格，注明道岔编号、类型、全长。

相互式接头曲线：以左股钢轨为准顺序编号。右股较左股多一根时，右股终端有一重号；右股较左股少一根时，右股终端有一跳号。

双线及三线以上的地段，钢轨编号与单线相同。

无缝线路及长钢轨，按焊接前的钢轨进行编号。

站线以每一线别为计算单位，遇道岔时不编号，空一格，注明道岔编号、类型、全长，自道岔后第一根钢轨起，面向终端顺序编号。

钢轨编号应写在每根钢轨的前端距轨头 1 m 处的内侧，曲线涂油地段也可以写在外侧或右股的内侧。

钢轨类型：新中国成立后生产的国产轨为 60 中、50 中、45 中、43 中、42 中、38 中；进口的钢轨代号：捷克轨为 J，波兰轨为 M，西德轨为 G，日本轨为 N，奥地利轨为 U。其他杂型轨按以往规定分别填写钢轨类型栏的空格，应由重型到轻型排列。

伤损情况：只登记伤损达到轻伤级以上的钢轨。

钢轨磨耗测量方法：垂直磨耗等于钢轨标准高度减去钢轨实际高度。实际高度一般在钢轨中心处测量；偏磨地段可在顶面实际磨耗的地方测量，或在顶宽 1/4 处量取。侧面磨耗等于轨头标准宽度减去轨头实际宽度。实际宽度一般在钢轨踏面（以标准断面为准）下 10 mm 左右量取。如果钢轨曾调边，两面均有磨耗量，应为两侧磨耗之和，如果钢轨有肥边，应减去肥边的宽度计算侧面磨耗。钢轨磨耗每年测量一次。直线每隔 200 m 一处，半径 651 m 以上的曲线每隔 100 m 一处，半径 650 m 及以下的曲线每隔 50 m 一处。

备注栏：记载无缝线路、长钢轨的起讫点，再用轨、工业轨、耐磨轨等情况。

2. 轨枕登记簿

轨枕登记簿是反映本工区管内正线、站线、段管线、岔线及特别用途线等轨枕配置的类型，每千米配置的数量等的技术资料。

轨枕登记簿及填写说明：

封面填写正线时不填站名，填写站线时不填里程；站名后按正线、站线、岔线、特别用途线等分别填写线别及其股道编号。

正线以千米，站线以股道为单位进行登记，并分别装订。

个别轨枕更换及定期检查以后，要及时修改。每年秋检时进行复查。线路大修或成段更换再用枕后，要另换新页。工务主管部门在维修验收时要同时验收本登记簿。在计划更换轨枕时，要以本登记簿作为依据。

钢轨编号：按钢轨登记簿的规定填写。对通过有桥枕的桥梁、道岔以及无轨枕地段时，应留空钢轨或轨枕的编号。

填写符号：木枕不标符号，钢筋混凝土轨枕用"△"表示，轨枕板用"□"表示，失效时标一横线"－"。

铺设年度：填写时按铺设（或出厂）年度的末尾二字表示。对已铺轨枕，如无出厂年号（或铺设年号）者，对木枕要补刻年号，大中修地段所更换的轨枕由施工单位负责刻好年号（有的已在出厂时用圆形年号钉直接钉在木枕规定的部位）。

对再用枕，应按最初铺设年度登记；对拼接木枕，按加工拼接时的年度起算。

登记簿填法：上格填轨枕种类、年度失效，下格为修改栏。

表尾4个空格栏，可作某一阶段的小计或其他用途。

3. 工务设备综合图及车站配线图

工务设备综合图表是反映本工区管内线路的平面、坡度、钢轨、轨枕、道床类型等的技术图表。

车站配线图是反映本工区管内车站配线的情况，道岔位置及编号等的技术图表。

工务设备综合图及车站配线图，由工务部门负责调查、编制，由养路工区保管使用。

为使本工区职工都能熟悉管内技术设备的分布与状况，应将它们绘制成较大的挂图挂在工区室内明显的地方，以便随时查看和记忆。

5.7.3 定额管理知识

任何生产活动过程中，必然要消耗一定的人力、物力和财力，这些规定消耗的数量标准，就叫定额。

任何企业为了提高生产效率，增进经济效益，改善经营管理，促进生产发展的需要，必然要规定各种各样的定额。如维修1 km线路或完成某一单项作业任务，需要多少人工，用多少时间才能完成；需要消耗多少原料、燃料和动力；需要花费多少资金或费用等。要想知道这些消耗是否合理，是节约还是浪费，若无定额来进行分析、计算和比较，就无从衡量。可见，预先规定定额不是可有可无，而是促进生产发展的客观需要。

1. 劳动定额

（1）劳动定额是在一定的生产技术组织条件下制定的。所谓一定的生产技术组织条件，是指在规定的劳动组织形式，使用规定的设备、工具、材料，采用规定的工作程序和操作方法，在规定的环境条件下，达到规定的生产成品的量化（包括数量和质量）要求。

（2）劳动定额所规定的是有效劳动的消耗标准。即生产合格产品的劳动消耗标准。在劳动定额中不包含无效劳动的消耗量，如做返工的劳动消耗量等。所以，劳动定额既有数量的要求，也有质量的要求。

（3）劳动定额的制定，是以"标准劳动者"，即其体力、操作的熟练程度，努力程度合格，作业速度正常的劳动者，在正常的条件下所达到的劳动消耗量水平为依据。所以，确定的劳动定额水平，既不是太高，又不是太低，符合先进合理的要求。

（4）劳动定额是一种标准，是衡量劳动消耗的尺度。因此，凡是产品产（质）量直接取决于劳动者的劳动效率，而且又可进行计量和考核的，都可以规定劳动定额。

（5）通常把劳动时间作为衡量劳动消耗的尺度，因此，提出了工时定额的概念。所谓工时定额，是指规定单位生产一定数量的合格产品或完成一定工作所需劳动时间的标准。这是以时间为单位表示的劳动定额。它是以工日、小时、分钟等作为计量单位的。

（6）单项定额。单项定额是指以单位产品或单位作业为对象，按不同工种或加工方法所制定的定额。如线路维修中以更换轨枕、清筛道床、安设防爬器、螺栓涂油等为对象。它是劳动定额中最小的单位，适用范围广泛，而且是制定综合定额的基础。

（7）综合定额。综合定额是以综合产品为对象制定的定额。如线路维修以千米，道岔维修以组为对象等。因为这些产品本身包含了多少单独或独立的工作对象。

2. 工时结构

在我国企业中，把工时（消耗）分为生产时间，中断时间和非生产时间三大类。

（1）生产时间

是指工人用于完成生产任务所必须消耗的有效劳动时间。按其性质和作用可分为准备与终结时间和作业时间两大部分。

1）准备与终结时间

是指工人在生产过程中为完成生产任务而进行的必要准备与结束所消耗的时间。这类时间又分为工作日准备与终结时间和单一工作准备与终结时间。

工作日准备与终结时间是指为整个工作日的生产活动进行准备与结束工作所消耗的时间。如线路维修作业前用于点名、布置生产任务，宣讲安全注意事项、更换工作服，走向工作地点和准备材料、工具润滑和调试机具，设置作业安全防护装置，作业结束后擦拭机具设备，收拾工具，填写各种记录所用工时。

2）作业时间

是指工人直接用于完成生产任务，直接实现并完成基本操作过程所消耗的时间。它是定额时间最主要的组成部分。如线路维修时直接完成起道、捣固、改道、拨道整理等作业基本操作的时间，这些都属于作业时间。

（2）中断时间

是指在工作时间内，由于操作技术上，组织管理上，或工人本身以及外部等原因，致使工作不能继续而造成的中断时间。如工作时间内找工人谈话及材料供应不及时的停工待料；机具临时故障而作业无法继续进行的时间；车站未能按时提供封锁时间；作业须供电相互配合而一方因某种原因未能及时到达等，使生产中断而造成工时损失的时间。又如为解除工作中的疲劳和应付生理上的自然需要而中断工作的时间，如工间休息、喝水擦汗、上厕所等所需要的时间。自然需要的中断时间是完成生产任务所必要的，因此也是包括在定额之内的。但不包括由于违反劳动纪律而造成的工作中断时间，如迟到、早退、工作时间内离岗、聊天、看报、违反操作规程、办理私事等造成的工作中断时间。

（3）非生产时间

是指在工作时间内做与完成本职生产任务无关或不必要的工作所消耗的时间。如在工作时间内开会、学习、听报告、办福利、搞卫生。由于在工作中疏忽大意或不按标准化作业程序操作等造成的废品返工；或者出于好心自动帮助别人干返工活或者寻找自己常用工具等的时间损失。

本章测试题

一、判断题（将判断结果填入括号中。正确的填"√"，错误的填"×"）

1. 线路维修必须贯彻"预防为主、防治结合、修养并重"的原则。　　　　　（　　）

2. 线路起道包括局部或全面起道，而不包括调整线路纵断面。（ ）

3. 全面起道，起道量普遍超过 40 mm 时，一般应用仪器测量并设置起道标桩。（ ）

4. 起道作业前应由起道负责人对起道需使用的各种量具和起道机进行检查。（ ）

5. 起道时除经测量设计调整纵断面外，应保持既有坡度、竖曲线半径、坡度变更点位置不变。（ ）

6. 捣垫结合用垫板找平时，每处垫板不超过两块，总厚度不超过 10 mm。（ ）

7. 碎石道床线路起道作业中，起道预留下沉量不应超过 4 mm。（ ）

8. 起道机不得放在绝缘接头处，不得在绝缘接头轨面上滑行。（ ）

9. 当无缝线路由于伤轨需要一根 25 m 轨时，需要锯轨。（ ）

10. 在调整接头错差工作中，有时需要锯轨。（ ）

11. 钢轨锯断后应对断面尺寸进行复核。（ ）

12. 钢轨锯断作业中，锯口必须与钢轨垂直。（ ）

13. 锯轨时应准确测量钢轨长度。（ ）

14. 锯轨时，严禁未锯到底部强行打断，以确保锯轨质量。（ ）

15. 锯轨时，锯轨机操作手应避免正对锯轨方向，以免火星溅伤。（ ）

16. 无缝线路维修即为无缝线路地段的综合维修。（ ）

17. 无缝线路需在规定作业轨温外进行作业时，应按规定做好保证线路稳定的措施。（ ）

18. 无缝线路作业时，应先测量轨温，如在规定作业轨温范围内，按作业计划确定的项目进行作业，超过规定作业轨温应改变作业时间，必要时进行应力放散。（ ）

19. 无缝线路作业应执行作业前、作业中、作业后测量轨温的制度，发现超过允许作业温度，应立即停止作业，并恢复线路。（ ）

20. 无缝线路作业要严格执行一准、二测、三清、四不超、五不走。（ ）

21. 锁定轨温较低或薄弱地段进行的综合维修，安排在气温较高的月份进行。（ ）

22. 整正轨缝作业中，一个区间内插入的短轨，原则上应设在道岔引轨的外方，如区间内已有插入的短轨，则可调整已有短轨的长度。（ ）

23. 道岔起道及捣固适用于道岔综合维修、保养和临时补修时的水平、高低和三

角坑的整治。（　　）

24. 道岔全面起道时，应将转辙部分、连接部分、辙叉部分的计划起道量及道岔前后线路起道量标于钢轨顶面。（　　）

25. 尖轨跟端起道应以下股为准，起道量为直股、曲股两水平值的平均数。（　　）

26. 道岔导曲线部分起道机抬起道后，三股轨要同时打镐塞，以减少起道次数。（　　）

27. 道岔捣固作业时，一根岔枕两头同时捣固。同时捣固两根以上岔枕时，至少相隔3根以上岔枕。（　　）

28. 道岔铺设位置不合适，需改移时，不能通过拨道解决，而应该重新铺设。（　　）

29. 道岔拨道，先拨正道岔直股方向，然后以直股为准，做好曲股的支距和各部间隔。（　　）

30. 道岔拨道结束后无须进行捣固。（　　）

31. 道岔拨道作业时，要防止轨道电路的短路或断路。（　　）

32. 道岔改道作业可按转辙部分、连接部分、辙叉部分分段进行。（　　）

二、单项选择题（选择一个正确的答案，将相应的字母填入题内的括号中）

1. 以下属于无缝线路铺设验收时应备齐的相关竣工资料的是（　　）。
   A．焊缝编号和钢轨编号对照表　　B．施工进度表
   C．钢轨运输记录　　D．旧有普通线路的纵向位移观察记录等

2. 以下不属于无缝线路铺设验收时应备齐的相关竣工资料的是（　　）。
   A．焊缝编号和钢轨编号对照表　　B．施工进度表
   C．焊接和探伤记录　　D．无缝线路纵向位移观察记录

3. 以下不属于线路大中修验收时应备齐的相关竣工资料的是（　　）。
   A．竣工后的线路纵断面图　　B．施工进度表
   C．隐蔽工程记录　　D．主要材料使用数量表

4. 以下属于线路大中修验收时应备齐的相关竣工资料的是（　　）。
   A．焊缝编号和钢轨编号对照表　　B．施工进度表
   C．钢轨焊接记录　　D．旧有无缝线路的纵向位移观察记录等

5. 线路设备大中修每完成一个单位，经施工单位自验合格后，提出（　　），向工务主管部门验收员提请验收，由验收员确定验收日期，组织施工单位及接管单位，

按照设计文件及有关验收标准,共同进行交验。

  A. 申请   B. 施工记录   C. 自验记录   D. 施工结束证明

 6. 线路设备大中修每完成一个单位,经施工单位自验合格后,提出自验记录,向（　　）提请验收,由验收员确定验收日期,组织施工单位及接管单位,按照设计文件及有关验收标准,共同进行交验。

  A. 接管单位   B. 施工单位

  C. 验收员   D. 工务主管部门验收员

 7. 下列关于复式交分道岔中造成列车摇晃,并因此撞击心轨尖端的原因,正确的是（　　）。

  A. 有害空间的存在   B. 基本轨磨耗

  C. 心轨与基本轨密贴   D. 轨距偏小

 8. 钝角辙叉基本轨弯折（　　）有可能导致复式交分道岔钝角辙叉理论尖端至导曲线中点工作边的距离难以保持。

  A. 量过大   B. 量过小   C. 量过大或过小   D. 位置错误

 9. 采取适当提高护轨顶面高度的方法来防治钝角辙叉"碰尖",提高数值一般不大于（　　）mm,两端顺坡长为100～300 mm。

  A. 15   B. 25   C. 35   D. 45

 10. 采取适当提高护轨顶面高度的方法来防治钝角辙叉"碰尖",提高数值一般不大于25 mm,两端顺坡长为（　　）mm。

  A. 100～200   B. 200～300   C. 100～300   D. 200～400

 11. 交叉渡线起道时,若道岔处于（　　）,则可先起中间,后顺好四个角。

  A. 大平低洼处   B. 大平高处

  C. 大平高低相差较大   D. 大平高低相差较小

 12. 交叉渡线起道时,若道岔处于（　　）,则应根据其四个角连接线路的高低情况,统筹兼顾,选定一角引进大平,然后仍可先起中间,后顺好其余三个角。

  A. 大平低洼处   B. 大平高处

  C. 大平高低相差较大   D. 大平高低相差较小

 13. 交叉渡线道岔轨距、轨向相互制约大,所以拨道时要整体考虑,必要时可以（　　）结合,一并进行,以达到最佳效果。

  A. 起、拨   B. 改、拨   C. 起、改   D. 改、顺

 14. 交叉渡线道岔交叉部分拨道由于各股轨道相互牵制,比较费事,难度大,故

拨量尽量要（　　）。

A. 大　　　　　B. 小　　　　　C. 分多次进行　　　D. 快速到位

15. 试算道岔附带曲线半径前，可用（　　）m 弦绳测量正矢，至少测量 3 点，取其平均值。

A. 5　　　　　B. 10　　　　　C. 15　　　　　D. 20

16. 无道岔附带曲线设计图时，计算出的曲线半径选用（　　）m 的整数倍。

A. 2　　　　　B. 3　　　　　C. 5　　　　　D. 10

17. 进行道岔附带曲线调整时应检查其前后的（　　），必要时进行调整。

A. 道岔　　　　B. 线路　　　　C. 轨距　　　　D. 轨缝

18. 根据道岔附带曲线正矢可直接试算出曲线的（　　）。

A. 半径　　　　B. 始终点横距　　C. 支距点位置　　D. 拨动量

19. 调整附带曲线就是对道岔附带曲线的位置、方向和（　　）进行调整。

A. 高低　　　　B. 轨距　　　　C. 三角坑　　　　D. 半径

20. 调整附带曲线就是对道岔附带曲线的（　　）、方向和半径进行调整。

A. 高低　　　　B. 轨距　　　　C. 三角坑　　　　D. 位置

21. 道岔改道时，实际支距与设计支距误差不应超过（　　）mm。

A. 1　　　　　B. 2　　　　　C. 3　　　　　D. 4

22. 道岔改道时，轨距最大误差不应超过（　　）mm。

A. 1　　　　　B. 2　　　　　C. 3　　　　　D. 4

23. 道岔改道可按（　　）分段进行。

A. 转辙部分、连接部分、辙叉部分　　B. 尖轨部分、曲线部分、辙叉部分
C. 转辙部分、中间部分、辙叉部分　　D. 前面、中间、后面

24. 道岔辙叉部分改道时，辙叉趾端、跟端轨距误差应限制在（　　）mm 内。

A. 1　　　　　B. 2　　　　　C. 3　　　　　D. 4

25. 道岔拨道作业时，要防止轨道电路的（　　）。

A. 混乱　　　　B. 短路　　　　C. 中断　　　　D. 短路或断路

26. 道岔拨道时应注意邻线间距、线路道岔与信号机、站台等建筑物的（　　）。

A. 高度　　　　B. 位置　　　　C. 距离　　　　D. 关联度

27. 道岔拨道时，大弯需一撬倒一撬地向前拨，每拨到中间可隔（　　）个轨枕孔，遇到接头时必须插撬。

A. 1～2　　　　B. 2～3　　　　C. 3～4　　　　D. 4～5

28. 道岔拨道量较大时，拨道指挥人以道岔直向外股钢轨为基本股，跨站在距拨道地点（　　）m 位置。

A. 10　　　　B. 15　　　　C. 20　　　　D. 30

29. 道岔拨道时一侧拨道量年度累计不得大于（　　）mm；并不得侵入限界。

A. 120　　　B. 140　　　C. 160　　　D. 180

30. 道岔拨道时，线路中心位移不得超过（　　）mm。

A. ±10　　　B. ±20　　　C. ±30　　　D. ±40

31. 尖轨跟端起道应以（　　）为准，起道量为直股、曲股两水平值的平均数。

A. 上股　　　B. 下股　　　C. 直股　　　D. 曲股

32. 整组道岔起道，起导曲线下股时，导曲线长平要与尖轨跟平顺，导曲线上股较下股稍抬高（　　）mm，起道机起道后，三股轨要同时打塞，以减少起道次数。

A. 4～5　　　B. 3～4　　　C. 2～3　　　D. 1～2

本章测试题答案

一、判断题

1. √　2. ×　3. √　4. ×　5. √　6. ×　7. √　8. √
9. ×　10. √　11. √　12. √　13. √　14. √　15. ×　16. ×
17. √　18. √　19. √　20. √　21. ×　22. √　23. √　24. ×
25. √　26. √　27. √　28. ×　29. √　30. ×　31. √　32. √

二、单项选择题

1. A　2. B　3. B　4. D　5. C　6. D　7. B　8. C
9. B　10. C　11. B　12. A　13. B　14. B　15. B　16. D
17. D　18. A　19. D　20. D　21. B　22. C　23. A　24. B
25. D　26. C　27. C　28. D　29. A　30. C　31. B　32. C

理论知识考试模拟试卷及答案

城轨线路工（四级）理论知识试卷

注 意 事 项

1. 考试时间：90 min。
2. 请首先按要求在试卷的标封处填写姓名、准考证号和所在单位的名称。
3. 请仔细阅读各种题目的回答要求，在规定的位置填写答案。
4. 不要在试卷上乱写乱画，不要在标封区填写无关的内容。

	一	二	总 分
得 分			

得 分	
评分人	

一、判断题（第 1 题~第 25 题。将判断结果填入括号中。正确的填"√"，错误的填"×"。每题 1 分，满分 25 分）

1. 轨缝应设置均匀，每千米轨缝的总误差：25 m 长的钢轨地段不得大于 ±160 mm；12.5 m 长的钢轨地段不得大于 ±320 mm。（ ）

2. 普通线路应根据钢轨长度和钢轨温度预留轨缝。（ ）

3. 标准长 25 m 钢轨，允许铺设在任何地区。（ ）

4. 出现连续三个及以上瞎缝或轨缝大于构造轨缝时，可不考虑当时轨温条件，直接进行轨缝调整。（ ）

5. 直角错差有正负之分，一般习惯以左股钢轨为基准，沿着测量方向，当右股往始端错动时，直角错差为负，反之为正。（ ）

6. 钢轨在接头处的破损占全部破损的一半以上；接头下混凝土枕的失效数为其他部分的3～5倍；接头处的道床振动加速度也比钢轨中间部分大几倍。（ ）

7. 接头下混凝土枕的失效数为其他部分的3～5倍。（ ）

8. 钢轨在接头处的破损约占全部破损的25%。（ ）

9. 对于接头病害的整治应围绕减少接头不平顺，及时消灭永久变形，切实加强接头等进行。（ ）

10. 在城市地铁主要车站的折返线、正线尽头线或车场线、试车线等重要线路终端，为了最大限度地增加安全性，防止在遇到特殊情况时地铁列车冲出线路，都安装了挡车器。（ ）

11. 尖轨是转辙器中的重要部件之一，尖轨是用与基本轨同类型的标准钢轨或特种断面钢轨刨切而成。（ ）

12. 曲线形尖轨多用于大号道岔，左、右开道岔曲线形尖轨可以互换使用。（ ）

13. 基本轨垂直磨耗，在正线上超过4 mm，车场线上超过6 mm时，应及时修理或更换。（ ）

14. 道岔导曲线任何情况下皆不设置超高。（ ）

15. 可动心轨式辙叉，是利用心轨可以摆动并与翼轨紧密贴靠的特点，来达到消灭有害空间的一种新型辙叉，这种辙叉直股可以不设护轨。（ ）

16. 护背距离是辙叉心作用面至护轨头部外侧的距离，不得小于1 391 mm，查照间隔是辙叉翼作用面至护轨头部外侧的距离，不得大于1 348 mm。（ ）

17. 高锰钢整铸辙叉叉趾、叉跟浇铸断面变化部位斜向或水平裂纹，长度超过120 mm，或虽未超过120 mm，但裂纹垂直高度超过40 mm，可判为重伤。（ ）

18. 道岔全长是从基本轨前端至辙叉尾端的距离。（ ）

19. 道岔尖轨尖端有控制锁时的轨距误差不应超过±1 mm。（ ）

20. 道岔尖轨尖端的轨距为1 435 mm。（ ）

21. 道岔尖轨跟端直向轨距加宽向辙叉方向递减的距离不一定是1.5 m。（ ）

22. 对口道岔尖轨尖端轨距递减：两尖轨尖端距离不大于6 m，两尖端处轨距相等时不作递减，不相等时则从较大轨距向较小轨距均匀递减；两尖轨尖端距离大于6 m时，则按不大于6‰的递减率递减，但中间应有不短于6 m的相等轨距段。（ ）

23. 道岔轨距作业验收的容许误差为+3 mm、-2 mm。（ ）

24. 尖轨跳动是道岔常见病害，使尖轨不应受力的部分受到列车车轮的冲击，从

而增大了尖轨尖端被轧伤的可能性。　　　　　　　　　　　　　　　（　　）

25. 列车通过辙叉有害空间时，不仅使列车产生横向摇晃，而且由于车轮由翼轨过渡到心轨产生的高低不平，列车车轮对心轨垂直方向产生冲击，心轨容易被轧颓或轧伤。　　　　　　　　　　　　　　　　　　　　　　　　　　　　　（　　）

得　分	
评分人	

二、单项选择题（第 1 题 ~ 第 75 题。选择一个正确的答案，将相应的字母填入题内的括号中。每题 1 分，满分 75 分）

1. 符合下列条件（　　）的地段，正线轨道可增加轨枕数量。
   A. 混凝土枕轨道半径为 600 m 及以下的曲线地段
   B. 混凝土枕轨道半径为 800 m 及以下的曲线地段
   C. 线路轨面不良地段
   D. 混凝土枕轨道半径为 700 m 及以下的曲线地段

2. 大于（　　）‰的下坡制动地段，正线轨道应增加轨枕数量。
   A. 15　　　　　B. 20　　　　　C. 12　　　　　D. 8

3. 增加轨枕数量条件重合时可增加（　　）次。
   A. 三　　　　　B. 二　　　　　C. 四　　　　　D. 一

4. 由于钢轨接头处应加强，所以接头处轨枕间距要比中间轨枕间距（　　）。
   A. 大　　　　　B. 小　　　　　C. 相同　　　　D. 按实际确定

5. 在普通轨道上，轨枕间距根据钢轨类型和长度、每千米设轨枕的根数、（　　）等因素确定。
   A. 道床厚度　　B. 路基高度　　C. 扣件类型　　D. 钢轨接头方式

6. 岔枕长度是从 260 ~ 480 cm 按每（　　）cm 进级。
   A. 30　　　　　B. 40　　　　　C. 10　　　　　D. 20

7. 考虑道辙叉开始承受车轮的压力而需要加强，故在辙叉心顶面宽（　　）mm 处布置一根岔枕。
   A. 10　　　　　B. 15　　　　　C. 20　　　　　D. 25

8. 以下选项中（　　）为混凝土枕（含混凝土宽枕、混凝土岔枕及短轨枕）失效标准之一。

A. 两螺孔间纵裂（挡肩顶角处缝宽不大于1.5 mm）

B. 纵向水平裂缝基本贯通（缝宽大于0.5 mm）

C. 严重网状龟裂和掉块

D. 钢筋（或钢丝）外露（钢筋未锈蚀，长度超过100 mm）

9. 以下选项中（   ）为木枕（含木岔枕）失效标准之一。

A. 挡肩顶角处缝宽大于1.5 mm

B. 劈裂或其他伤损，不能承压、持钉

C. 挡肩破损，接近失去支承能力（破损长度超过挡肩长度的1/2）

D. 横裂（或斜裂）接近环状裂纹（残余裂缝宽度超过0.5 m或长度超过2/3枕高）

10. 以下选项中（   ）为混凝土枕（含混凝土宽枕、混凝土岔枕及短轨枕）严重伤损标准之一。

A. 折断或拼接的接合部分离，不能保持轨距

B. 掉块

C. 纵向通裂

D. 承轨槽压溃，深度超过2 mm

11. 混凝土枕承轨槽压溃，深度超过（   ）mm可判该混凝土枕严重伤损。

A. 1　　　　　B. 2　　　　　C. 3　　　　　D. 4

12. 无铁垫板时，每根枕木上每股钢轨的内外侧各钉一个道钉，道钉至枕木边缘的距离应大于（   ）mm。

A. 20　　　　B. 30　　　　C. 40　　　　D. 50

13. 无铁垫板时，每根枕木上每股钢轨的内外侧各钉一个道钉，道钉至枕木边缘的距离应大于50 mm，钢轨内外侧道钉应错开（   ）mm以上。

A. 40　　　　B. 60　　　　C. 80　　　　D. 100

14. 地面线上长大钢梁桥所用的扣件，当要求轨卡不扣紧轨底时，需在轨卡与铁垫板凸台间加垫适量垫片，以使轨卡与轨底间有（   ）mm的缝隙。

A. 1.5~2.0　　B. 0.5~1.0　　C. 2.5~3.5　　D. 1.0~1.5

15. 分开式扣件是将钢轨和垫板、垫板与木枕之间铁垫板分别地连接起来，有（   ）连接方式。

A. 不扣紧轨底　　　　　　　B. 紧扣轨底

C. 紧扣轨底和不扣紧轨底　　D. 焊接轨底

16. WJ-2型扣件钢轨调高量为（　　）mm，其中轨下调整量为10 mm，铁垫板下调整量为30 mm，轨间距调整量为±20 mm（每股轨±10 mm），可承受最大横向力40 kN（疲劳荷载）。

　　A. 40　　　　　　　　　　　　B. ±20（每股轨±10）

　　C. 35　　　　　　　　　　　　D. ±30（每股轨±15）

17. 地铁地面线路上，大量采用（　　）扣件。

　　A. 扣板式　　　　　　　　　　B. 弹条式

　　C. DTⅡ型　　　　　　　　　　D. 检查坑

18. 地铁高架线路上，一般采用（　　）扣件。

　　A. 扣板式　　　　　　　　　　B. 小阻力

　　C. 分开式　　　　　　　　　　D. 检查坑

19. 扣件螺栓折断、严重锈蚀、丝扣损坏或杆径磨耗超过（　　）mm应该及时更换。

　　A. 3　　　　B. 2　　　　C. 4　　　　D. 6

20. 碎石道床采用的弹条扣件的弹条中部应靠贴轨距挡板前端下颚，扭矩保持在（　　）N·m。

　　A. 60~80　　　B. 80~120　　　C. 80~150　　　D. 120~150

21. 桥梁宜采用整体箱形梁。如采用混凝土分片式梁，其梁中心距不应小于（　　），轨底至梁顶高度为600 mm。

　　A. 2.0 m　　　B. 500 mm　　　C. 2.5 m　　　D. 600 mm

22. 桥梁宜采用整体箱形梁。如采用混凝土分片式梁，其梁中心距不应小于2.0 m，轨底至梁顶高度为（　　）。

　　A. 2.0 m　　　B. 500 mm　　　C. 2.5 m　　　D. 600 mm

23. 桥梁护轨的养护：护轨一般采用与基本轨同类型的钢轨，顶面不应高出基本轨，也不应低于基本轨顶面（　　）mm。

　　A. 25　　　B. 30　　　C. 20　　　D. 50

24. 护轨下容许加垫总厚度小于（　　）mm的垫板，垫板厚度在20 mm及以下时，每股护轨应在每隔一根桥枕上和每根线路枕木上钉两个道钉；垫板厚度超过20 mm时，必须加设铁垫板（可以切边）和钉长道钉。

　　A. 25　　　B. 35　　　C. 20　　　D. 40

25. 城市地铁车站内通常应用（　　）扣件。

A. 减振器　　　　B. 不分开式　　　　C. 木枕　　　　D. 混凝土枕

26. 根据减振原理，结合轨道交通特点，轨道减振器外形为（　　），又称为科隆蛋。

A. 圆形　　　　B. 椭圆形　　　　C. 正方形　　　　D. 长方形

27. 为了保护桥面防水层，有碴桥面的桥上道碴厚度不应小于 35 mm，如有困难，可减至（　　）cm。

A. 25　　　　B. 35　　　　C. 20　　　　D. 30

28. 为了避免轨枕断裂和压入路基形成病害，铺轨前路基上应先铺设一层道碴，若为单层道床铺设厚度以（　　）cm 为宜。

A. 15～20　　　　B. 20～25　　　　C. 25～30　　　　D. 30～35

29. 高架桥的车站站台段线路应设置在平道，在困难地段可设在不大于（　　）‰的坡道。

A. 8　　　　B. 9　　　　C. 10　　　　D. 12

30. 高架轻轨线按我国轻轨样车技术条件规定，正线的限制坡度为（　　）‰。

A. 3　　　　B. 5　　　　C. 50　　　　D. 60

31. 地面车站站台段线路应设置在平道，在困难地段可设在不大于（　　）‰的坡道。

A. 8　　　　B. 9　　　　C. 10　　　　D. 12

32. 地面车站站台段线路应设置在（　　）‰坡道，在困难地段可设在不大于 8‰的坡道。

A. 0　　　　B. 3　　　　C. 5　　　　D. 8

33. 车场线设在不大于（　　）‰的坡道上，较大的坡度停车不稳，易发生溜车的危险事故。

A. 1　　　　B. 1.5　　　　C. 2　　　　D. 2.5

34. 道岔应设置在较缓的坡道上，一般规定设在不大于（　　）‰的坡度上。

A. 2　　　　B. 3　　　　C. 4　　　　D. 5

35. 由于道碴具有弹性，在一定程度上缓和车辆对（　　）的冲击作用。

A. 钢轨　　　　B. 轨枕　　　　C. 道床　　　　D. 路基

36. 道碴有利于线路地表水的排除，确保（　　）的干燥。

A. 钢轨和轨枕　　　　　　　　B. 轨枕和扣件
C. 轨枕和路基面　　　　　　　D. 道床和路基面

37. 以下属于无缝线路铺设验收时应备齐的相关竣工资料的是（　　）。

   A．焊缝编号和钢轨编号对照表　　　B．施工进度表

   C．钢轨运输记录　　　D．既有普通线路的纵向位移观察记录等

38. 以下不属于无缝线路铺设验收时应备齐的相关竣工资料的是（　·　）。

   A．焊缝编号和钢轨编号对照表　　　B．施工进度表

   C．焊接和探伤记录　　　D．无缝线路纵向位移观察记录

39. 以下不属于线路大中修验收时应备齐的相关竣工资料的是（　　）。

   A．竣工后的线路纵断面图　　　B．施工进度表

   C．隐蔽工程记录　　　D．主要材料使用数量表

40. 以下属于线路大中修验收时应备齐的相关竣工资料的是（　　）。

   A．焊缝编号和钢轨编号对照表

   B．施工进度表

   C．钢轨焊接记录

   D．既有无缝线路的纵向位移观察记录等

41. 线路设备大中修每完成一个单位，经施工单位自验合格后，提出（　　），向工务主管部门验收员提请验收，由验收员确定验收日期，组织施工单位及接管单位，按照设计文件及有关验收标准，共同进行交验。

   A．申请　　　B．施工记录　　　C．自验记录　　　D．施工结束证明

42. 线路设备大中修每完成一个单位，经施工单位自验合格后，提出自验记录，向（　　）提请验收，由验收员确定验收日期，组织施工单位及接管单位，按照设计文件及有关验收标准，共同进行交验。

   A．接管单位　　　B．施工单位

   C．验收员　　　D．工务主管部门验收员

43. 下列关于复式交分道岔中造成列车摇晃，并因此撞击心轨尖端的原因，正确的是（　　）。

   A．有害空间的存在　　　B．基本轨磨耗

   C．心轨与基本轨密贴　　　D．轨距偏小

44. 钝角辙叉基本轨弯折（　　）有可能导致复式交分道岔钝角辙叉理论尖端至导曲线中点工作边的距离难以保持。

   A．量过大　　　B．量过小

   C．量过大或过小　　　D．位置错误

45. 采取适当提高护轨顶面高度的方法来防治钝角辙叉"碰尖",提高数值一般不大于（　　）mm,两端顺坡长为100～300 mm。

　　A. 15　　　　B. 25　　　　C. 35　　　　D. 45

46. 采取适当提高护轨顶面高度的方法来防治钝角辙叉"碰尖",提高数值一般不大于25 mm,两端顺坡长为（　　）mm。

　　A. 100～200　B. 200～300　C. 100～300　D. 200～400

47. 交叉渡线起道时,若道岔处于（　　）,则可先起中间,后顺好四个角。

　　A. 大平低洼处　　　　　　B. 大平高处

　　C. 大平高低相差较大　　　D. 大平高低相差较小

48. 交叉渡线起道时,若道岔处于（　　）,则应根据其四个角连接线路的高低情况,统筹兼顾,选定一角引进大平,然后仍可先起中间,后顺好其余三个角。

　　A. 大平低洼处　　　　　　B. 大平高处

　　C. 大平高低相差较大　　　D. 大平高低相差较小

49. 交叉渡线道岔轨距、轨向相互制约大,所以拨道时要整体考虑,必要时可以（　　）结合,一并进行,以达到最佳效果。

　　A. 起、拨　　B. 改、拨　　C. 起、改　　D. 改、顺

50. 拨量尽量要（　　）。

　　A. 大　　　B. 小　　　C. 分多次进行　　D. 快速到位

51. 试算道岔附带曲线半径前,可用（　　）m弦绳测量正矢,至少测量3点,取其平均值。

　　A. 5　　　　B. 10　　　C. 15　　　　D. 20

52. 无道岔附带曲线设计图时,计算出的曲线半径选用（　　）m的整数倍。

　　A. 2　　　　B. 3　　　　C. 5　　　　D. 10

53. 进行道岔附带曲线调整时应检查其前后的（　　）,必要时进行调整。

　　A. 道岔　　B. 线路　　C. 轨距　　D. 轨缝

54. 根据道岔附带曲线正矢可直接试算出曲线的（　　）。

　　A. 半径　　B. 始终点横距　　C. 支距点位置　　D. 拨动量

55. 调整附带曲线就是对道岔附带曲线的位置、方向和（　　）进行调整。

　　A. 高低　　B. 轨距　　C. 三角坑　　D. 半径

56. 调整附带曲线就是对道岔附带曲线的（　　）、方向和半径进行调整。

　　A. 高低　　B. 轨距　　C. 三角坑　　D. 位置

57. 道岔改道时，实际支距与设计支距误差不应超过（　　）mm。

A. 1　　　　　　　B. 2　　　　　　　C. 3　　　　　　　D. 4

58. 道岔改道时，轨距最大误差不应超过（　　）mm。

A. 1　　　　　　　B. 2　　　　　　　C. 3　　　　　　　D. 4

59. 道岔改道可按（　　）分段进行。

A. 转辙部分、连接部分、辙叉部分

B. 尖轨部分、曲线部分、辙叉部分

C. 转辙部分、中间部分、辙叉部分

D. 前面、中间、后面

60. 道岔辙叉部分改道时，辙叉趾端、跟端轨距误差应限制在（　　）mm内。

A. 1　　　　　　　B. 2　　　　　　　C. 3　　　　　　　D. 4

61. 道岔拨道作业时，要防止轨道电路的（　　）。

A. 混乱　　　　　B. 短路　　　　　C. 中断　　　　　D. 短路或断路

62. 道岔拨道时应注意邻线间距，线路道岔与信号机、站台等建筑物的（　　）。

A. 高度　　　　　B. 位置　　　　　C. 距离　　　　　D. 关联度

63. 道岔拨道时，大弯需一撬倒一撬地向前拨，每拨到中间可隔（　　）个轨枕孔，遇到接头时必须插撬。

A. 1~2　　　　　B. 2~3　　　　　C. 3~4　　　　　D. 4~5

64. 道岔拨道量较大时，拨道指挥人以道岔直向外股钢轨为基本股，跨站在距拨道地点（　　）m位置。

A. 10　　　　　　B. 15　　　　　　C. 20　　　　　　D. 30

65. 道岔拨道时一侧拨道量年度累计不得大于（　　）mm；并不得侵入限界。

A. 120　　　　　B. 140　　　　　C. 160　　　　　D. 180

66. 道岔拨道时，线路中心位移不得超过（　　）mm。

A. ±10　　　　　B. ±20　　　　　C. ±30　　　　　D. ±40

67. 尖轨跟端起道应以（　　）为准，起道量为直股、曲股两水平值的平均数。

A. 上股　　　　　B. 下股　　　　　C. 直股　　　　　D. 曲股

68. 整组道岔起道，起导曲线下股时，导曲线长平要与尖轨跟平顺，导曲线上股较下股稍抬高（　　）mm，起道机起道后，三股轨要同时打塞，以减少起道次数。

A. 4~5　　　　　B. 3~4　　　　　C. 2~3　　　　　D. 1~2

69. 附带曲线连续正矢差在车场线不超过（　　）mm。

A. 2　　　　　B. 4　　　　　C. 6　　　　　D. 8

70. 对称三开道岔由一组三开转辙器、一组（　　）辙叉、两组后端辙叉及其连接钢轨组成。

　　A. 钝角　　　B. 辙前　　　C. 中间　　　D. 菱形交叉

71. 三开道岔后端辙叉为提高安全度，将两侧翼轨平直段向咽喉方向延长（　　）mm。

　　A. 150　　　B. 180　　　C. 250　　　D. 300

72. 三开道岔中间辙叉侧护轨轮缘槽宽度为（　　）mm。

　　A. 42　　　　B. 47　　　　C. 57　　　　D. 52

73. 三开道岔后辙叉直股理论尖端向前（　　）m 轨距为 1 440 mm，向前 4 m 处轨距为 1 435 mm。

　　A. 1　　　　B. 3　　　　C. 2　　　　D. 1.5

74. 转辙机应由动力、传动、（　　）和锁闭等部分构成。

　　A. 挤切销　　B. 表示　　　C. 拉杆　　　D. 接头铁

75. （　　）一旦进入锁闭状态，当列车通过道岔产生冲击时，侧向冲击力基本传不到转换设备上，有利于延长转辙机及各类转换部件的使用寿命。

　　A. 电动握柄　B. 手动握柄　C. 外锁闭装置　D. 内锁闭装置

城轨线路工（四级）理论知识试卷答案

一、判断题（第 1 题～第 25 题。将判断结果填入括号中。正确的填"√"，错误的填"×"。每题 1 分，满分 25 分）

1. ×   2. √   3. ×   4. ×   5. ×   6. √   7. √   8. ×
9. √   10. √   11. √   12. ×   13. ×   14. ×   15. √   16. ×
17. √   18. ×   19. √   20. ×   21. √   22. √   23. √   24. √
25. √

二、单项选择题（第 1 题～第 75 题。选择一个正确的答案，将相应的字母填入题内的括号中。每题 1 分，满分 75 分）

1. A   2. C   3. D   4. B   5. D   6. D   7. C   8. B
9. B   10. D   11. B   12. D   13. C   14. B   15. C   16. A
17. B   18. B   19. A   20. C   21. A   22. D   23. A   24. B
25. A   26. B   27. C   28. A   29. A   30. D   31. B   32. A
33. B   34. D   35. D   36. C   37. A   38. B   39. B   40. D
41. C   42. D   43. B   44. C   45. B   46. C   47. B   48. A
49. B   50. B   51. B   52. D   53. B   54. A   55. D   56. D
57. B   58. C   59. A   60. B   61. D   62. C   63. C   64. D
65. A   66. C   67. B   68. C   69. B   70. C   71. A   72. D
73. C   74. B   75. C

操作技能考核模拟试卷

注 意 事 项

1. 考生根据操作技能考核通知单中所列的试题做好考核准备。

2. 请考生仔细阅读试题单中具体考核内容和要求,并按要求完成操作或进行笔答、口答,若有笔答请考生在答题卷上完成。

3. 操作技能考核时要遵守考场纪律,服从考场管理人员指挥,以保证考核安全顺利进行。

注:操作技能鉴定试题评分表及答案是考评员对考生考核过程及考核结果的评分记录表,也是评分依据。

国家职业资格鉴定
城轨线路工(四级)操作技能考核通知单

姓名:

准考证号:

考核日期:

试题 1

试题代码:1.1.1

试题名称:线路轨距、水平测量

考核时间:40 min

配分:30 分

试题 2

试题代码：2.1.1

试题名称：混凝土枕线路拨道

考核时间：40 min

配分：30 分

试题 3

试题代码：3.1.1

试题名称：检查单开道岔零配件

考核时间：40 min

配分：40 分

城轨线路工（四级）
试 题 单

试题代码：1.1.1

试题名称：线路轨距、水平测量

考核时间：40 min

1. 操作条件：

(1) 所需工具、器具。

(2) 500 m 长线路（包括直线和曲线）。

(3) 配合人员 1 人。

2. 操作内容：

(1) 对 500 m 长线路（包括直线和曲线）进行线路轨距、水平测量。

(2) 书面记录检查结果。

(3) 按作业验收标准对检查结果进行分析。

3. 操作要求：

(1) 按准备、作业、整理程序进行。

(2) 根据测量数据，能对线路轨距、水平技术状态做出正确评定。

(3) 按规定着装，按作业安全规定操作。

(4) 符合工具、器具使用要求及其他作业规定。

城轨线路工（四级）试题评分表及答案

试题代码：1.1.1　　　　试题名称：线路轨距、水平测量

考生姓名：　　　　准考证号：　　　　考核时间：40 min

	评价要素	配分	等级	评分细则	评定等级				得分
					A	B	C	D	
1	操作程序： (1) 检查测量工具 (2) 对线路轨距、水平进行测量 (3) 填写检查记录 (4) 对测量数据进行分析，正确找出超限处所 (5) 对超过作业验收标准的处所提出整改意见	10	A	全部完成					
			B	完成其中四项					
			C	完成其中三项					
			D	完成少于三项					
2	质量： (1) 测量部位准确（25 m轨测量四处） (2) 正确使用工具 (3) 测量数据准确，读数误差不大于1 mm (4) 无漏判、错判 (5) 整改措施正确	10	A	全部符合					
			B	符合其中四项					
			C	符合其中三项					
			D	符合少于三项					
3	安全： (1) 办理施工登记手续，设置施工防护 (2) 正确穿戴工作服及防护用具	10	A	全部符合					
			B	符合其中四项					

续表

	评价要素	配分	等级	评分细则	评定等级				得分
					A	B	C	D	
3	（3）来车时及时下道避车 （4）工具不侵限 （5）作业完毕后撤除防护，销点	10	C	符合其中三项					
			D	符合少于三项					
	合计配分	30		合计得分					

考评员签名：

注：如安全等级分为D，则本项目不合格。

等级	A（优）	B（良）	C（尚可）	D（差）
比值	1.0	0.8	0.6	0

"评价要素"得分 = 配分 × 等级比值。

城轨线路工（四级）
试 题 单

试题代码：2.1.1

试题名称：混凝土枕线路拨道

考核时间：40 min

1．操作条件

（1）所需工具、器具。

（2）有方向不良若干处的普通线路（混凝土枕）直线地段线路 50 m 以上，工作量：拨道机移动撬位两次以上。

（3）配合人员 4 人。

2．操作内容

进行拨道作业。

3．操作要求

（1）按准备、作业、整理程序进行。

（2）作业后达到单项作业验收标准。

（3）按规定着装，按作业安全规定操作。

（4）符合工具、器具使用要求及其他作业规定。

（5）由线路拨道引起的有关项目的变动，应做到符合各单项技术作业标准。

城轨线路工（四级）
试题评分表及答案

试题代码：2.1.1　　　试题名称：混凝土枕线路拨道

考生姓名：　　　　　准考证号：　　　　　考核时间：40 min

评价要素		配分	等级	评分细则	评定等级				得分
					A	B	C	D	
1	操作程序： （1）调查拨道量及轨缝 （2）轨枕头扒碴，松拆防爬器 （3）布置、指挥拨道：扒拨道机窝，用三台，每台相距2~3个轨枕孔，拨正一侧放置2台，另一侧放置一台，布置成V形，每撬位相隔5~7个轨枕孔 （4）预留回弹量，达不到拨道量要求重新拨 （5）打紧防爬器，回填道碴、夯实道碴 （6）回检线路	10	A	全部完成					
			B	完成其中五项					
			C	完成其中四项					
			D	完成少于四项					
2	质量： （1）目视直顺 （2）轨向：直线，10 m 范围不超过 4 mm （3）拨道机撬位正确 （4）拨道量准确 （5）工完料清	10	A	全部符合					
			B	符合其中四项					
			C	符合其中三项					
			D	符合少于三项					
3	安全： （1）办理施工登记手续，设置施工防护 （2）设置作业标	10	A	全部符合					
			B	符合其中四项					

续表

评价要素		配分	等级	评分细则	评定等级				得分
					A	B	C	D	
3	（3）不侵入邻线限界 （4）拨道机具使用安全 （5）施工完毕后撤除防护，销点	10	C	符合其中三项					
			D	符合少于三项					
合计配分		30		合计得分					

考评员签名：

注：如安全等级分为 D，则本项目不合格。

等级	A（优）	B（良）	C（尚可）	D（差）
比值	1.0	0.8	0.6	0

"评价要素"得分 = 配分 × 等级比值。

城轨线路工（四级）
试 题 单

试题代码：3.1.1

试题名称：检查单开道岔零配件

考核时间：40 min

1．操作条件

（1）所需工具、器具。

（2）P50-7 普通单开道岔 1 组。

（3）配合人员 2 人。

2．操作内容

（1）检查普通单开道岔零配件。

（2）书面记录检查情况。

（3）对检查结果进行分析。

3．操作要求

（1）按准备、作业、整理程序进行。

（2）按规定着装，按作业安全规定操作。

（3）符合工具、器具使用要求及其他作业规定。

（4）作业程序正确，无漏项。

（5）对检查出的病害必须准确地记录下来，并且提出整改措施。

城轨线路工（四级）
试题评分表及答案

试题代码：3.1.1　　　试题名称：检查单开道岔零配件

考生姓名：　　　　　准考证号：　　　　　考核时间：40 min

评价要素		配分	等级	评分细则	评定等级				得分
					A	B	C	D	
1	操作程序： （1）对使用的工具、器具进行核查核对 （2）检查道岔各部垫板及道钉、扣件情况，并将病害记录下来 （3）检查整组道岔各部螺栓及轨缝和夹板情况，并将病害记录下来 （4）检查整组道岔各部轨撑和轨距杆情况，并将病害记录下来 （5）检查防爬设备及道岔爬行，将病害及超限值记录下来 （6）全面回检	15	A	全部完成					
			B	完成其中五项					
			C	完成其中四项					
			D	完成少于四项					
2	质量： （1）必须逐项检查，不得漏查 （2）检查出的病害必须准确地记录下来 （3）能准确地发现病害 （4）对发现的病害能提出整改措施 （5）工完料清	15	A	全部符合					
			B	符合其中四项					
			C	符合其中三项					
			D	符合少于三项					
3	安全： （1）办理施工登记手续，设置防护 （2）上道检查防护服穿戴整齐	10	A	全部符合					
			B	符合其中四项					

续表

评价要素		配分	等级	评分细则	评定等级				得分
					A	B	C	D	
3	（3）无违章作业 （4）无其他不安全因素 （5）完工后撤除防护，销点	10	C	符合其中三项					
			D	符合少于三项					
合计配分		40		合计得分					

考评员（签名）：

注：如安全等级分为D，则本项目不合格。

等级	A（优）	B（良）	C（尚可）	D（差）
比值	1.0	0.8	0.6	0

"评价要素"得分 = 配分 × 等级比值。